Communicating

中西相遇　文明互鉴

天河的浮槎

薛爱华汉学研究

田语 著

中原出版传媒集团
中原传媒股份有限公司

大象出版社
·郑州·

图书在版编目(CIP)数据

天河的浮槎：薛爱华汉学研究 / 田语著. — 郑州：大象出版社，2022.5
（大象学术书坊）
ISBN 978-7-5711-1415-2

Ⅰ.①天⋯ Ⅱ.①田⋯ Ⅲ.①汉学-研究 Ⅳ.①K207.8

中国版本图书馆 CIP 数据核字(2022)第 059078 号

TIANHE DE FUCHA
天河的浮槎
薛爱华汉学研究
田　语　著

出 版 人	汪林中
责任编辑	耿晓谕
责任校对	安德华　牛志远
封面设计	王莉娟

出版发行	大象出版社(郑州市郑东新区祥盛街 27 号　邮政编码 450016)
	发行科　0371-63863551　总编室　0371-65597936
网　　址	www.daxiang.cn
印　　刷	河南瑞之光印刷股份有限公司
经　　销	各地新华书店经销
开　　本	890 mm×1240 mm　1/32
印　　张	12.375
字　　数	276 千字
版　　次	2022 年 5 月第 1 版　2022 年 5 月第 1 次印刷
定　　价	89.00 元

若发现印、装质量问题，影响阅读，请与承印厂联系调换。
印厂地址　武陟县产业集聚区东区(詹店镇)泰安路与昌平路交叉口
邮政编码　454950　　　　　电话　0371-63956290

目 录

前 言
1

第一章
绪 论
1

1.1 中西方研究情况概述
9

1.2 主要研究内容和思路框架
22

1.3 关键词的界定与解释
26

1.4 研究方法与创新之处
33

第二章
古典汉学传统与薛爱华汉学研究的学术资源
36

2.1 古典汉学的萌芽与发展
36

2.2 法国古典汉学
42

2.3 美国古典汉学的起步与劳费尔的开拓
47

2.4 加州大学伯克利分校东方语言与文学系古典汉学研究的发展
55

2.5 卜弼德的汉学研究
59

2.6 薛爱华的早年生活与学术渊源
66

第三章

对薛爱华汉学论著的目录学审视

96

3.1 薛爱华学术专著概览
97

3.2 薛爱华汉学学术论文概览
109

3.3 基于目录学的历时性分析
129

第四章

《朱雀：唐代的南方意象》研究

138

4.1 写作背景
138

4.2 对《朱雀:唐代的南方意象》内容与体制的讨论
146

4.3 《朱雀:唐代的南方意象》征引性注释考析
167

4.4 勘误
188

第五章
《时间海上的蜃景：曹唐的道教诗歌》研究
197

5.1 写作背景与动因
197

5.2 《曹唐的道教诗歌》内容与体制
212

5.3 母题研究与曹唐游仙诗的内涵与主题
217

5.4 道教仙境考证学
240

5.5 订正
259

第六章
薛爱华汉学研究理论与方法论
264

6.1 "我是一名语文学者"
264

6.2 语文学研究的特点
268

6.3 语文学研究之于古典汉学研究的价值与意义
276

6.4 薛爱华汉文英译理论与方法论
281

第七章

薛爱华与美国的中国研究
297

7.1 薛爱华所处的美国中国研究历史发展阶段
297

7.2 书斋内外:薛爱华对美国古典汉学的贡献
300

7.3 薛爱华汉学研究的缺憾
317

结　语
329

参考文献
331

附录一　薛爱华论著目录
354

附录二　薛爱华生平
377

附录三　薛爱华获奖情况
381

前　言

薛爱华(Edward Hetzel Schafer, 1913—1991)是20世纪下半叶欧美古典汉学界的代表性学者。他在唐代物质文化史、中西交通史、古代文学研究等领域均出类拔萃，堪称一代大家。国内学术界早在20世纪90年代便已有一些对薛爱华代表作品的译介与评述。然而相对于薛爱华其人在20世纪域外汉学史上的重要地位，相对于其汉学论著作品的丰硕和内容的多样化，目前对其展开的译介和研究工作仍旧是相对不充分的。

基于此，本书立足于文本分析，用学术史的、跨文化的方法，对薛爱华的生平经历以及学术研究展开全方位的考察，并将重点放在以下几个方面：其一，本书将梳理与薛爱华汉学研究工作有关的历史性事实，并通过全面收集、整理、研读与分析其汉学研究论著与论文作品，尽可能为学界呈现薛爱华汉学研究的基本风貌；其二，本书将选择具有代表性的薛爱华专著作品进行文本细读和专题研究工作，以期从研究方法的范式与因革流变的角度深化对薛爱华不同时期汉学研究模式与特色的理解。其三，以更为宏观的西方古典汉学发展史视角理解薛爱华的汉学研究，并通过对薛爱华的个案研究形式，以局部照见整体，对认识20世纪下半叶美国乃至整个欧美古典汉学研究的历史走向、理论特色、学术视阈等更为重大的问题提供一个参考系和管窥之途。

具体而言,本书首先对薛爱华之前古典汉学的发展史作一精要的梳理与概述。古典汉学源起自早期西葡天主教士的中国观察,自19世纪法国学派兴起而蔚为大观。法兰西学院雷慕沙、儒莲、沙畹、伯希和等人,见证着古典汉学研究从稚嫩走向辉煌的进程。古典汉学以语文学为本,重视翻译与注释研究,其传统得到了夏德、劳费尔等学者的发扬。正是他们将这一传统嫁接到美国学术土壤之上,推动了美国古典汉学研究的成长。加州大学伯克利分校东方语言与文学系的诞生与发展正是植根于这种历史语境之中。经由莱辛、赵元任、卜弼德等学者的教研实践和薪火相传,而终以古典汉学研究傲视美国西海岸学术界。

薛爱华正是伯克利东语系所培养出的杰出学子,但其学术师承却并非如此简单。薛爱华早年对人类文化、文学作品的广泛爱好孕育了其为学的宽广视野以及为文的丰沛才情;语言学天赋与勤苦使他得以掌握数十种东西方语言,为其广泛利用多国文献开展研究提供了条件;本科人类学的专业训练使得薛爱华能够在文本研究基础上融汇博厄斯派学者的研究方法和研究模式;最后,博士师从伯克利卜弼德的学术经历奠定了其汉学研究的语文学底色、视阈与翻译方法上的特点。

以前述汉学史及薛爱华学术渊源之梳理与分析为基础,本书从目录学角度审视薛爱华学术研究视阈及其发展。通过收集、整理、研读与分析薛爱华的作品,我们可以勾勒出薛爱华汉学研究的基本特点和发展模式:薛爱华的研究按时代先后可分为前后二期。就前期(20世纪50—60年代)来说,薛爱华主要致力于唐五代物质文化史与中西交通史研究，《闽国：10世纪的中国南方王国》《撒马尔罕的金桃：唐代舶来品研究》《朱雀：唐代的南方意象》等作皆为此类；后期（20世纪70—80年代）的作品转向神话、民俗、道教、道教文学等领域，《神女：唐代文学中的龙女与雨女》《唐代的茅山》《时间海上的蜃景：曹唐的道教诗歌》等作皆为此类。

本书继而对薛爱华前后期代表作《朱雀：唐代的南方意象》《时间海上的蜃景：曹唐的道教诗歌》开展专题研究。《朱雀：唐代的南方意象》以百科全书式的视野和编写体例，通过翻译-注释研究法、人类学研究方法以及合理想象的运用，对唐代南越自然与人文物事作了细致而全面的介绍与描写，并以此勾勒出存在于唐代文献中的南越世界的整体风貌。《时间海上的蜃景：曹唐的道教诗歌》的出现标志着薛爱华走上独具特色的道教文学研究道路。通过对曹唐诗歌的文本分析，薛爱华深入探讨了曹唐游仙诗的内涵、母题、主题等问题，并利用其诗作为研究材料，开展针对唐人想象中的道教神仙世界的考证和描写。

在文本研究基础上，本书转向对理论问题的探讨。薛爱华的汉学研究有着明确的理论与方法论指导，它以语文学为大宗，在当时的欧美中国研究的浮躁语境中，有着重要的价值与独特性。此外，薛爱华汉学研究的基石——汉文英译理论与实践颇具特色，其保全源语言语义与语境色彩的翻译范式相对于音译和功能性翻译等方法，具有独特优势和价值。

最后，因为薛爱华著作等身，且革新了中西交通史、名物考证研究、道教研究等领域的研究现状，也因为薛爱华在学术社团实践、教学活动、社会活动等方面为中国研究和中国文化传播所作出的贡献,我们认为,从 20 世纪域外中国研究发展的大历史语境中看,薛爱华无愧为美国一代具有代表性的古典汉学专家。

第一章
绪　论

　　融精湛的学术与纯粹的创造力为一体,对文献资料既能审慎掌控,亦能给予想象性的诠释——古往今来,像这样具有严格学术素养与过人胆识的学人屈指可数,而薛爱华即是其中的一分子。

　　毋庸置疑,在过去四十年间,没有谁在开拓汉学研究领域与革新研究方法上的贡献比得上薛爱华。在一系列专著和论文中,他以前无古人的深刻洞见和无与伦比的精确性,向世人展示了那早已湮灭的中国中古世界(特别是荣耀的唐代)的方方面面。薛爱华的学术研究难以被轻易归类,其贡献或丰富,或革新,或开辟了中古中国研究的重要领域,包括文学研究、宗教(特别是道教)研究、物质文化、文化史、思想史、博物学和词典编纂等。的确,所有致力于中古中国研究的学者,不管其具体的研究领域为何,都在很大程度上受惠于薛爱华的工作。

　　如同伟大的法国汉学家沙畹(Edouard Chavanne, 1865—1918)、伯希和(Paul Pelliot, 1878—1945)、马伯乐(Henri Maspero, 1883—1945),以及美国汉学先驱劳费尔(Berthold Laufer, 1874—1934)一样,薛教授在很大

程度上改变了我们观看中国传统文化的方式。

——柯慕白(Paul W. Kroll)，美国东方学会会长

1986年，创刊于1842年，在西方埃及学、亚述学、印度学和汉学界拥有巨大影响力的《美国东方学会会刊》(American Oriental Society)头一回以专刊形式推出汉学研究特辑。正如这期期刊专题名称Sinological Studies Dedicated to Edward H. Schafer所显示的，东方学会会刊编辑部希望利用此次办汉学特辑的机会，来纪念蜚声大西洋两岸的汉学学者——薛爱华及其杰出成就与贡献。这期专刊的主编，科罗拉多大学汉学教授柯慕白在这一期期刊前言中高度评价了薛爱华的学术成就。

薛爱华1913年生于美国华盛顿州西雅图市。早在其少年时代，便醉心于历史文明与人类思想，他喜好读莎士比亚、弥尔顿、济慈等巨匠的文学作品，十四岁便以一篇以《伊利亚特》史诗中的意象为研究课题的论文获得了学术奖项，并开始系统自学古埃及文字。[1] 在他于1938年从加州大学伯克利分校人类学专业毕业，进入夏威夷大学东方学院攻读汉语方向的硕士研究生之前，他已经熟练掌握了法语、德语、希腊语、瑞典语等多种语言，这也使得其之后的汉学研究具有宽广的视野和深厚的语言学根底。

在夏威夷求学阶段，薛爱华在诸如赵元任(1892—1982)、陈受颐(1899—1978)、李绍昌(1891—1977)等学人的指导下学习古代汉语言文字，也开始萌生了对"中古中国"时代的文献与诗歌的兴趣。他的硕士论文《唐代中国的波斯商

---

[1] Jocelyn Nash, *Profile: Edward H. Schafer*, p.8.

人》(Persian Merchants in China during the T'ang Dynasty)即通过对包括唐诗在内的史料的考辨与梳理,以唐代中国的波斯商人为切入点,关注中外文化沟通。对于传统中国的持续兴趣使得薛爱华在1940年硕士毕业后进入哈佛大学攻读中国研究方向的博士。彼时的哈佛大学中国研究,在费正清(John K. Fairbank,1907—1991)、赖肖尔(Edwin O. Reischauer,1910—1990)等人的影响下,已呈现出偏重近现代中国和社会科学研究的中国学特色,这无疑与薛爱华的学术兴趣相悖。在因太平洋战争而导致的短暂学业中断之后,薛爱华便决定转校进入美国传统汉学研究的重镇——加州大学伯克利分校东方语言与文学系继续攻读博士学位。

伯克利东语系自19世纪末英裔汉学家傅兰雅(John Fryer,1839—1928)初开汉语教研先河以来,历经弗尔克(Alfred Forke,1867—1944)、莱辛(Ferdinand Lessing,1882—1961)、赵元任的薪火相传,至薛爱华的博士导师卜弼德(Peter Alexis Boodberg,1903—1972)主持系里教研工作之时,已成为在西方世界以古代中国语言学与文献研究见长的顶尖汉学机构。卜弼德本人对传统汉学模式的推崇,对严格精确的文本释读(textual exegesis)和语言学习的要求,对将中国置于亚洲整体研究框架下的强调,以及其所抱有的人文主义的学术态度,在薛爱华的求学之路上打下了浓重的烙印。同时,伯克利东亚图书馆丰富的汉学藏书也使得薛爱华得以亲近欧洲汉学先贤们的研究视野与理路,这深刻影响着他学术理念与学术维度的成型。在薛爱华于1947年博士毕业并任教于伯克利东语系不久之后,其学术产出,如专著《闽国:10世纪的中国南方王国》《杜绾〈云林石谱〉评注》、论文《杂论:代茉莉的汉语词汇》《唐代小说中的伊朗商人》《古代中国的"暴巫"仪式》，已经展现出他出色的语文学功底，昭示着其承继与发扬传统汉学研究学术路径的确立。正如美国当代汉学家韩大伟（David B. Honey）所言，薛爱华的这些作品，体现出"伯希和驾驭文献和版本的功力，马伯乐富有洞见的诠释，葛兰言（Marcel Granet, 1884—1940）对于古代风俗的再现能力，劳费尔（Berthold Laufer, 1874—1934）对于古代物质世界科学知识的熟稔，加之以韦利（Arthur Waley, 1889—1966）对于英语的艺术性掌握"[1]。到20世纪50年代末，已担任伯克利东语系正教授的薛爱华俨然是美国汉学界一颗新生的明星。

20世纪60—80年代是薛爱华科研生涯的黄金时期。在此期间，他的研究成果受到广泛称赞，获得了西方汉学界的普遍关注。作为一个高产学者，薛爱华忘我的科研活动催生了《撒马尔罕的金桃：唐代舶来品研究》《朱雀：唐代的南方意象》《珠崖：12世纪之前的海南岛》《神女：唐代文学中的龙女与雨女》《步虚：唐人的星空探索》《时间海上的蜃景：曹唐的道教诗歌》等堪称汉学典范的学术专著，近百篇发表于《美国东方学会会刊》、《亚洲研究》（Asian Studies）、《唐代研究》（T'ang Studies）、《中国宗教研究学刊》（Journal for the Study of Chinese Religions）等杂志的高质量论文，以及近40篇书评和散见于著作、论文的数以百计的唐诗英译作品。薛爱华的研究视阈以唐五代文明为焦点，以渊博的学识和广阔

---

[1] David B. Honey, *Incense at the Altar: Pioneering Sinologists and the Development of Classical Chinese Philology*. New Haven: American Oriental Society, 2001, p.311.

的视野横跨物质文化史、中外交通史、边疆史、唐诗研究、道教与道教文学研究、英汉翻译理论等多个领域,且均有卓越建树。

薛爱华自我定位为一个语文学者(philologist)[1]。事实上,他也正是继承了维柯、奥尔巴赫、维拉莫维茨(Ulrich Von Wilamowitz-Mollendorff, 1848—1931)等西方古典语文学大师探研古希腊、古罗马文明的方法仪轨,相信通过对直接传达文化与人类心智讯息的语言与文献的细致分析与考证,能够穿透时间与空间的阻隔,为当代读者再现(revive)或再造(recreate)已经湮灭的中国中古世界以及其丰富而生动的多样性与细节:天与气、大地与海洋、动植物与矿物,以及人的活动与人类社会。他关注中古时代人们对世界的感受与认知,关注物质世界给人带来的视觉、味觉、嗅觉等感性体验,热衷于探讨那个时代存在于诗歌想象、宗教与民间神话传说中的超验世界。同时,作为一个唐诗研究专家,薛爱华热衷于探讨诗歌意象及其语义色彩,并利用新批评方法作为诗歌解读的工具。他的唐诗翻译理念直接继承于其导师卜弼德,以其独特的去主观化理论和对语义精确性的追求构成了唐诗英译的重要流派。可以说,薛爱华的学术研究开辟了中国中古历史与文化的全新领域,为后来的学者树立了高水准的标杆。

薛爱华也通过直接参与多样的学术活动与实践,推动着古典汉学研究的发展与进步。作为汉学"壁垒"美国东方学

---

[1] Edward H. Schafer, Open Letter to the Editor, in *American Oriental Society*, Vol.78, No.2, p.119.

会的核心分子,他长期担任学会会刊东亚部主编,并出任1974—1975年度学会主席,也是以促进美国西海岸汉学学术交流而建立的东方学会西部分会的主要成员。作为一名大学教授,他是到目前为止任职最长的加州大学伯克利分校东方语言与文学系阿加西汉学讲师(the Agassiz Professor of Oriental Languages and Literature),他在教学实践中为学生灌输语言研究与文本细读的核心理念,鼓励汉学研究的"国际视野"和创新意识,在几十年间培养了一大批精通古代宗教、文学等研究领域的学者,如柯慕白、柯素芝(Suzanne E. Cahill)、柏夷(Stephen R. Bokenkamp)、孔力维(Livia Kohn)、韩大伟等人。

在国内学界,相比于赖德烈、费正清、史华兹、施坚雅、柯文等中国学专家的鼎鼎大名,薛爱华其人对很多人来说无疑陌生得多,他所代表的汉学学术流派,也长时间以来没有得到足够的重视。虽然,自20世纪末以来,通过鞠玉梅、周发祥、吴玉贵、程章灿、叶蕾蕾等人的译介工作,薛爱华汉学研究广袤的疆域已经开始为国内学人展露出峥嵘的冰山一角,他的许多重要专著,如《步虚:唐人的星空探索》《时间海上的蜃景:曹唐的道教诗歌》等,却至今没有中文版本出现,而其数量庞大的学术论文和翻译作品仍然是有待探索的"未知"领域。对于薛爱华多样的学术维度和对美国汉学的贡献,国内同样存在着认识上的盲区。相比于这位学者丰硕的研究成果和在西方汉学界的巨大影响力,中国学术界长期以来对其给予的关注和研究则显得较为欠缺。为了认识这位重要的学者,增进我们对20世纪下半叶美国汉学研究的全面了解,还有很多问题亟待解决:为什么他在美国汉学界享有如此高的声誉与地位？他关注哪些领域的问题？有哪些学术著作和代表性论文？对汉学研究方法又有何开拓？又怎样站在美国汉学发展的宏观历史视角全面评价薛爱华的学术维度与学术贡献？对这些问题的探讨和求索，正是本书的首要目标。

本书写作的第二目标，在于通过以薛爱华为中心的个案研究，透视美国20世纪下半叶的传统汉学研究。国内学界对美国汉学学术史的探研，自20世纪80年代起步，至今已取得了丰硕的成果。其中，特别是第二次世界大战后，在战略情报需求和区域研究方法基础上建立起来的中国学研究（Chinese Studies），更是学人们所关注的重点所在。美国中国学具有鲜明的实用主义特征，在各类官方和民间基金的扶持与资助下，通过费正清、列文森、史华兹、施坚雅等大批中国学专家的科研努力与实践活动而在各大院校与科研机构蓬勃发展起来。中国学作为具有美国特色的学术传统，为西方汉学拓展了以社会科学理论与方法研究现当代中国的新路径，使中国研究成了美国主流高校的常设课程，其功不可没。

然而，国内学界却在重视中国学研究的同时，相对忽视了同时期美国的古典汉学研究。这一情况不仅表现在国内美国中国学研究相关论著的相对丰富和古典汉学研究论著的相对稀少上，也表征在学界近年形成的一套解释美国战后汉学发展的主流观点，即所谓的"转型观"上。该观点认为，在二战后，美国汉学的范式由传统汉学研究"转型"为中国学研究，纯学术性的对中国古代历史语言文献的研究让位给了以历史学为主体、以近现代中国和发展着的信息资源为研究对象的区域研究。这一观点无疑是偏颇的，也具有很大的误导性，给人一种美国古典汉学被中国学研究所取代的错觉。事实上，美国的古典汉学并没有因为中国学兴起而失语或"消亡"，其学术价值和影响力也不应低估，是并行于美国中国学的汉学研究形态。

近年来，也有少数域外汉学研究者注意到了20世纪下半叶古典汉学与中国学的并峙，如孟庆波、刘彩艳在《对海外汉学研究的三点反思》一文中所说："汉学研究与中国学研究的发展只不过是学术地位上主流与支流的博弈，而非你死我活的决斗。中国学如火如荼的同时，汉学研究也在继续发展。"[1]确实如此，对史实加以细考可发现，即便在费正清学派鼎盛的20世纪五六十年代，美国也有着许多重要汉学研究机构传承与发扬着巴黎学派以来的学术传统，其著名者，如哈佛燕京学社（Harvard-Yenching Institute）、美国东方学会（American Oriental Society）、哥伦比亚大学东亚语言与文化系（Department of East Asian Languages and Cultures, Columbia University）、加州大学伯克利分校东方语言与文学系（Department of Oriental Languages and Literature, University of California, Berkeley）。许多分散于全美各地的学人也延续着不同于社会科学研究模式的语文学研究，对前现代的中国文明有着持续的兴趣与科研投入，其著名者，如顾立雅（Herrlee. G. Greel）、德效骞（Homer Hasenpfulg Dubs）、卜弼德、牟复礼（Frederick W. Mote）、蒲立本（Edwin G. Pulleyblank）以

---

[1] 孟庆波、刘彩艳：《对海外汉学研究的三点反思》，原载于《社会科学论坛》2013年6月，第288页。

及薛爱华等。这些学者的具体研究领域各异,但都在很大程度上承袭着法国巴黎学派开创的中国研究范式,并通过他们辉煌的学术成果和教学实践将传统汉学的优秀因子传递了下去,继续影响着当代美国中国研究。

目前对于国内研究者来说,怎样看待新兴的中国学的冲击和传统汉学的回应?传统汉学有哪些关注的重点问题?哪些学术机构、高校、学者可作为其代表?传统汉学承袭于欧洲学术,其创新为何,又如何认识传统汉学对美国汉学研究的贡献?对这些问题的梳理既需要高屋建瓴的治学方式,对古典汉学学术史和学术思潮、机构、学者、出版物、中西交流等因素进行宏观和全面的把握,也需要深入到重要的美国古典汉学学者的具体学术脉络与维度中去,借鉴目前已有的对于美国中国历史与史学研究的成功经验,通过个案研究的形式对学术的特点与发展做精细与深入的探研。本书的写作正是希望循着这一研究路径,在对美国古典汉学的代表学者薛爱华理论、视野、方法的探讨中以小见大,以局部照见整体,为我们认识20世纪下半叶美国古典汉学这一较少人关注的领域提供一个参照系和透视之镜。

1.1 中西方研究情况概述

1.1.1 中国学术界的薛爱华研究

20世纪90年代之前的学术文献中,薛爱华其人只是偶尔被提起,且没有固定的中文名称,这在一定程度上反映了国内学界长期以来对这位学者乃至美国古典汉学的发展状况缺乏必要的认识。1962年,台湾大学周法高先生曾赴美实地调研各大学中国研究课程开设情况,并将调研报告收入其1964年于台湾正中书局出版的著作《汉学论集》[1]中。其中,在介绍加州大学远东语言系教学现状时,周先生特别提及当时任教授和系主任的薛爱华负责本科课程"中国语文学概论"和研究生课程"中古中文阅读",这也是薛爱华其名首度出现在中文文献中。1977年,在中国科学院哲学社会科学部情报研究所孙越生先生主编的《美国的中国学家》一书中,薛爱华以"肖孚"之名首度出现。孙越生以百余字简单介绍了薛爱华的生平和学术履历,并认为薛长于"唐代文学和文明、中国中世纪的人和自然"。此外,一些学者的专题论文间或论及薛爱华的研究,如1985年闻宥先生的《广汉所出永元八年砖跋——关于古代鹰猎的一则札记》结合文献考据及出土材料,对薛爱华(文中称沙费尔)关于中国古代鹰猎风俗起源时间进行了订正,并对其关于唐人臂鹰的左右问题的观点进行了补充阐释;1989年,张永言先生在《汉语外来词杂谈》中探讨中古汉语词语"瑟瑟"的语源和语义时,在注释中列举了维尔弗莱德·斯通、李约瑟及薛爱华(文中使用其英文名)对该词的认识。

20世纪90年代标志着薛爱华作品译介工作的正式展开。随着薛爱华在唐代文学、唐代物质文化研究等领域影响力的持续发酵,薛爱华的一些经典作品也逐步为更多学人所知。1991年,在王守元、黄清源主编的《海外学者评中国古典文学》中出现了一篇由鞠玉梅翻译的薛爱华[2]《李贺诗中

---

[1] 《谈美国数大学有关中国的课程》,原载于周法高《汉学论集》,台北:精华印书馆,1964年,第55页。
[2] 文中称"爱德华德·H.沙佛尔"。

的女神》[1]。该文节选自薛爱华专著《神女:唐代文学中的龙女与雨女》第四章,详细探讨了李贺"神女诗"的艺术特色、巫术色彩和其中"湘妃""贝宫夫人"等意象,体现了作者深厚的文献功底及富有特色的唐诗翻译与细读方法,许多论点独树一帜。译者在西方汉学文献之林中慧眼识金,当是有见于此。

1993年,中国社会科学院文学研究所周发祥先生翻译了薛爱华的《汉学:历史与现状》(What and How is Sinology?)一文,刊载于当年第六期《传统文化与现代化》杂志上。周发祥先生长期从事域外汉学与比较文学研究,他看重薛爱华该文在文学理论方面于美国当时学界振聋发聩之价值。这篇文章基于薛教授于1982年科罗拉多大学东方语言与文学系开设庆典上的演说,后经删改发表于美国唐代研究学会所编《唐代研究》第8—9辑。在文史研究领域社会科学和理论研究大行其道的当时,这篇长文回顾了传统汉学的发展历史,表达了作者的汉学信仰和对语言文献研究的重视,是认识和理解薛爱华汉学研究问题意识、核心理念与方法论的珍贵材料。

1995年,薛爱华的第一部汉译专著[2]问世。该译作为中国社会科学院治中外关系史的吴玉贵先生历时近五年努力成就的硕果,其译文严谨精确,对专有名词名物的考证认真仔细,并纠正了原文中的一些错误。《撒马尔罕的金桃》作为薛爱华早年研究唐代外来文化的力作,体现了其在比较

---

[1] 另有刘石刊于1998年第2期《古典文学知识》的汉译版,亦名《李贺诗中的女神》。
[2] 即《撒马尔罕的金桃:唐代舶来品研究》。

语言学和文本解读上炉火纯青的功力,它的译介为更多的国内学者认识薛爱华创造了契机。

至于薛爱华的道教研究,宗教学者郑天星先生在1998年出版的《1997—1998中国宗教年鉴》所刊文《美国道教学者及成果》是国内最早涉及这一专门领域的文献。郑天星先生认为薛爱华重视道教对唐代文化的作用,并列举了多部薛爱华道教著作和论文。

开学界先河,向国内全面、系统引介薛爱华及其论著者,当推南京大学程章灿先生。程先生常年致力于域外汉学的翻译与引介工作,曾将当代美国汉学家宇文所安(Stephen Owen, 1946—)的名著《迷楼:诗与欲望的迷宫》译为中文。1995年,程先生利用在哈佛大学访学之机,接触到了一些薛爱华的英文论著,并为其渊博的学识和优美的文字所折服。有感于国内学界对薛爱华"开拓了唐代研究新局面"学术贡献的认识"严重不足",程先生主动请缨,独自翻译了《神女:唐代文学中的龙女与雨女》,并与其弟子叶蕾蕾合译了《朱雀:唐代的南方意象》。二书皆由三联书店出版,其译笔精准优美,对于陌生的名物典故常加有解释性的译注,对薛爱华征引文献和解读中的失误之处亦多有点出。除了翻译,程章灿还专门撰写了一篇学术评论《四裔、名物、宗教与历史想象——美国汉学家薛爱华及其唐研究》,对薛爱华的生平与学术经历、学术成果、治学特点及贡献作了简明扼要的概述。该文围绕薛爱华的唐代研究,追溯了薛爱华早年求学生涯和学术渊源,以出版时间为序简要介绍了薛爱华的十部主要专著,并颇具慧眼地识别了薛爱华唐代研究的古典汉学特色,标识出其写作在文体与措辞上的独树一帜。这篇广角镜头般的文章捕捉了薛爱华研究的方方面面,且具有非常敏锐的学术洞见,无疑为国内学界了解薛爱华及其贡献打开了一扇方便之门。然而,由于篇幅所限,作者对很多重要问题没有展开论述,这是多少有些遗憾的地方。例如,薛爱华的道教研究被认为开美国 20 世纪 80 年代学术新风,其强调诗歌与宗教的互通开启了一个崭新的研究领域,汉学家蔡涵墨(Charles Hartman)甚至称其为"美国道教研究之父"[1]。无疑,薛爱华道教研究的学术理路、视野与方法当作为薛爱华研究的重点加以介绍。略感遗憾的是,这一重点问题程先生只是在介绍薛爱华《唐代的茅山》《时间海上的蜃景:曹唐的道教诗歌》时简要提及,这可能与程文聚焦于薛爱华唐代研究的视点有关。此外,该文因为其概述性评论的性质,在介绍薛爱华的学术产品时没有深入捕捉其内在学术脉络与发展进程,失之于对薛爱华对古典汉学承继与革新的深入探研和展示,对薛爱华沿袭其师卜弼德发展而成的唐诗英译理论也缺少考察和评价。

此外,近年来还有杨颖、章琦的文章论及薛爱华的汉学研究。这些文章大都以其研究的某一断面或具体领域为讨论中心。在杨颖的《本土与域外:不同视野下的"椒花"》一文中,作者探讨中外文化交流中一个重要的因素——外国人对中国文化的审视,并以薛爱华对"椒花"一词的别样解释来分析外国学者与本土学者在对中国文化认知过程中产生异同的原因和认识意义。该文作者认为,在传统文化情境

---

[1] Charles Hartman, Review: Incense at the Altar: Pioneering Sinologists and the Development of Classical Chinese Philology by David B. Honey, in *Chinese Literature: Essays, Articles, Reviews*, Vol.23(Dec. 2001), p.159.

中,"椒花"作为香料和药物很早便被人们所使用。通过进一步对《诗经》《楚辞》等作品的考证,该作者认为,作为文学意象,"椒花"被赋予祝福新年、期待蕃实等意义。与此形成鲜明比照的是,薛爱华在《神女》一书中,以"椒花"为"男性的象征"[1],赋予其性象征的意涵。对此,作者从词源学入手,指出薛爱华对"椒花"的英译 fagara 很可能源于广东方言,由18世纪瑞典植物学家林奈最早使用,且很早就被西方人当作一种和胡椒、豆蔻、丁香等类同的东方香料。在西方人的文献记载中,来自东方的香料,大都被认为和情爱与性欲有关。受此影响,将"花椒"解为男性性象征,自薛爱华之前即有汉学家如是而行,且长期以来为研究中国文化的汉学家所沿用。该文作者认为,此现象推其根源,在于一种西方人审视东方文明的刻板眼光和狭隘印象。从文化间性视点看来,这一观点略失偏激,薛爱华的研究应当被置于特定的学术文化语境中加以认识和评价,不应当贸然套用本土眼光武断论其高下,但该文作者无疑为学界认识薛爱华标示了一条跨文化研究的新路径。

南京大学章琦的《〈神女〉与中西文化的融合——以薛爱华对中古音和唐诗的理解为中心》探讨薛爱华在《神女:唐代文学中的龙女与雨女》一书中对中国语言与诗歌的新见。章琦认为薛爱华运用语音学作为阐释文化现象的方法与武器,并指出文中薛爱华通过中古音重构法、声韵母分析法等解释唐诗,这无疑是薛爱华作为古典汉学研究者所体现

---

[1] [美]薛爱华:《神女:唐代文学中的龙女与雨女》,程章灿译,北京:生活・读书・新知三联书店,2015年,第108页。英文原文为 fagara as a male sex symbol。

的研究特色。特别值得一提的是,章琦独具慧眼,发现了一套在薛爱华论著中颇为常见的同音同源词分析法,即通过对上古音相近或相同,且形态相似的单音词进行罗列,构成词族(word family),进而探讨其中单个词的来源,或结合文化人类学、地理学、民族学等领域的知识,从词族各个成员的相近性着眼,探讨其中的文化联系。这一方法最早出现于薛爱华导师卜弼德的《古汉语发展历程推想》(Some Proleptical Remarks on the Evolution of Archaic Chinese)一文中。薛爱华沿袭了这一方法,并常作为文化分析的有力武器。如《神女:唐代文学中的龙女与雨女》中对"龙""虹""弓""穹""隆"等同源词的列举揭示了这些字在语义上的亲缘关系,并为薛爱华进一步分析"龙"这一传说生物在中国古人眼中所具有的独特属性创造了条件。

除了语音学,章琦在该文中还谈及薛爱华的唐诗译介实践,并通过对薛爱华翻译皮日休《咏蟹》、岑参《龙女祠》、李群玉《宿巫山庙》等诗的具体翻译案例的分析,精到地品评薛爱华翻译的得失、技巧及其反映的唐诗观。美中不足之处在于,章琦虽然认识到薛爱华独特的思维与文化背景决定了其唐诗英译的诸多特征,却未再进一步探讨与总结薛爱华自成系统的诗歌翻译理论,而这恰恰应是理解薛爱华唐诗译介活动的重点。

由上述文献可以看出,国内对于薛爱华的专门研究起步很晚。很长时间以来,薛爱华只是因为其在唐代中外交通、唐代道教等领域的一些观点而偶尔见诸相关论著的讨论中,且没有固定的中文名称。对于薛爱华作品的译介开始于20世纪末,而真正认识到薛爱华作为一名杰出汉学大家的价值与贡献而予以专门的研究,则是近年来的新情况。即便如此,国内美国古典汉学贫乏的研究资料、薛爱华汉译作品的缺少、浮光掠影式的汉学研究方法等问题,仍然阻碍着我们对薛爱华汉学研究整体思想脉络的把握和对20世纪美国汉学发展特点的详细分析。

1.1.2 西方汉学界的薛爱华研究

就西方学界而言,由于学术传统和思维方式的区别,在汉学研究史的回顾与反向研究领域,西方学者多不重视对汉学家的个案研究,常以对汉学研究态势和进程的宏观把握,以及对方法论、研究范式的整理与总结为重点。即便如此,作为在20世纪后半叶饮誉美国乃至整个西方古典汉学界的重要学者,介绍、评议与系统探讨薛爱华学术研究的论著也有很多,如美国当代著名汉学家韩大伟的《进香:汉学先驱与中国古典语文学的发展》(*Incense at the Altar*: *Pioneering Sinologists and the Development of Classical Chinese Philology*)涉及薛爱华学术背景、科研方法和视阈革新等多个问题。该书为美国首部西方汉学研究解释史,作者的重点在于对古典汉学研究的考察。通过对沙畹、伯希和、马伯乐、傅兰阁、翟理斯、理雅各、卜弼德、薛爱华等富有代表性的学者在汉学研究方法上的传承革新的介绍,作者呈现出了西方古典汉学在法国、德国、英国、美国发展递进的历史图景。其中,第十二章"薛爱华:诗学考古与唐代世界"(Edward H. Schafer: Poetic Archaelogy and the World of T'ang)对薛爱华的学生生涯、科研背景、语文学研究理念与方法、视阈开拓等问题都加以详细探讨,是全面认识薛爱华研究的重要材料。

此外,另有一篇1986年加州旧金山大学教育学专业博士论文：Doris Sze Chun 的《阿加西汉学教席与加州大学伯克利分校东方语言与文学系的发展》（The Agassiz Professorship and the Development of Chinese Studies at the University of California, Berkeley, 1872—1985）。阿加西汉学教席是伯克利设立的全美第一个侧重于汉文化研究的专门性讲学与科研教席，本文作者以教育学专业视角，以伯克利分校七位阿加西教席讲师的教研实践为中心回顾了该校在 1872 年至 1985 年期间汉学研究的发展历程，借以透视美国汉学整体。该文第七章"革新与成就：对中国文学、文化与语言的语文学研究"以卜弼德、薛爱华两位具有师徒关系的学者的介绍和研究为探讨中心，强调他们之间的密切联系。这一视角为我们了解薛爱华治学中所体现的师传渊源和流派特点提供了一个方便的门径。该文对薛爱华在伯克利东方语言与文学系的教学实践活动着墨甚多，对其科研理念、方法和成果的介绍较为精简，但由于作者掌握了很多第一手资料，如伯克利分校校长与阿加西讲师的通信、伯克利东语系文件集，且曾亲身运用口述史的方法对薛爱华进行过专题采访，本文的观点无疑具有非常重要的价值。

有两篇学术论文专论薛爱华，它们是约瑟琳·纳什（Jocelyn N. Nash）的《薛爱华小传》（Profile: Edward H. Schafer）及菲莉思·舍费尔（Phyllis Brooks Schafer）的《发现一个宗教》（Discovering a Religion）。《薛爱华小传》来源于马萨诸塞大学一项汉学研究史专题项目"汉学名家小传"（Sinological Profiles），该项目涉及 19 世纪以来包括中国王国维、林语堂，法国伯希和，俄罗斯阿列克谢耶夫（Vasili Alexeev），美国劳费尔、金守拙、卜弼德、薛爱华在内的四十余位致力于中国文史研究的大师级学者,其特点在于对汉学家的生平和主要研究成就的精练介绍。《发现一个宗教》作者为薛爱华妻子,其文以薛爱华对美国道教研究的开拓为中心,包括很多有关薛爱华生活与科研活动的具体事实与细节。

薛爱华论著目录有三种。一是 1984 年伯克利东方语言与文学系学生联合会会刊 *Phi Theta Papers* 中所载由韩大伟和柏夷所编的《薛爱华作品评注目录》(An Annoted Bibliography of the Works of Edward H. Schafer);二是在 1986 年《美国东方学会会刊·薛爱华纪念专号》中收录的柯慕白所编薛爱华目录,该目录对 1984 年《评注目录》未收录的薛爱华书评文章进行了补遗;三是刊载于 1991 年第 8—9 期《唐代研究》的《薛爱华目录》,该目录由柯慕白及菲莉思·舍费尔编订,较为完整地收录了 1991 年薛爱华去世前公开发表的作品。

书、文评为对薛爱华研究最为常见的形式。目前笔者收集到 92 篇。其中,对于薛爱华的专著来说,《闽国:10 世纪的中国南方王国》有书评 8 篇、《杜绾〈云林石谱〉评注》7 篇、《撒马尔罕的金桃:唐代舶来品研究》11 篇、《朱雀:唐代的南方意象》16 篇、《珠崖:12 世纪之前的海南岛》10 篇、《神女:唐代文学中的龙女与雨女》12 篇、《步虚:唐人的星空探索》8 篇、《时间海上的蜃景:曹唐的道教诗歌》6 篇,多刊登于西方著名的汉学期刊,如美国的《美国东方学会会刊》、《亚洲研究》、《哈佛亚洲研究杂志》(Harvard Journal of Asiatic Stdueis)、《唐代研究》、《中国宗教研究学刊》,荷兰的《通报》(*T'oung Pao*),法国的《远东杂志》,英国的《皇家亚洲学会会刊》等。从这些书、文评来看,薛爱华的作品绝大部分获得了非常积极的反响和评价,尤其是《撒马尔罕的金桃:唐代舶来品研究》《朱雀:唐代的南方意象》《步虚:唐人的星空探索》《时间海上的蜃景:曹唐的道教诗歌》等书最受推崇,被公认为是薛爱华的"大作"。

这些不同类型的研究文献集中涉及的重要问题有以下几点:

1) 对薛爱华学术背景的探讨。对薛爱华治学渊源和学术背景的探讨关系到对其所属汉学流派的认定,关系到能否对其作全面、客观的认识与评价。韩大伟《进香:汉学先驱与中国古典语文学的发展》中即首先回顾了薛爱华的求学之路和学术背景,并提到薛爱华很早就具备了熟练掌握至少八种语言的能力,这一语言上的天赋异禀为薛爱华带来了极其宽广的研究视野和坚实的语言学基础。事实上,这一能力也见于伯希和、马伯乐、劳费尔等薛爱华之前的汉学大师身上,他们将对多国语言文字的掌握转化为汉学研究的强大优势,往往能综合运用汉文、藏文、蒙古文、回鹘文、吐火罗文文献研究具体问题,同时又可以有效吸收近代以来法国、德国、日本等国汉学家的新见。另外,韩大伟认为,薛爱华的学术研究特色在其夏威夷大学和加州大学伯克利分校的研究生阶段便已成型,即"内容上偏好研究唐代的异域风物(exotica)和外域的影响,方法上则以对诗文的精确翻译和评注为主"[1]。这一观点无疑是有道理的,可以说,薛爱华几十年的汉学研究,无论其具体论域和研究方法如何演进,从其根

---

[1] David B. Honey, *Incense at the Altar: Pioneering Sinologists and the Development of Classical Chinese Philology*. New Haven: American Oriental Society, 2001, p.310.

本与内核上来说,一直没有离开其研究生阶段所奠定的学术气质和研究范式。

Doris Sze Chun 从伯克利东语系教研发展的内在逻辑出发,将薛爱华和其博士导师卜弼德放在了同一章节进行介绍,并专门比较了二者学术兴趣与治学上的同与异。Doris 认为,卜弼德与薛爱华作为伯克利学派的代表,都是应用语文学研究中国古籍的大家,且都强调将中国研究置于泛亚的大框架下。比较起来,卜弼德更关注语言上的琐细问题,倾向于精细和技术化的研究方法。薛爱华则在卜弼德的基础上通过文本细读和语言分析来呈现唐代中国的文化史。同时,相比于卜弼德学术产出的稀少,薛爱华将自己对古代文化与智性生活的理解转化为大量富有学术性与趣味性的作品,更是获得了广泛的好评。

约瑟琳·纳什认为薛爱华本科阶段在著名的学者克虏伯和罗维指导下的人类学专业训练为薛爱华的汉学研究提供了一种博物学和生态学的思维路径和研究方式,他常常视文献如田野,视对诗歌的分析为定点挖掘(site excavation),认为通过人类学式的系统研究可以为人们展现古代世界的真实样貌。这一点从他专著的结构体例上也可以看出,他的专著往往立足于特定时空,从气候、地貌、动植物、人类活动等多个方面开展研究,体现了克虏伯人类学的影响。

2)关于薛爱华的成就与学术地位的讨论。对于 20 世纪下半叶美国古典汉学发展的相关研究文献少之又少,几位著名的汉学家撰写的调查类文章是我们了解当时汉学发展情况的可靠来源。如赖德烈的《美国东方学的回顾与展望》、卜弼德的《当下美国汉学研究急需之务》,具体到专门的学科领域,有李珍华的《唐代文学研究十年(1982—1992)的远瞻与近观》、安娜·塞德尔的《美国的道教研究》等文章,为我们在中国学最为鼎盛的时代认识古典汉学的新发展和新变化提供了非常宝贵的材料。他们一致认为,尽管美国汉学研究界在整体上由新生中国学占据了学术主流,但考虑到其悠久的传统和对当代学术的贡献,古典汉学研究的价值不应当被忽视。

具体到对薛爱华在古典汉学界成就与地位的评价,虽则见仁见智,不尽相同,但学术界普遍公认薛爱华为美国20世纪下半叶杰出的古典汉学学者。如,在汉学家韩大伟看来,薛爱华是"唐诗研究、中古中国物质文化研究的大师",他通过解析唐诗中的意象,为我们揭示了隐藏于其中的自然观、宇宙观、人伦观和唐代人丰富的想象世界。韩大伟将论薛爱华的部分作为《进香》一书最后一个章节,将薛爱华作为漫长的古典汉学研究者传承链条在美国的最后一环,无疑是建立在对其学术地位的充分认识和肯定之上的。

Doris将薛爱华视为加州大学伯克利阿加西教席的杰出继承人和活跃的社会活动家。薛爱华为学生灌输卜弼德式的"国际汉学"(global sinology)观,强调治学需从语言的细微之处着眼(他曾经举例告诉学生,"牡丹"与"芍药"二词看似接近,但在唐代中国,它们在文本中的意涵和所指大为有别),也鼓励学生推陈出新,不重复他人的观点。薛爱华是多个大学的访问学者,也是美国数十个学术社团,如美国东方学会、唐代研究学会等的骨干社员,他的社会实践和影响也是Doris着重记述的一点。

李珍华则认为20世纪80年代美国唐代文学研究有两

大突出特点:一是将文学与宗教相贯通的语文学研究,一是以文化批评为特点的文学鉴赏。前者中最有成就的是薛爱华,后者则以傅汉思、宇文所安等人为代表。

可以看出,美国学界对薛爱华在古典汉学上的开拓与贡献有着非常积极的评价。同时,在许多书、文评中,薛爱华往往被冠以大师(master)、专家(specialist)、语文学者(philologist)等称呼,他的各方面研究也都被广泛引用和参考。从这些美国人以自己的视角观察薛爱华的材料中,我们可以看到薛爱华在美国汉学界的赫赫声望与地位,可以说薛爱华无愧于"中古中国研究的代名词"。

1.2 主要研究内容和思路框架

本书聚焦于薛爱华的汉学研究,立足于文本分析,用学术史的、跨文化的方法,考察20世纪下半叶美国汉学大变局背景下的薛爱华研究。最主要的研究对象是薛爱华的十部专著。这些专著包括《闽国:10世纪的中国南方王国》《杜绾〈云林石谱〉评注》《撒马尔罕的金桃:唐代舶来品研究》《朱雀:唐代的南方意象》《珠崖:12世纪之前的海南岛》《神女:唐代文学中的龙女与雨女》《步虚:唐人的星空探索》《唐代的茅山》《时间海上的蜃景:曹唐的道教诗歌》及《汉学:历史与现状》。这些著作反映了薛爱华学术研究内在的发展过程:从对五代史到对唐代文化的关注,从唐代实在的异域,即西域、南方、海南,到星空,再到唐人想象中的异域,即道教的超验世界(蓬莱、方诸、扶桑抑或天台山仙洞等)和其中的仙人、动植物、器物和相关的诗歌。上述视阈的发展变迁正是本书所要着墨的重点。在此基础上,本书拟结合薛爱华的期刊论文作品和海内外关于薛爱华的研究文献,立足于美国汉学发展的全景视阈对薛爱华的学术理论、视野、方法、影响等进行系统而全面的研究。在内容上,本书拟通过对以下问题的探讨为主轴展开论述。

1)薛爱华的唐代研究生涯里,人类学的学习经历、伯克利的东方语言文学研究学术传统,以及其导师卜弼德的治学对其产生了怎样的影响?

2)作为费正清、列文森等"中国学专家"的同代人,薛爱华是当时美国坚持传统文史研究的少数派,如何结合其汉学理念、主张和实践来认识其影响?

3)以薛爱华的著作为视点来看,薛爱华关注唐代的边隅文化、唐代的星空和唐人的星空探索、唐代道教的超验世界,其研究视野有何特点?是如何变迁的?

4)传统的语文学、博厄斯派人类学等如何影响了薛爱华的治学方法?

5)薛爱华长期担任加州大学伯克利分校东方语言与文学系阿加西汉学教席主讲,其教育理念与实践影响深远。他培养了哪些唐代研究领域的杰出弟子?同时,如何结合其研究来认识他的贡献?

6)薛爱华秉持与卜弼德一脉相承的"去主观""去诗化",追求完美传达原始文本意蕴的汉文英译理论,从对薛爱华作品的评论文章看,这一理论争议性较大。如何站在汉文典籍英译的历史语境来认识?

7)薛爱华对唐诗的解读有时会和国内大相径庭,对中西汉学学术交流中常见的分歧和误读现象,如何认识?

基于上述问题,拟设计本书内容框架如下:

第一部分:分为两个子部分。其一是对薛爱华之前古典汉学的发展史作一个精要的梳理与概述。由于古典汉学具有国际性和历时悠久的特点,这一考察覆盖从法兰西学院第一任汉语教师雷慕沙起,历经儒莲、沙畹、伯希和等人的传承变革,以及夏德、劳费尔、恒慕义等学者对这一法国研究传统在美国的嫁接与培养,直到加州大学伯克利分校莱辛、宾板桥、卜弼德等人为止的百余年历史。务求兼具全局性回顾以及对方法论演进的重点研究。其二是对薛爱华开始从事汉学研究源起与治学渊源的细考。薛爱华对文学与人类文化的热爱、语言上的天赋异禀、夏威夷大学的中文学习以及师从伯克利博士导师卜弼德的科研经历,无疑都对其走上独特的汉学研究之路有着重要影响。

第二部分:在文本阅读的基础上,以目录学方法考察薛爱华早年的学术研究视阈及其发展。介绍这一时期主要著作写作、出版背景和目的,主要著作包括《闽国:10世纪的中国南方王国》《杜绾〈云林石谱〉评注》《撒马尔罕的金桃:唐代舶来品研究》《朱雀:唐代的南方意象》《珠崖:12世纪之前的海南岛》。内容上介绍其著作体例、观点以及对相关研究的革新性。薛爱华以五代史研究进入学术圈,其对当时南方割据政权闽国、南汉的研究填补了当时美国五代史研究的空白,显现了其治学务求"发人之所未发"的创新精神。自《撒马尔罕的金桃:唐代舶来品研究》始,薛爱华正式走入唐代研究领域,他对唐代文化"异域"的关注由《撒马尔罕的金桃:唐代舶来品研究》中包括西域、南洋、天竺在内的广袤世界到《朱雀:唐代的南方意象》中的唐代南方边陲,再到《珠崖:12世纪之前的海南岛》中隐藏于唐代文献中富有异国情调的海南岛,其视野呈现不断缩小和微观化的趋势,但却富有内在逻辑上的连贯性和一体性。

第三部分:以对《朱雀:唐代的南方意象》及《时间海上的蜃景:曹唐的道教诗歌》的文本研究为中心,考察薛爱华汉学研究前后两个时间段的视阈及发展,重视其变化的内在理路、对重要问题的讨论以及对道教研究的新开拓。《朱雀:唐代的南方意象》是薛爱华遵循卜弼德"国际汉学"研究范式和方法对唐代边疆文化进行的名物考证式研究,在其研究生涯前期很具有代表性。《时间海上的蜃景:曹唐的道教诗歌》的出现标志着薛爱华的研究摆脱了古典汉学前辈的轨道,走上独具特色的宗教研究之路。自此薛爱华对"异域"的偏好开始逐步摆脱地理空间限制,向唐人眼中的星空和道教的想象世界发展。正是这一改变造就了薛爱华不同于以往古典汉学家的独特学术品格,其视阈也当予以重视。

第四部分:考察薛爱华对古典汉学语文学研究方法的继承与创新。这需要通过对薛爱华论汉学的相关作品,如《汉学的历史与现状》等文的细读,对薛爱华所持有的汉学理论和观点作一系统研究,同时对比和薛爱华同时代的费正清等中国学者的观点、立场、态度与方法,揭示薛爱华的价值与独特性,进而明确其在美国汉学中的历史地位。

第五部分:以专题考察薛爱华的诗歌翻译与评注理念、实践。笔者注意到,虽然薛爱华是美国公认的以文本文献研究见长的大师,但其对唐诗的翻译与解读屡有与国内学者相左之处。本部分意图以文化间性的视角,考察相同诗歌文本下不同解读的形成及其文化原因,进而加深对于处在不同文化夹缝中努力寻找沟通与遇合之道的薛爱华研究之认识。

第六部分:从对 20 世纪下半叶美国汉学的整体大局着眼,确立薛爱华在其中的历史性坐标,以此考察他走上学术巅峰的时代背景和他学术活动的基础。同时,以对相关期刊文献、档案的细读,来复原薛爱华的学术实践活动,探讨其在学术研究、学术社团实践、教学活动等领域的活动踪迹和贡献,同时结合中西学术界有关薛爱华的评论和笔者自身在研读薛爱华著作中的体悟谈谈其汉学研究的一些缺憾。

1.3 关键词的界定与解释

1.3.1 汉学与中国学

"汉学"一词含有多种常见意义。作为中国传统学术的汉学是指明末清初兴起的以汉儒研治经学名物制度之法,专注于文字、音韵、训诂之学及文献整理与研究的学术流派。作为英语 sinology[1] 汉语对应词的"汉学"是晚近的产物,这种用法至少存在两种含义:一是指西方学者对中国古代文明展开的人文文献研究;[2] 二是指外国学者对中国方方面面的研究,不仅包括传统的文史研究,也包括新兴的社会科学研究。[3] 鉴于"汉学"含义的模糊性,本书将尽可能避免

---

[1] 据美国汉学家韩大伟考证,sinology 与 sinologist 二词最早出现在西方文献中的时间是 1838 年。参见 *Incense at the Altar: Pioneering Sinologists and the Development of Classical Chinese Philology*, p.xi。

[2] David B. Honey, *Incense at the Altar: Pioneering Sinologists and the Development of Classical Chinese Philology*. New Haven: American Oriental Society, 2001, p.xi.

[3] 阎纯德:《从"传统"到"现代":汉学形态的历史演进》,原载于《文史哲》2004 年第 5 期,第 11 页。

使用这一易引起歧义的字眼,而是用"古典汉学"指代西方传统的对中国古代文明的人文研究,用"中国研究"来泛指广义的外国人研究中国的学问。同时,由于"汉学家"这一称谓在汉语中已约定俗成地泛指从事所有研究有关中国学问的外国学者,本书在使用该词时仍保留这一意义,而用"古典汉学家"来专指从事古典汉学研究的学者。

中国学(Chinese Studies)是20世纪50年代由美国学者费正清、赖肖尔、史华兹、施坚雅等人发起的中国研究新流派,主张以社会科学理论与研究范式为指导,着重开展对近现代中国的政治、社会、经济、人口、民族、外交等领域的专题研究。这一研究流派成为20世纪后半叶美国中国研究界的主导力量。在本书中,"中国学"所代表的研究模式并非我们研究的客体,但由于其存在于卜弼德、薛爱华等古典汉学家开展学术研究的历史语境中,且曾与古典汉学流派产生过密切的交流与互动,故仍有认识的必要与比较研究的价值。

1.3.2 语文学与古典汉学

薛爱华在1958年致《美国东方学会会刊》编辑部的公开信(Communications to the Editor)中,曾将自己的学术角色定义为一名"语文学者"(philologist)[1]。语文学者是西方对从事语文学(philology)研究学者的称谓。那么,何谓"语文学"?它与我国传统的"古典文献学"存在近似之处,我们应该如何区分?由于语文学这一概念根植于西方学术语境,我

---

[1] Edward H. Schafer, Open Letters to the Editor, in *American Oriental Society*, Vol.78, No.2, p.20.

们可以从英语圈的权威词典寻找答案。

英国《牛津英语词典》(*Oxford English Dictionary*)将其释为：一门研究单一或数种语言结构、历史发展以及语际关系的学问(The branch of knowledge that deals with the structure, historical development, and relationships of a language or languages)。这一释义将语文学大致等同于历史语言学或比较语言学研究，也反映了英国学术语境下对语文学常见的狭义理解。在这种理解下，语文学者便相当于语言学者(linguistics)，这一点不同于美国及许多欧洲国家，显然也与薛爱华的理解背道而驰。事实上，语言学研究并非薛爱华主攻的方向。可知，《牛津英语词典》的释义很可能并不全面。

美语词典《韦氏大词典》(*Merriam-Webster Dictionary*)则将"语文学"释为：一种对文献(literature)或与文献相关的学科的研究，或是对文献中语言的研究。[1] 这一解释与薛爱华时代的美国学术界对"语文学"的理解近似，但却又相对忽略了口头语言研究在语文学研究中的存在，亦流于片面。那么，我们该如何理解与把握语文学的概念呢？

通过对西方学术研究发展史的梳理，我们发现，在不同历史时期，学者们对"语文学"的概念有不同的认识。语文学最早的含义来源于希腊语φιλολογία，它由古希腊哲学家柏拉图(Plato, 前427—前347)发明。在他看来，φιλολογία一词泛指对学问、文献、言辞、理性与论辩的热爱，与热爱终极智慧的哲学相对应。而据当代语文学者、清华大学藏学专家沈

---

[1] 参阅韦氏大词典官网，查询地址：https://www.merriam-webster.com/dictionary/philology，查询时间：2018年2月27日。

卫荣先生所言,语文学这一概念在近现代逐渐由宽泛的对"学问和文献之爱"变为一种专指对语言的历史发展做专门研究的概念。[1] 这意味着,以历史比较方法为基础,重视开展语际亲属关系研究的历史语言学[2]成了语文学研究的主流。18世纪中后期,英国东方学家威廉·琼斯(William Jones,1746—1794)对汉语与藏语在语法层面上关联性的研究,[3] 以及德国学者珐琅兹·葆朴(Franz Bopp,1791—1867)在《梵语动词变位系统》(*Ausführliches Lehrgebäude der Sanskrit sprache*)一书中对梵语和日耳曼语言关系的论析,[4] 便是历史语言学研究的典型例子。

当然,尽管着重于语言表现形式研究和语际差异分析的历史语言学在语文学研究中占据非常重要的位置,但对书面文本及其历史的研究,往往也被划入"语文学"的范畴。很多学者将"语文学"径称为"文献学"。[5] 与历史语言学性质的语文学相类似,这一类的语文学研究也拥有悠久的历史,最早可以追溯到欧洲宗教改革时期西方人对《圣经》版本与文词的研究。它综合运用碑铭学、考古学、阐释学、文本批评等方法对特定文本的词句进行分析与解释。这一类的语文学研究将人类文献看作文化的复杂性与人类思维的精巧性的一种直接表征,并开展一种具体的、个人化的、解释性

---

[1] 沈卫荣:《回归语文学》,上海:上海古籍出版社,2019年,第5页。
[2] 或称越时语言学、比较语言学。
[3] 陈满华:《威廉·琼斯的汉语研究》,原载于《语言研究》2007年第1期,第123—126页。
[4] Franz Bopp, *Ausführliches Lehrgebäude der Sanskrit sprache*, Berlin: Gedruckt in der Druckeri der Königl, 1827.
[5] 沈卫荣:《回归语文学》,上海:上海古籍出版社,2019年,第8页。

与表达性的研究。其研究对象逐步从《圣经》研究扩大至欧洲古典文献研究、欧洲中古与近现代文献研究，以及东方文献研究——如古埃及文献、梵语文献、汉语文献研究等。

在西方学术语境中，"语文学"的概念通常包含了以上所述的两种学术范式。例如，当代奥地利佛学家、语文学者斯坦因凯勒（Ernst Steinkellner, 1937—　）就认为，语文学就是"尽可能清晰而准确地理解别人的表述，不管是书面的文字，还是口头的言说"[1]，无疑是将口语语言与文本研究看作了语文学的共同组成部分。美国古典语文学专家詹姆斯·特纳在《语文学：被遗忘的当代人文学术之源》（*Philology: The Forgotten Origins of the Modern Humanities*）一书中也将语文学研究具体分为对语言的起源与本质的研究，对不同语言、语族的结构与历史发展进行的比较语言学研究，以及文本语文学（textual philology）研究三类。其中前两类都属于历史语言学的范畴，第三类文本语文学则更接近于立足文本的文献学、考据学和文学研究。[2]

综上所述，我们可以将语文学这一概念定义为：一种产生并发展于西方学术土壤之中，应用语言学研究、文献学研究、文学研究等学术范式对人类语言与文本文献所开展的综合性人文研究。

本书即立足于这一定义来具体理解西方的语文学研究传统。从薛爱华治学的视野和研究领域看，他所说的语文学

---

[1]《斯坦因凯勒谈佛学与梵文写本研究》（何欢欢采访整理），原载于《东方早报·上海书评》2014年12月7日。

[2] James Turner, *Philology: The Forgotten Origins of the Modern Humanities*, Princeton: Princeton University Press, 2014, pp.2-15.

者应是指专注于语文学中偏向文本文献研究的学者。换句话说,薛爱华将自己称为语文学者,就明确无误地进行了自我界定:一名研究中国古代文献的语文学者。

从上文对语文学内涵的分析与归纳中我们可以发现,语文学与中国传统意义上的文献学存在一定的相似性。那么,我们该如何区分这两个概念呢?笔者认为,尽管语文学研究与中国古典文献学同样包括对古代文献的目录、版本、校勘、辑佚、辨伪等研究内容,但语文学研究自有相对于文献学的独特之处,这包括以下几个方面:

1)语文学研究根源于西方比较语言学研究传统与《圣经》解经传统,属于西学体系之产物。

2)语文西学研究的内涵相对于古典文献学更为广阔,除却一般文献学的研究,还包括历史语言学、文本翻译、文本细读、文本内容与结构分析、修辞研究等研究内容。

3)由于有着历史语言学的学术基因,语文学研究格外强调跨语言、跨文化研究范式的重要性,往往也会利用多国语言和文献工具开展比较性质的研究工作。我国的古典文献学则没有这种研究范式,只是单一传统下的单一语言文献研究。

正是鉴于语文学研究与文献学研究有着这样明显的区分,本书认为有必要在对英语 philology 的汉语翻译上采用"语文学"而不是外延相对较窄的"文献学"作为对应词,以凸显语文学这一学术传统的特殊性和西学色彩,同时避免在一些语境和场合下可能发生的意义混淆。

"古典汉学"(classical sinology)是本书所采用的对西方中国研究界存在的侧重于对古代中国语言、文字、文献、文学领域开展研究的治学传统的称谓。它一般被中西学术界称为"汉学"或"传统汉学",本书采用"古典汉学"一词,是为了避免使用易引起混淆的语词,同时也为了凸显这一西方传统学术的历时悠久及经典性,以及其对古代中国文明的关注。正如其内涵所揭示的,古典汉学与西方的语文学研究传统有着密不可分的联系,德国汉学家傅海波(Herbert Franke,1914—2011)甚至认为古典汉学"很大程度上便等同于中国语文学"。这意味着,古典汉学最少应当包括对中国古代文明所进行的历史语言学研究以及文献语文学研究两部分。同时,古典汉学语文学的理论、研究范式、研究方法与学术目标,都在很大程度上塑造着古典汉学的品格与风貌,薛爱华的汉学研究亦不免于受其影响。这一点本书将在后面进行详细论述。

1.3.3 中古中国

"中古中国"是在中国历史发展三阶段理论[1]下对中国一个特定历史时期的指称。不同的学者对中古中国所涵盖的时间段上下限认识很不相同:梁启超认为其包括从秦统一六国直到18世纪末的漫长历史时期;日本京都学派学者内藤虎次郎(1866—1934)将从东汉灭亡直到安史之乱的历史

---

[1] 这一分类理论最早由梁启超提出。1901年,在《中国史叙论》一书中,梁启超颠覆了传统的中国史朝代划分法,将中国历史划分为上世史、中世史与近世史。许多研究中国历史的学者承袭了这种新式分类理论,将中国史划分为古代中国(Ancient China)、中古中国(Medieval China)、现代中国(Modern China)。近年来,西方汉学界新流行将中国史划分为前帝国古典时期(Pre-dynastic Antiquity)、早期帝国时期(Early Imperial Period)与晚期帝国时期(Late Imperial Period)的三分理论。

看作中古中国;[1]薛爱华、费正清等许多西方学者则倾向于以西方历史为参照,将其视为"大致相当于欧洲中世纪的历史时期"。本书即采用薛爱华及其同时代美国中国研究界主要学者的看法,将中古中国界定为从三国时代开始(公元220年)至南宋灭亡(1279年)的历史时段。本书中所出现的所有对中古中国这一概念的沿用情况,都是意指这一历史阶段。

1.4 研究方法与创新之处

本书的研究方法主要有以下三种:

1)学术史性质的研究。本课题旨在通过对原始西文档案文献、汉学论著等的细致梳理与综合分析,结合已有的汉学研究界成果,精细勾勒薛爱华的学术跋涉,并将薛爱华的研究置于美国汉学乃至整体学术文化的大背景下,在此基础上全面评价薛爱华的学术造诣和学术影响。

2)将对薛爱华学术的个案研究上升至系统论研究的高度,以个体观照汉学整体,透视费正清中国学兴起后被相对忽视的汉学研究的特点、结构及其发展趋势,通过与中国学的比较参照,揭示这一脉学术传统的独特价值和学术高度,及其对美国当代关于中国古代文学、古代文化、文献研究的奠基性贡献。

3)客观性研究以及统计分析法。本课题广泛采用了列

---

[1] 李华瑞:《20世纪中日"唐宋变革"观研究述评》,原载于《史学理论研究》2003年第4期,第87—95页。

举的、统计的、量化性的方式对特定问题或专题展开详细分析和阐释,以便通过对客观数据及其特点的把握,更准确与全面地理解薛爱华及其时代的汉学研究。例如,对薛爱华著作及论文、书评、翻译作品所进行的整理和归类,针对《朱雀:唐代的南方意象》一书的注释开展的量化研究,以及围绕美国早期汉学研究以及伯克利东方语言与文学系的发展沿革所开展的历时性事实列举与考察。

本书的创新之处体现在如下三个方面:

其一,薛爱华汉学研究所涉及的具体学术领域广泛,专著与论文作品数量繁多,其所呈现的研究范式与方法也具有多样化的特色。因此,本书在具体撰写过程中,兼顾全面覆盖与重点突出的研究与写作原则。在大的框架上,本书将目录学研究与专题研究相结合,以对薛爱华学术论著的目录学式梳理张本,建立一个对其汉学研究的全局视野。在此基础上,本书选择具有代表性的《朱雀:唐代的南方意象》及《时间海上的蜃景:曹唐的道教诗歌》两本书作专题研究,以期深化对薛爱华物质文化研究与道教研究两种研究范式的理解。同时,在开展具体的专题研究过程中,本书亦将全貌性的考察、描写与针对典型问题的研究结合起来,例如第三章在以目录学方式考察《朱雀:唐代的南方意象》基础上对薛爱华融合想象世界与实在世界的研究、写作手法的探讨,第四章在考察《时间海上的蜃景:曹唐的道教诗歌》大致内容后对曹唐诗母题以及其中所蕴含的道教仙境观的深入研究,以及第五章专辟一节对薛爱华汉学研究的基础要素——汉文英译思想与实践进行的考察和评价。

其二,本书对薛爱华汉学研究的考察不脱离其西方学术文化语境,立足于古典汉学研究的历史遗产及其在20世纪下半叶发展的实际情况,具体地历史地看待薛爱华的创见与局限。同时,由于本书旨在向国内学术界引介并评价薛爱华的汉学研究,因此亦努力从古代文学、文献学、道教学等我们自身的学术传统、范式、话语与方法中去发现问题、讨论问题,从而能以更为客观和中立的眼光认识和理解薛爱华的学术实践及其成就,也为相关研究领域的学者提供认知与参考之便。

其三,由于本书是对一位美国汉学家所开展的专题研究,因此相关原始资料,特别是英文的专著、论文、书评、回忆录、通讯稿、会议纪要等的获取与利用便成了开展进一步研究的关键点与难点。这一问题的解决之道便是根据具体的研究需要,应用现代互联网技术,在史实考据工作和理论建构上灵活使用大数据检索和电子存阅功能,打破地理和资源限制所带来的研究资料短板。在实际撰写过程中,本书在充分利用百度学术、知网、万方、读秀等中文常用数据库基础上,亦频繁通过 Google Scholar、Jstor(Journal Storage)、Internet Archive、EBSCO、Taylor & Francis、OAC(Online Archive of California)、UCHDA(University of California History Digital Archive)等西文搜索引擎及数据库存取资料,为进一步的研究工作提供文献上的支撑与保障。

第二章
古典汉学传统与薛爱华汉学研究的学术资源

开展对薛爱华汉学研究的探讨,不能不知其学术师承与渊源。不考察其研究范式与方法背后的理论背景与指导原则,不了解其研究具体课题背后隐藏的问题意识,便无法准确定位其学术流派,亦无法全面把握其治学特色、视野与研究方法的价值与意义,从而无法圆满地评估其历史贡献与局限。因此,本书首先要做的,便是对薛爱华的学术土壤——西方古典汉学作一简要梳理与总结,以求对这一悠久学术传统的基本理念与研究范式形成基本的认知与理解。

2.1 古典汉学的萌芽与发展

任何学术都有着从无到有、从小到大的发展历程,成果斐然的西方古典汉学研究亦非一蹴而就,它起源于 16 世纪中后期中西交通之初。公元 1513 年,当广州湾海岸的峭岩首次出现在葡萄牙航海家欧维士(Jorge Alvares,? —1521)率领的船队的视野中,中国与西方世界便开始进入交流互通的新纪元。从此,那个仅存在于中世纪旅行家马可·波罗

第二章　古典汉学传统与薛爱华汉学研究的学术资源

（Marco Polo,1254—1324）与伊本·白图泰[1]（Ibn Battutah,1304—1377）笔下的富饶东方古国,终于向西方人揭开了神秘的面纱。紧随殖民活动与商业贸易的开展,南欧天主教多明我会（Dominican Order）、奥斯定会（Augustinian Order）等托钵修会开始陆续将中国纳入其传教事业的目标国,并积极派遣一批批传教士来华传教,而西方最早的中国研究正是诞生于此时。它受惠于达·克鲁兹（Gasper da Cruz,1520—1570）、拉达（Martín de Rada,1533—1578）、艾斯加兰德等传教士的中国观察与记录。这些人曾有留居中国经历,也曾采用报告、日志、书信、航海志等书面形式记录自己对这一东方国度自然、地理、社会、民情等方面的观感和看法。这些书面文献为欧洲人提供了有关中国情况的第一手资料和相对真实的信息源,引起了探究中国知识的兴趣。

16世纪末,随着耶稣会（Society of Jesuit）开启对华传教之门,中国研究产生了一些新变化,我们所关注的"西方古典汉学"正是发源于这一学术演进之中。这表现在两个方面:一是在这一时期,建立在对中国情况的直观观察与主观感受之上,表现为零碎描述性记录的研究形式逐渐被更为系统化、学理化,更为重视中国语言与典籍的新研究形式所取代。这一新潮流由罗明坚（Michele Ruggieri,1543—1607）、利玛窦（Matteo Ricci,1552—1610）、卜弥格（Michael Boym,1612—1659）、殷铎泽（Prospero Intorcetta,1626—1696）等人所引领。受到利玛窦在中国推行以中和孔孟之道和宗法思

---

[1] 伊本·白图泰,中世纪阿拉伯学者和旅行家,著有记载其横跨亚欧大陆旅行见闻的作品《献给向往城市奇观和旅行奇迹的人》（*Tuhfat al-anzar fi gharaaib al-amsar wa ajaaib al-asfar*）,一般简称为《伊本·白图泰游记》）。

想为方针的"文化适应"（acculturation）政策的影响，这一时期来华的传教士尤重对中国语言与文化典籍的学习与熟识，这一倾向产生了一些突破性成果，其中于汉学研究最为重要与具有奠基意义的无疑是汉语字典与语法工具书的编撰。

卜弥格是欧洲较早的拥有较高学术水平的中国研究者。他于1667年编撰了中文-拉丁文词典，这是最早出版于欧洲的汉语词典。[1] 不同于之前传教士对中国文化的浮光掠影的记录，卜弥格第一次用语文学的原则与方法研究中国，且展现了科学的研究方法与态度，我们可以认为他率先开启了西方古典汉学研究的历史新阶段。随后，叶尊孝（Basilio Brollo, 1648—1704）于1694年编撰了更为翔实的《汉拉字典》，共收录了约7000个汉字条目。此外，西班牙方济各会修士万济国（Francisco Varo, 1627—1687）基于汉字音译系统编撰的《华语官话语法》（*Arte de la Lengua Mandarina*, 1703）是欧洲第一部中文语法工具书，对有关汉语普通话特性与词法、句法研究都有着开创性的意义。

二是汉籍翻译事业的展开。由于迫切需要深入对中国文化与哲学思想的理解，以便于传教事业的顺利展开，自利玛窦起针对中国儒家经典的系统性翻译实践便已展开。利玛窦曾于1591年12月至1593年11月以拉丁文译出了"四书"，这一译本今已亡佚，但学者们推测它曾长时间以手抄本的形式流传。其后，1662年，致力于研究儒家思想的意大

---

[1] Boleslaw Szczeœniak, The Beginning of Chinese Lexicography in Europe with Particular Reference to the work of Michael Boym(1612-1659), in *American Oriental Society*, Vol.67, No.3, pp.160-165.

利耶稣会士殷铎泽翻译的拉丁文版《大学》[1]于江西建昌府刻印出版,这也是世界上第一本翻译为西方语言的汉文典籍。殷铎泽随后又完整译出了《中庸》[2]。1689年,他又与奥地利传教士恩理格(Christian Wolfgang Herdtrich, 1625—1684)、鲁日满(François de Rougemont, 1624—1676)等人将"四书"全部文本翻译成了拉丁语。该译本文字精确优美,对欧洲宗教界与知识界产生了很大震动与影响,为汉籍西译奠定了高水平的起点。[3]

尽管利玛窦之后的传教士中国研究并非由职业的汉学学者进行,其目的也主要局限在了解中国和向西方宗教界、哲学界引介中国思想,研究的形式也以基础性的工具书编撰、典籍翻译为主,缺乏学理性、专业性、批判性与可靠性,不能与19世纪的成熟汉学研究相提并论,但也具备了古典汉学研究的核心特色:对汉语语言研究的重视,对中国典籍的尊重和关注,以文献文本为基础开展历史人文研究,等等。这一时期的传教士中国研究已发展出古典汉学的基本架构,也为后来成熟的古典汉学研究提供了基本学术资源,奠定了古典汉学发展的坚实基础。

在传教士的汉学研究之外,西方汉学尚有另一支发源于欧洲本土的学术传统,它不能严格地称为古典汉学研究,因为它缺乏基本的语言与文献研究基础,但它展现了西方人对

---

[1] 原书名为 *Sapientia Sinia*(《中国的智慧》)。
[2] 拉丁文版原书名为 *Sinarum Scientia Politico Moralis*(《中国的政治道德知识》),于1667年和1669年分别刻印出版于中国广州和葡属印度果阿。
[3] 罗莹:《十七、十八世纪"四书"在欧洲的译介与出版》,原载于《中国翻译》2012年第3期,第36页。

中国进行纯粹学术研究兴趣的萌芽。彼时，一些欧洲本土的学者广泛搜求传教士带回的有关中国的著述、书简、报告、记录等文献资源，在整理与编辑工作基础上进行综合与评点，并结集出版，其中最为典型的是有关中国的史志类书籍。如葡萄牙历史学者若奥·德·巴洛士（João de Barros，1496—1570）的四卷本《亚洲数十年：葡萄牙发现与征服东方海陆的事迹》(Década da Ásia: Dos Feitos que os Portugueses Fizeram no Descobrimento dos Mares e Terras do Oriente)第三卷用大篇幅对中国进行的介绍。西班牙历史学者门多萨（Juan González de Mendoza，1545—1618）根据达·克鲁兹、艾斯加兰德（Escalante）等传教士报告、信札等材料所著的《中华大帝国史》(Historia de las Cosas más Notables, Ritos y Costumbres del Gran Reyno de la China)亦颇为重要，它是早期欧洲汉学研究的代表性作品。[1] 该书以百科全书式的架构涉及中国政治制度、地理区划、社会民俗、军事、建筑、生活方式等诸多领域，自1585年于罗马初版后便颇为畅销，曾于短短数十年间被翻译成多种欧洲语言，再版达30余次，成为欧洲人获取中国知识的重要窗口。[2] 德意志博物学者基歇尔（Athanasius Kircher，1602—1680）的《中国图说》(China Illustrata)系统地介绍了中国宗教、政治、自然地理、动植物、矿物、文字等多方面的情况。该书的重要性不仅在于其百科全书式的规模、具有异域风情的内容和精美的地图与插画，也因为其收

---

[1] Donald F. Lach, *Asia in the Making of Europe*, I: *The Century of Discovery*. Chicago: University of Chicago Press. p.750.
[2] David B. Honey, *Incense at the Altar: Pioneering Sinologists and the Development of Classical Chinese Philology*. New Haven: American Oriental Society, 2001, p.4.

第二章 古典汉学传统与薛爱华汉学研究的学术资源

录了在当时欧洲可以见到的篇幅最长的汉文文献《大秦景教流行中国碑颂》、一套中文-拉丁语对照词表和对中国文字构字法则和类型的系统介绍——这对于欧洲人深入了解中国语言与文字影响深远。此外,德意志学者莱布尼茨(Gottfried Wilhelm Leibniz,1646—1716)、米勒(Andreas Müller,1630—1694)、门采尔(Christian Mentzel,1622—1701)等人围绕汉字表意本质的学术研究,伏尔泰(François-Marie Arouet,1694—1778)、孟德斯鸠(Charles-Louis de Secondat, Baron de La Brède et de Montesquieu,1689—1755)等启蒙学者对中国社会、风俗、文化的评论也颇为著名。

必须指出的是,19世纪前欧洲本土学者的中国研究存在明显缺陷与不足:过度依赖入华传教士带来的资料与记录,缺乏实地考证和对中国典籍的关注,其结论呈现事实与偏见、想象等因素相混合的特点;其研究形式主要为对已有材料的加工整理,以及在此基础上的总结与评点;其研究主体并非专业的汉学研究者,绝大多数人甚至从未踏足中国,不具备汉语基础。可以说,这一时期的本土研究"实际上处于传教士汉学家附庸的地位"[1]。然而,从另一个方面看,发源于欧洲本土的研究传统代表着西方知识界对中国兴趣的与日俱增,这一萌发的学术嫩苗最终在19世纪的法国土地上结出了古典汉学丰硕的果实。

---

[1] 计翔翔:《西方早期汉学试析》,原载于《浙江大学学报(人文社会科学版)》2002年第1期,第90页。

2.2 法国古典汉学

18世纪的法国是欧洲高雅文化与科研学术的中心,在此也产生了欧洲本土最早的古典汉学研究,这一脉研究传统在19世纪至20世纪中叶期间更是发展为整个西方中国研究的典范与代表,被誉为"汉学的罗马""无可争议的西方汉学之都"。[1] 我国学者傅斯年也认为,"说到中国学在中国以外之情形,当然要以巴黎学派为正统"[2]。作为欧洲汉学大成之地,法国汉学对美国加州大学伯克利分校东方语言与文学系的一派学者影响深刻。继承卜弼德衣钵的薛爱华之学术观念与治学路径,究其根底,正是法国古典汉学所形塑的。薛爱华所秉持的语文学理念、以中外文化交流史视角开展研究的范式,以及其论著作品中对法国学者文章的大量援引都可以证明这一点。

专业化的法国古典汉学研究可追溯至1814年。是年,法兰西学院教授委员会于12月11日作出决定,在学院开设"汉语和鞑靼-满洲语言与文献讲座"(La Chaire de Langue et Littérature Chinoises et Tartares-Mandchoues),由当时在中国研究领域名声鹊起的雷慕沙(Jean-Pierre Abel-Rémusat,1788—1832)就任首位讲座教授。这是法国乃至整个西方第一个设立于高等教研机构的汉学教职。雷慕沙成为西方

---

[1] [法]苏瓦米耶:《五十年来法国的"汉学"研究》,原载于《中国史研究动态》1979年第7期,第56页。
[2] 《法国汉学家伯希和莅平》,原载于《北平晨报》,1933年1月15日。

"第一位以研究中国语言与文化为职业的学者"[1],进一步开拓了由耶稣会士奠定的古典汉学道路。

作为法国第一位著名汉学家,雷慕沙身上已经体现出成熟的古典汉学研究者的特点:研究视野颇为宽泛,举凡中国语言、文学、历史、地理、哲学、宗教、艺术等无不涉及,却莫不是以对汉语和古典文献的深入了解和研究为基础和出发点。此外,雷慕沙独具慧眼,将对中国的研究置于对涵盖地理范围更为广大的亚洲研究之中,以内亚视角审视中国,综合运用文本翻译、考证、评点等语文学方法,考察中国边疆地理与民族文化,考察中国与邻国交流与往来的历史。这一学术新视野经过法兰西学院一代代汉学教授的传承,成为法国汉学乃至整个古典汉学研究一如既往的传统,深刻影响了薛爱华的研究。

雷慕沙之后,儒莲(Stanislas Aignan Julien,1797—1873)、德理文侯爵(Marquis d'Hervey de Saint Denys,1822—1892)等人承继了由雷慕沙开拓的新研究领域与范式。儒莲最大的贡献在于汉籍原典的翻译。为了追求译文的真实性与精确性,他时常会穷究所有可以利用的源语言文献的版本,进行版本校勘工作。如翻译《孟子》(*Meng Tseu*)[2]时,儒莲曾收集并参考了十种版本的汉文《孟子》,而在翻译《老子》时,

---

[1] 李慧:《欧洲第一位"专业汉学家"雷慕沙》,原载于《国际汉学》第2期,第39页。
[2] 拉丁文版原书名为 *Meng Tseu vel Mencium inter Sinenses philosophos, ingenio, doctrina, nominisque claritate Confucio proximum*。

他也曾参阅法国当时可见的所有七种汉文版本。[1]

与雷慕沙相同,儒莲也热衷于在更广泛的亚洲语境下开展中国研究。他最有代表性的成果就是 1819 年出版的法译本周达观《真腊风土记》(Descriptiyages en Inde)、《大唐西域记》(Mémoires sur les Contrées Occidentales de Hiouen Thsang)。在这两部翻译作品中,儒莲常对原文出现的专门历史事件、人名、地理做原创性的解释和考证,这在西方学界尚属首次,改变了纯粹的汉籍译介模式,开创了翻译-评点的研究传统。[2]

19 世纪末到 20 世纪中叶,由法国引领的古典汉学研究臻于成熟与完善的境地,出现了三位伟大的学术巨匠:沙畹(Édouard Chavannes, 1865—1918)、伯希和(Paul Eugène Pelliot, 1878—1945)以及马伯乐(Henri Maspero, 1883—1945)。正是他们树立了古典汉学的学科地位与研究水平的高标杆。

沙畹将处于学术边缘的古典汉学研究带入了主流视野,将其发展为法国人文科学研究中一门备受推崇的学科。[3]作为汉籍翻译家,他继承了儒莲开辟的翻译-疏证传统和严谨的翻译态度,致力于司马迁《史记》的法译工作。他的《史记》译本在精确性与忠实度上达到了很高水平。同时,在翻译文本后,沙畹往往会给出非常详细的注释。当代美国汉学

---

[1] 原法文版书名为 Mémoire sur la vie et les opinions de Lao-Tseu, philosophe chinois du Vie. siècle avant notre ère, qui a professé les opinions communement attribuées à Pythagore, à Platonetaleurs disciples。

[2] 西方汉学史文献中称之为 Translation-Annotation Tradition 或 Commetary Tradition。

[3] Nöel Péri, Nécrologie: Édouard Chavannes, in Bulletin de l'École française d'Extrême-Orient, Année 1918(18), p73.

家倪豪士(William H. Nienhauser)认为沙氏《史记》"在许多方面仍然是最完美的译本"[1]。

沙畹曾在泰山地区及其附近开展过系统性的调研活动,"拜访了当地每一处建筑和值得留意之处"[2],并收集了存在于当地寺庙、石壁、古物的数以百计的刻文拓片。这些新材料的发现导致了研究圣山泰山崇拜史与宗教史的巨著《泰山志》(Le T'ai Chan, Essai de Monographie d'un Culte Chinois)的问世。这部书在收录资料的完整性与丰富性、翻译-评注研究模式的精确性和深度方面都达到了很高的水准。[3] 在文献利用方面,沙畹突破了前代汉学家对经史文献的偏重,而对宋明有关泰山的小说、杂文、随笔等予以关注和考察。该书对宗教名山的研究范式启发了薛爱华,后者以唐代道教上清派宗坛茅山的自然与人文地理为研究对象,创作了专著《唐代的茅山》(1980)。

沙畹的学生伯希和青出于蓝,仰赖他超群的记忆力、一丝不苟的科学态度以及博学多才,将古典汉学研究推向了一个空前的高峰。伯希和发展与完善了儒莲、沙畹的翻译-注疏研究法。他的大多数关于中国的作品,如《摩尼教流行中国考》(Un traité manichéen retrouvé en Chine)、《沙州都督府图经及蒲昌海之康居聚落》(Le 'Cha-tcheou-tou-fou-t'ou-king' et la colonie sogdienne de la region du Lob Nor)、《中古时代中

---

[1] Ssu-ma Ch'ien, translated by Werguo Cao, Zhi Chen, Scott Cook et al. The Grand Scribe's Records, Bloomington & Indianapolis: Indiana University Press, 2006, p.xv.

[2] David B. Honey, Incense at the Altar: Pioneering Sinologists and the Development of Classical Chinese Philology. New Haven: American Oriental Society, 2001, p.55.

[3] David B. Honey, Incense at the Altar: Pioneering Sinologists and the Development of Classical Chinese Philology. New Haven: American Oriental Society, 2001, p.53.

亚细亚及中国之基督教》(Recherches sur les chrétiens d'Asie centrale et d'Extrême-Orient)等,展现了语文学以注释与分析为主的固定研究模式。1)围绕选定的研究课题,伯希和常在论文中有选择地翻译大量相关文献中的文段或字句。这一过程包括严格的版本遴选、辨伪、辑佚、校勘等工作,也包含以追求学术性和语境准确性的翻译方法和实践。2)和沙畹类似,伯希和常在翻译文本中以段落为单位附上严谨而细腻的注释,包括对人名、地名、官职名、事典、掌故等的介绍和考证。伯希和的注释往往非常详细,许多单条注释都有着洋洋洒洒数页甚至数十页的篇幅。

相对于法国古典汉学研究的早熟和成果的辉煌,其他欧洲国家及美国对中国的专业性学术研究要到19世纪60年代后才开始陆续出现,且其水平长期不能和法国学派相提并论。[1]事实上,整个19世纪到20世纪50年代止,英国、德国、荷兰、瑞典等欧洲国家学者的专业性中国研究大都笼罩在法国古典汉学开创的学术范式和方法论的光环之下,其论著也往往呈现出与法国学派相似的特点。如,德国方面,有研究古代汉语与语法的学者甲柏连孜(Georg von der Gabelentz,1840—1893),以及将《易经》《太乙金华宗旨》等道教文献翻译为德文的卫礼贤(Richard Wilhelm,1873—1930);英国方面以汉籍翻译见长,有理雅各(James Legge,1815—1897)、翟理斯(Herbert Giles,1845—1935)、阿瑟·韦利(Arthur Waley,1889—1966)等学者;荷兰有翻译

---

[1] Harriet T. Zurndorfer, *China Bibliography*. Honolulu: Hawaii University Press, 1999, p.6.

《商君书》的戴闻达(Jan Julius Lodewijk Duyvendak, 1889—1954),瑞典有拟构上古汉语与中古汉语语音系统的高本汉(Klas Bernhard Johannes Karlgren, 1889—1978)。这些欧洲学者同法兰西学院的汉学巨匠一道,使中国研究的古典汉学模式深深植根于欧洲学术土壤中,塑造了欧洲中国研究中一脉影响力持续至今的学术传统。

2.3 美国古典汉学的起步与劳费尔的开拓

美国与中国的文化接触要晚于南欧与西欧诸国。尽管始航广东的"中国皇后"号(Chinese Empress)在1784年便拉开了中美通商的序曲,但迟至19世纪中叶,中美文化往来及具有一定规模和成果的美国中国研究才在裨治文(Elijah C. Bridgeman, 1801—1861)、卫三畏(Samuel W. Williams, 1812—1884)、明恩溥(Arthur H. Smith, 1845—1932)、傅兰雅(John Fryer, 1839—1928)等新教传教士的促动下逐步发展起来。[1] 然而,从总体特征上看,这些传教士的中国研究并不具有太高的学术水准,他们多选择以亲身观察记录或宏观把握中国古代文化和现实风貌的特点,尤其偏重于对现实政治、社会问题的分析与评论——这种中国研究的形式尽管具有浓烈的美国特色及实用主义气息,且亦产生了一些重要学术成果,开20世纪费正清学派的先河,但其一开始便迥异于欧洲古典汉学的传统路径,不注重对汉学研究先贤智慧与

---

[1] 孟庆波、刘彩艳:《美国的汉学及中国学发展历程概述》,原载于《河北联合大学学报(社会科学版)》第13卷第3期,2013年5月,第78页。

方法的吸纳与借鉴，也使得这种传教士主导的中国研究在面对中国古典文献、文学、历史等需要精深语言和知识素养的学问时捉襟见肘，错漏百出，"至于人才之丰涩，造诣之浅深，以视欧洲先进诸国，固不可同日而语"[1]。

美国真正具备古典汉学水准的中国研究范式萌芽于19世纪末20世纪初。在当时，随着美国加快与欧洲列强及日本争夺远东霸权的脚步，以耶鲁大学、哈佛大学、哥伦比亚大学、普林斯顿大学、加州大学等为代表的美国主要高校出于服务实际的政治、经济与外交等实际事务的目的，一方面开始系统研究中国的历史文化，陆续开设汉学研究教席，促使美国的中国研究开始转向学院化与系统化；另一方面又为了弥补美国本土自身中国研究学者的不足，对欧洲古典汉学学者的吸纳与引进工作也紧锣密鼓地开展起来。在夏德（Friedrich Hirth，1845—1927）、劳费尔（Berthold Laufer，1874—1934）、翟理斯、伯希和、叶理绥（Serge Elisseeff，1889—1975）等留美欧洲古典汉学学者的引导与塑造下，美国的中国研究逐步发展出一种更为专业化和学术化的研究模式，为美国在国际中国研究界争得了可以与法国、德国、日本等国一较高低的资本。这种模式模仿与借鉴了欧洲古典汉学研究的成功经验与方法，可看作古典汉学研究在美国的延续。

在这一阶段，具有欧洲古典汉学学术背景的德国裔学者夏德与劳费尔对美国中国研究的发展影响较大。夏德曾在德国

---

[1] 贺昌群：《悼洛佛尔氏》，原载于《图书季刊》卷2第1期，1934年。后收入《贺昌群文集》第3卷，北京：商务印书馆，2003年12月，第549—555页。

莱比锡大学及格莱夫斯瓦尔德大学(Universität Greifswald)接受过正统的古典汉学教育,其治学遵循着严格的语文文献研究进路,尤重对先秦古籍的研究。夏德曾在1901年应哥伦比亚大学之邀赴美,担任哥大丁龙汉学讲座(该讲座是由哥伦比亚大学校友卡本蒂埃先生为纪念他的中国仆人丁龙而捐款建立的)教授,讲授中国历史和中外关系史。[1] 在哥伦比亚大学的教学与科研生涯中,夏德写就了《古代陶器:中国中古产业与贸易研究》(Ancient Porcelain: A Study in Chinese Medieval Industry and Trade)、《中国文学》(Chinese Literature)、《中国与东罗马》(China and the Roman Orient: Researches into Their Ancient and Medieval Relations as Represented in Old Chinese Records)及《周朝末年以前的中国古代史》(The Ancient History of China to the End of the Chou Dynasty)等著作,为哥伦比亚大学乃至整个美国在匈奴史、先秦史、中国艺术史、近代汉语等研究领域打下了坚实的基础,为美国本土学者起到了很好的示范作用。同时,夏德也积极延请欧洲古典汉学界的一些重要学者来美讲学,其中便有法国的伯希和与英国的翟理斯。[2]

另一位德国裔学者劳费尔在我们回顾这段历史时显得更为重要,这不仅仅是因为他是在夏德退休至卜弼德掌教伯克利东语系之间美国古典汉学漫长空白期的"唯一专业汉学

---

[1] Who's Who in America, Vol.6, 1910, p.916.
[2] 王晴佳:《美国的中国学研究评述》,原载于《历史研究》1993年第6期,第183页。

家"[1]以及整个西方汉学界"最伟大的汉学家之一"[2],也缘于他在中西交通史、唐代物质文化史等领域的造诣曾对薛爱华20世纪50—60年代的汉学研究产生过直接影响。因此下文将对劳费尔的生平与学术经历进行介绍。

劳费尔于1874年10月生于德国科隆(Cologne)的一个殷实家庭。童年时代的劳费尔展现出了对戏剧、牵线木偶剧与钢琴的浓厚兴趣,并崇拜莎士比亚、贝多芬、莫扎特、李斯特等人的生平事迹。据记载,他常与兄弟姐妹一起创作、演出戏剧剧目,这无疑培养了他的人文情怀与对文化的关注。[3]

尽管劳费尔的父亲希望其能够在医学或法学领域深造,但劳费尔决定以考古学与人类学作为研究方向。他先后在弗里德里克·威廉高等学校(Friedrich Wilhelms Gymnasium)、柏林大学、莱比锡大学进修考据学、语言学、人类学等学科,并以其天分和刻苦掌握了汉语、马来语、巴利语、日语、满语、蒙古语、藏语等语言。[4] 这里值得一提的是劳费尔的两位导师:汉语导师顾路柏(Wilhelm Grube)及人类学启蒙老师博厄斯。顾路柏是德国当时有名的古典汉学专家,以翻译《封神演义》及写作德国第一部中国文学通史而著名,提倡语言

---

[1] David B. Honey, *Incense at the Altar: Pioneering Sinologists and the Development of Classical Chinese Philology*. New Haven: American Oriental Society, 2001, p.254.
[2] Nina Gregorev, *Laufer China Expedition*, on American Museum of Natural History Website. 网上查询时间:2019年3月16日,查询地址:https://anthro.amnh.org/laufer collection。
[3] Sinological Profiles: Berthold Laufer, in *Resources of the University of Massachusetts Online Archive*. 网上查询时间:2019年3月16日,查询地址:https://www.umass.edu/wsp/current/sinology/profiles/laufer.html。
[4] 同上。

与文本研究,强调对汉语原著的深入理解和摈弃偏见来看待中国文化,这些观念对于劳费尔来说无疑有着汉学启蒙的重要意义。[1]另一位导师弗兰茨·博厄斯更是发起席卷欧美国家的人类学革命,影响美国人类学研究发展轨迹的一代宗师。他为劳费尔灌输了博厄斯人类学派的一些核心观念,诸如线性反进化论的文化系统论、文化相对论的概念,以及对文物考古的重视,这些都融会于劳费尔的汉学研究实践中,形成了其关注文化、文物、民族、考古的独特倾向。[2]

1897年,在以关于藏传佛教的论文获得哲学博士学位后,劳费尔便经由博厄斯的介绍,前往美国自然历史博物馆(American Museum of Natural History)工作。此后,劳费尔先后参与或领导了美国学术界好几次针对东亚地区的考察活动,如杰素普北太平洋考察团(The Jesup North Pacific Expedition)、席福探险队(Jacob H. Schiff Expedition)、布莱克斯通考察队(Blackstone Expedition)、马歇尔·菲尔德探险队(The Marshall Field Expedition)等。这些独特的经历给了劳费尔广泛而深入体验中国社会与文化现状的机会,而身负为自然历史博物馆广泛收购藏品的任务也培育了他对中国动植物、器物(如玉器、陶器、漆器)、纺织物(如丝绸、棉布、纱布)、书画、碑刻等人类物质制造品的学术兴趣。在挑选、鉴别、整理、品赏这些带回博物馆的藏品的同时,劳费尔越来

---

[1] 陈继宏:《汉学家伯托尔德·劳费尔》,原载于《新学术》2009年第1期,第114—116页。
[2] 朱渊清:《博物学家劳费尔及其〈中国古玉〉》,原载于《中华读书报》2018年8月8日,第18版。

越具有了对中国传统文化艺术的理解和鉴赏能力。[1]

在美国的科研生活中,劳费尔发挥自己在物质文化研究领域的特长,通过对文献或器物的考察以小见大,窥一斑而知全豹,展开对中国文化的评论。在学术取向上,尽管有着对现代中国实地调研的经历,又身处偏向于政治经济研究、讲求学术服务于现实需要的中国研究功利主义的大环境,劳费尔却依旧倾心于传统的欧洲汉学研究模式。他曾将巴黎学派的伯希和、马伯乐等人称为"智者",称他们是"所有汉学研究领域及其相关子领域的最先进与最具竞争力的代表"[2]。

在其丰富的中国实地考察历练和古典汉学传统的影响下,劳费尔写就了大量具有很高学术水平的论文和专著作品,内容覆盖中国、中亚、印度、西伯利亚、日本、库页岛、菲律宾群岛及太平洋群岛的物质文化,代表作有《玉米引种东亚考》(*The Introduction of Maize into Eastern Asia*)、《玉器:中国考古与宗教研究》(*Jade: A Study in Chinese Archaeology and Religion*)、《中国伊朗编》(*Sino-Iranica*)、《唐宋元诸家绘画考》(*T'ang, Sung, Yuan Paintings Belonging to Various Chinese Collectors*)、《中国文化的一些核心观念》(*Some Fundamental Ideas of Chinese Cultures*)、《中国象牙》(*Ivory in China*)、《汉代中国陶器》(*Chinese Pottery of the Han Dynasty*)等,大都聚焦于动植物、医药学、矿物学、艺术、哲学、语言学、文学等诸

---

[1] 朱渊清:《博物学家劳费尔及其〈中国古玉〉》,原载于《中华读书报》2018年8月8日,第18版。
[2] Berthold Laufer, Sino-Iranica, in *Publications of Field Museum of Natural History*, Vol.XV, No.3, p.202.

多领域。

劳费尔最受学界好评的那部分作品往往都将所研究的对象置于广阔的亚欧大陆地理和文化的整体语境之中,开展跨语言、跨民族、跨文化的研究。[1] 例如,在《汉代中国陶器》中,有"西伯利亚艺术与文化对古中国的影响"(*Influence of Siberian Art and Culture on Ancient China*)一节,专门探讨西伯利亚地区民族的手工工艺、陶器具、鹰猎活动在中国社会与文化生活中的反映。而在劳费尔备受赞誉的汉学大作《中国伊朗编》中,这种倾向则成了支撑起全书篇章架构的内在精神和核心学术范式。在本书序言中,劳费尔即强调自己的学术目的在于"考察属于物质文化的事物的历史,尤重于对栽培植物、药物、矿物、金属、贵重石材以及织物由伊朗传入中国的迁移史之考察"[2]。在该书中,劳费尔巨细无遗地以百科条目形式分类罗列由伊朗高原传播至中国内地的事物,并对其起源与传播过程给予了重点关注。值得一提的是,得益于其在考古学、历史学、人类学领域的丰富知识积累以及惊人的记忆力,劳费尔往往能够将范围广泛的事实排列对比,牛溲马勃,败鼓之皮,一些非常细小而生僻的资料他也不会遗落。[3]

在对由伊朗发源的事物的传播及对中国之影响的追踪与探讨过程中,劳费尔充分利用了语文学研究的传统武器——"比较语言学",以开展跨语言、跨文本和跨文化的考

---

[1] David B. Honey, *Incense at the Altar: Pioneering Sinologists and the Development of Classical Chinese Philology*. New Haven: American Oriental Society, 2001, p.256.

[2] Berthold Laufer, *Sino-Iranica*, New York: Kraus Reprint Corporation, 1967, p.188.

[3] 陈继宏:《汉学家伯托尔德·劳费尔》,原载于《新学术》2009 年第 1 期,第 114—116 页。

证和历史还原,而劳费尔对亚欧大陆许多主要语言的掌握为其更好地利用碑铭、简帛、石刻、书面文献等资源提供了可靠的助益。例如,在考察苜蓿的发源及其在包括中国在内的亚洲国家的传播时,劳费尔充分发挥其语言知识,以"苜蓿"之名称在古伊朗语、帕米尔语、梵语、藏语、维吾尔语、古汉语等语言中的表称异同为重要切入点,勾勒苜蓿传入中国的地理与文化脉络。[1]而关于从西亚经伊朗传入中国的栽培植物"安石榴"(即石榴)之名,"《博物志》云:汉张骞出使西域,得涂林安石国榴种以归,故名安石榴"[2]。劳费尔否定了这一看法,根据其对古汉语语音的重构法,他宣称"安石"与"安息""安西"一样,都是指伊朗的别名"Persia"。此外,他也指出李时珍在《本草纲目》中将"安石榴"之"榴"解作"赘瘤"之"瘤"[3]的说法有误,他认为"榴"之名为古波斯语单词的译音,中国人从住在帕提亚以外的伊朗人处将该词整个采取了下来,而那些伊朗人是在帕提亚地区得到此种植物的,所以称其为"帕提亚石榴"。因为"帕提亚"为"安息"这一曾经的伊朗高原王朝古国的另一名称,故"帕提亚石榴"即"安石榴",是个完全舶来自古波斯语的词语。[4]

因为个性的敏感和长期的超负荷工作,劳费尔患上了严重的忧郁症,这最终导致了他于1934年9月13日跳楼自杀身亡。他的死在学术界引起了很大震动。贺昌群叹曰:美国自然历史博物馆人类学部主任劳费尔氏以耆艾之龄,竟陨重

---

[1] [美]劳费尔:《中国伊朗编》,林筠因译,北京:中央编译出版社,第31—43页。
[2] 李时珍:《本草纲目》卷30,北京:中医古籍出版社,1994年,第756页。
[3] 李时珍:《本草纲目》卷30,北京:中医古籍出版社,1994年,第756页。
[4] [美]劳费尔:《中国伊朗编》,林筠因译,北京:中央编译出版社,第110页。

楼而死,噩耗传来,举世为之惊愕,言东方人种博物之学者,未有不扼腕而叹惜失此一代宗师![1]而对于尚处起步阶段的美国中国研究来说,劳费尔对欧陆汉学重语言、重文本、重跨文化研究传统的积极承继、弘扬以及丰沛的学术产出无疑是其做出的最大贡献。他是夏德之后美国古典汉学界最具有国际影响力的学者,其学术成就及对古代中国文化的介绍与展示直接影响到了其后包括伯克利东语系在内的许多美国中国研究机构的基本学术取向。而对于薛爱华来说,他从劳费尔处获得的最重要遗产则是对从人类学式的微观实物研究窥见宏观文化特征和文化运动的自觉学术追求。关于这一点本书将在本章第六节"薛爱华的早年生活与学术渊源"中予以进一步的阐发。

2.4 加州大学伯克利分校东方语言与文学系古典汉学研究的发展

在 19 世纪末 20 世纪初美国中国研究界大力引进欧洲古典汉学学者,努力向欧洲的先进学术水准看齐的历史环境中,加州大学伯克利分校阿加西东方语言与文学教席[2]及东方语言与文学系于 1896 年成立。东语系最早以汉学研究为主,后在广泛延揽各国东方学学者的基础上增设了对日

---

[1] 陈继宏:《汉学家伯托尔德·劳费尔》,原载于《新学术》2009 年第 1 期,第 116 页。
[2] 这是加州大学伯克利分校的学术性常设东方学研究教职,也是整个学校最早提供的汉学教研职位。长期以来,担任阿加西教职的学者也充当了整个东语系科研带头人的角色,主导着东语系各部门的科研议题与范式方法的选择与偏重。

本、朝鲜、越南、蒙古、印度、伊朗等国家或区域的研究部门。[1] 在美国富商爱德华·汤普金斯(Edward Thompkins)的大力资助下成立并逐步繁荣起来。[2] 1896年,新生的东语系迎来了一位英国学者,同时也是曾担任东语系第一任阿加西汉学讲座[3]教授(Agassiz Professor of Oriental Languages and Literature)的傅兰雅。在中国洋务运动期间,傅兰雅曾长期供职于江南制造局翻译馆,有着丰富的中国知识与中国经验。在伯克利期间,傅兰雅为对中国文化感兴趣的师生开设了多门涉及中国文化、历史、语言、文学、政治、社会等领域问题的课程。在当时美国人普遍缺乏对中国的基本认识且误解横生的历史语境下,傅兰雅的教学实践为美国人走近并感知这一东方古国的鲜活而真实的文化脉搏提供了方便的途径。[4] 而傅兰雅个人穷尽毕生精力所收藏的大批量包括汉语文献在内的东方学书籍,成了日后伯克利东亚图书馆(Berkeley Asiatic Library)建馆的基石,惠泽包括卜弼德、薛爱华在内的伯克利数代汉学学者。

傅兰雅之后,阿加西东方学讲师职务由德国裔学者弗尔克及美国本土的爱德华·托马斯·威廉姆斯(Edward Thomas Williams)两位学者相继担任。和傅兰雅一样,这两位学者亦具有在中国亲身观察与实践的经验,也强调由一种

---

[1] *Asiatic and Slavic Studies on the Berkeley Campus*, 1896-1947, Berkeley: University of Californian Press, 1947, pp.15-44.
[2] 网上查阅地址:http://guides.lib.berkeley.edu/hundred-harvests/east-asian-studies,查询时间:2018年3月15日。
[3] 阿加西汉学讲座是由爱德华·汤普金斯资助设立的。
[4] Doris Sze Chun, *The Agassiz Professorship and the Development of Chinese Studies at the University of California, Berkeley*, 1872-1985. San Francisco University Doctoral Dissertation, 1986, pp.104-105

宽泛的学术视野切入对中国及其文化方方面面的考察与评论工作之中。[1] 真正承继了严格的欧洲古典汉学研究范式,并为伯克利的汉学学术奠定了坚实的语文学研究基础的,是威廉姆斯之后担任阿加西讲师的德国裔学者莱辛。莱辛早年师从柏林人类学博物馆(Ethnologisches Museum Berlin)著名的东方学学者弗里德里希·W. K. 缪勒(Fredrich W. K. Müller,1863—1930),学习包括汉语在内的诸种东方语言,并曾参与过由瑞典东方学者、探险家斯文·赫定(Sven Hedin,1865—1952)领导的对中国北部及蒙古的科学考察活动。在此期间,他逐渐在中国佛教密宗领域的研究上崭露头角。[2] 1935 年,在当时于伯克利访学的中国学者胡适的大力举荐下,莱辛赴美并开始担任伯克利东语系的第四任阿加西东方学讲师之职,领导东语系的日常教学与科研工作。凭借其超高的语文文献知识素养,莱辛很快便为伯克利东语系的汉学研究带来了一股更具有严肃性和职业化色彩的科研新风。通过率先在全美开设蒙古语、藏语等课程,莱辛大大拓展了东语系师生的学术视野,并将东语系汉学研究的基本模式从傅兰雅、弗尔克和威廉姆斯的"以中国为中心"并开展宏观性研究引导向关注中国与周边民族、国家的交通历史,开展细致专业的对语言文献的考证式研究上来。这一学

---

[1] Doris Sze Chun, The Agassiz Professorship and the Development of Chinese Studies at the University of California, Berkeley, 1872-1985. San Francisco University Doctoral Dissertation, 1986, p.440.
[2] Ferdinand Diedrich Lessing, Oriental Languages: Berkeley. 网上查询地址:http://texts.cdlib.org/view? docId = hb0580022s&doc.view = frames&chunk.id = div00016&toc.depth=1&toc.id,查阅时间:2018 年 7 月 16 日。

术转型对其后卜弼德、薛爱华等人的汉学研究影响深远。[1]

此外,值得一提的是,莱辛还是20世纪四五十年代美国西海岸地区东方学研究的顶级年度学术论坛——东方学研讨会(Colloquium Orientologicum)的创立者,并曾长期出任研讨会的执行秘书长之职。东方学研讨会与伯克利东语系关系密切。事实上,该研讨会正是在以伯克利东语系的教员团队为核心,并广泛吸纳旧金山湾区一带的东方学者基础上发展起来的。通过年度例会、专题研讨会、论著出版等形式,东方学研讨会显著推动着美国西海岸地区汉学研究的发展。作为一个组织管理者和活跃会员,莱辛极为热衷于会议事务,经常以会议报告方式发布自己的研究成果或经验心得,并主持出版会议期刊等出版物——这一做法使得莱辛所采取的欧洲古典汉学研究模式和语文学方法为更多西海岸的本土学者所认识与接受,也在潜移默化中提升了伯克利东语系以及整个美国西海岸汉学研究的学术化与专业化水平。

美日太平洋战争前后,出于国防动因以及维护东亚既得利益的需求,美国政府以及福特基金会、洛克菲勒基金会等大型财团开始加强对中国研究的扶持力度,其中,汉语口语教学与研究得到了前所未有的重视,汉语语言培训班在许多大专院校涌现出来。[2] 在这种历史环境下,伯克利东语系暂时将教学与科研的重点转移到包括汉语普通话、粤语在内

---

[1] Doris Sze Chun, The Agassiz Professorship and the Development of Chinese Studies at the University of California, Berkeley, 1872—1985. San Francisco University Doctoral Dissertation, 1986, p.443.

[2] 张西平:《西方汉学十六讲》,北京:外语教学与研究出版社,2011年,第384—385页。

的东亚语言上来,以满足日益增长的现实需要。著名的语言学者赵元任(1892—1960)便是在此时接任东语系的日常领导事务的。[1] 赵元任具有西学背景,且有着优秀的语言学素养,在伯克利期间,他热衷于教学事务,提倡并采用一种系统与科学化的语言学方法。他为日常教学所编写的多部语法书、教材与词典享誉全美,他所领导和组织的多项语言学研究课题也为东语系赢得了可观的声望。[2]

在赵元任主持院系工作的那段时日里,伯克利东语系通过延揽包括语言学、文化研究、文学研究以及现代文学批评等领域的美国本土及欧洲学者而迅速发展起来。然而,尽管如此,东语系在教学与科研上面临着缺乏核心学术理念与特色,教员各自为政、形如散沙的困局。[3] 这种情况,唯在卜弼德崭露头角并接替赵元任主持东语系日常工作之后才开始转变。在其领导之下,东语系的研究开始回归到莱辛所开创的古典汉学范式与方向上来,并以对中国古代语言和文献研究的偏重与学术成就享誉整个西方汉学研究界。

2.5 卜弼德的汉学研究

从弗尔克开始,偏重古典汉学模式和语言文献研究的传

---

[1] Doris Sze Chun, The Agassiz Professorship and the Development of Chinese Studies at the University of California, Berkeley, 1872 - 1985. San Francisco University Doctoral Dissertation, 1986, pp.293 - 296.
[2] University of California: In *Memoriam*, 1985, pp.78 - 80.
[3] Doris Sze Chun, The Agassiz Professorship and the Development of Chinese Studies at the University of California, Berkeley, 1872 - 1985. San Francisco University Doctoral Dissertation, 1986, p.445.

统塑造了伯克利东语系的中国研究，培养了一批治学严谨、功底扎实的学者，并在20世纪前半叶开始结出成熟的果实——由薛爱华的博士生导师、著名的俄裔美国汉学家卜弼德所开创的"卜派汉学"（Boodbergian Sinology）传统。

卜弼德于1903年4月8日生于俄罗斯符拉迪沃斯托克市（海参崴）的一个贵族士官家庭。据说他的祖上是德国的美因茨大公，后徙居爱沙尼亚归附沙俄，因此在一些学术文献中他的名字里也常有Baron或von等标示贵族血统的字样。[1]

早在童年时代，卜弼德就展现了极强的记忆能力。据他的姐姐回忆，卜弼德在就读于圣彼得堡海军小学时，便可以"背下世界上所有国家军舰的名称、吨位、舰长、舰载武器以及其他相关信息"[2]。第一次世界大战爆发后，出于对国内外动荡时局的担忧，卜弼德的家人将他送往中国哈尔滨的一所本地中学就读，嗣后又转入俄国符拉迪沃斯托克大学就读。在中国东北以及符拉迪沃斯托克居留期间，卜弼德对中国文化萌生了浓厚的兴趣。他开始自学汉语。在来到美国之前，卜弼德已经学会了包括汉语、日语在内的数种亚洲语言。[3]

1920年，为了躲避俄国革命带来的反贵族浪潮，卜弼德及其家人辗转来到美国加利福尼亚州居住。出于对中国研

---

〔1〕 聂鸿音：《卜弼德和他的〈胡天汉月方诸〉》，原载于《书品》2002年第1期，第66页。

〔2〕 Edward H. Schafer and Alvin P. Cohen, Peter Alexis Boodberg, in *American Oriental Society*, Vol.94, No.1（Jan. -Mar. 1974）, p.1.

〔3〕 Edward H. Schafer and Alvin P. Cohen, Peter Alexis Boodberg, in *American Oriental Society*, Vol.94, No.1（Jan. -Mar. 1974）, p.1.

究的兴趣,卜弼德于第二年考入伯克利东语系修习本科课业,并在 1924 年本科毕业后选择继续留校深造。得益于伯克利学校丰富的师资和教学资源,卜弼德在攻读研究生期间得以在诸多学术领域有所精进:他的主要精力在东语系阿加西教授爱德华·托马斯·威廉姆斯(Edward Thomas Williams, 1854—1944)指导下的古代汉语与文献研究上,但也通过近东研究系的亨利·卢兹(Henry F. Lutz, 1886—1973)、威廉·帕伯(William Popper, 1874—1965)等东方学学者学习如阿拉伯语、古巴比伦语等中东语言,梵语系著名的印度学专家亚瑟·里德(Arthur W. Ryder, 1877—1938)则给予了其以基础梵语知识。对于东方语言与文化的广泛兴趣扩展了卜弼德的眼界,使其汉学研究体现出如沙畹、伯希和等法国古典汉学大家的内亚视野和灵活的比较方法。此外,据薛爱华回忆,卜弼德与人类学系教授阿尔弗雷德·克虏伯(即薛爱华就读本科时的指导老师)也有所往来,这使得博厄斯学派[1]的理论与方法也潜移默化地影响了卜弼德的汉学研究实践。[2]

1930 年,卜弼德以题为《古中国的兵法:基于〈李卫公问对〉的研究》(The Art of War in Ancient China: A Study Based on the Dialogues of Li, Duke of Wei)的论文顺利获得东语系

---

[1] 即前文所提及的美国人类学者弗兰茨·博厄斯开创的人类学学术流派。它关注与研究人类文化的多元性,并从中得出文化的通则性与特殊规律。它批判古典的进化论历史观和传播论历史观,倡导历史特殊论与文化相对论,以及非西方人种与文化的价值。值得一提的是,薛爱华本科阶段的两位老师克虏伯、罗维也是博厄斯学派的代表学者。

[2] Edward H. Schafer and Alvin P. Cohen, Peter Alexis Boodberg, in *American Oriental Society*, Vol.94, No.1(Jan. -Mar. 1974), p.1.

博士学位。该论文建立在对唐代兵书《李卫公问对》的完整英译与详细注释基础上,结合《孙子》《吴子》《司马法》等文献,探讨中国古代的军事思想和战略战术,在方法上体现了较为传统的古典汉学研究的翻译、注释模式与路径方法。毕业后,卜弼德曾先后写信给哈佛大学、普林斯顿大学、斯坦福大学、加州大学洛杉矶分校等美国知名的高等学府求职,但都收到了以"我们没有开设此种课程"等类似说辞为由的回函。[1]这一事实也从侧面反映出当时美国大学以及整个学术研究界普遍存在的对古典汉学研究的轻视态度。两年后,卜弼德的母校伯克利最终接纳了他,使其得以以讲师身份进入伯克利东语系,开始其长达37年的教学生涯。在此期间,卜弼德凭借一系列高水平的学术论文在汉学研究界声名鹊起,并于1940年成为伯克利东语系系主任领导教学与科研工作。[2] 1960年,继赵元任之后,卜弼德以其卓越的教研能力出任伯克利东语系第五任阿加西东方语言与文学讲师,这是当时东语系给予杰出教工的最高荣誉。

作为伯克利东语系汉学研究的代表性学者,卜弼德的治学理念与学术风格延续了加州大学伯克利东语系中国研究重视语言研究与文献研究的优秀传统,开辟了继承古典汉学而又兼具学术创新的新科研范式,其学术产出无论在数量还是科研质量上都达到了相当的水平。根据1972年《美国东方学会会刊》所刊马萨诸塞大学汉学家柯恩(Alvin P.

---

[1] 聂鸿音:《卜弼德和他的〈胡天汉月方诸〉》,原载于《书品》2002年第1期,第66页。

[2] University of California: In Memoriam, July 1975. 网上查询地址: http://www.oac.cdlib.org/view? docId = hb9t1nb5rm; NAAN = 13030&doc.view = frames&chunk.id = div00005&toc.depth = 1&toc.id = &brand = oac4,查询日期:2018年7月16日。

Cohen)编撰的《卜弼德论著目录》(Bibliography of Peter Alexis Boodberg),卜弼德共出版有学术专著 6 部、论文集两部,即《胡天汉月方诸》(Hu T'ien Han Yueh Fang Chu)与《爱文庐札记》(Cedules form a Berkeley Workshop in Asiatic Philology)。其中,《胡天汉月方诸》收文约 69 篇(由于《胡天汉月方诸》第三卷及第七卷亡佚,现只能根据柯恩目录中对这两卷内容的回忆而大概估算总的收文数),《爱文庐札记》收文 54 篇。此外,尚有发表于公开刊物的学术论文 21 篇,书评 3 篇。

从卜弼德的学术产出看,他的研究活动多围绕三个带有浓厚古典汉学研究特色的领域:其一是汉语语音学与汉字研究。他的 6 部专著的主题都是这一领域的内容,具体讨论的问题包括汉字简化方案(Hieroglyphica Polysyllabica:A Suggestion as to the Simplification of the Chinese Script)、对形声字形旁的研究(Exercises on the 214 Determinatives)、新的汉字罗马化拼音方案(UCI:An Interim System of Transcription for Chinese)等。值得一提的是,卜弼德在 20 世纪 40 年代末与美国芝加哥大学古文字学专家顾立雅就汉字性质问题展开的学术论战在西方汉文字学界影响深远,卜弼德于论战中撰写的文章《古汉语演化猜想》(Some Proleptical Remarks on the Evolution of Archaic Chinese)及《"表意文字"还是"象形信仰"?》("Ideography" or "Iconolatry"?)批评顾立雅的汉字表意论,指出汉字与西方字母文字并无本质性区别,都是标示汉语语音的符号,是一种表词文字(logography)。卜弼德的观点随后为西方主流学界所认同,并导致了西方在汉字研究领域"表音论"的强势局面。

其二是关于南北朝时期中国西北边疆与中亚地区的政治与文化史研究。论文集《胡天汉月方诸》及 20 世纪 30 年代左右公开发表的数篇论文体现了卜弼德这一研究领域的成就。在《胡天汉月方诸》中，许多文章为卜弼德对秦代以来出现在中国史志类书籍中的西北少数民族人物纪传的英文翻译与注评，如第一期 1—3 页对北齐魏收著《魏书·铁弗刘虎传》，第二期 7—15 页、第三期 16—19 页对唐房玄龄等著《晋书·赫连勃勃传》的翻译与注评。此外，发表于《哈佛亚洲研究杂志》第一期的《关于中国边疆史的二则札记》(Two Notes on the History of the Chinese Frontier) 则关注汉代北方的匈奴聚落及三国两晋时期蒙古地区的保加尔人(Bulgars) 的迁徙历史。另一篇文章《北朝历史旁注》(Marginalia to the Histories of the Northern Dynasties) 通过对魏收著《魏书》、令狐德棻等著《周书》等汉籍史料的翻译与细读，对拜占庭史学家狄奥菲拉克图斯·西莫卡塔(Theophylactus Simocatta) 著作《历史》(*Historiae*) 中有关 6 世纪中国北方政治、社会状况的历史记录的真实性进行检验与校对。此外，尚有一些探讨与中国边疆民族和中亚民族相关的历史语音学论文，如《匈奴语言中一个突厥词汇》(A Turkish Word in the Hsiung-nu Language)、《东亚语言中"狼""马""龙"的词源学探讨》(Some Tentative Etymologies: Wolf, Horse and Dragon in Eastern Asia) 等。

其三是文艺学、古代文学与翻译研究。1954 年至 1955

年在伯克利东语系师生间小范围传播的论文集《爱文庐札记》[1]见证了卜弼德这一在其学术生涯中晚期开拓的新学术领域。《措辞与诗歌的统一性》(Diction and the Poetic Unity)、《中国诗歌与思想的符号学研究》(On the Semasiology of Chinese Poetry and Thought)属于文艺学理论研究的范畴,《谈谈杜甫的幽默》(On Tu Fu's Humor)、《两首杜甫最后的诗》(Two of Tu Fu's Last Poems)、《论杜甫诗歌的通俗性》(On the Colloquialism of Tu Fu's Poetry)反映了卜弼德对杜甫以及古代文学研究的兴趣,《翻译领域的语文学》(Philology in Translation-Land)、《论汉文叠词的翻译》(On the Translation of Chinese Binoms)、《〈诗经〉再译》(Shih Ching, a Re-Translation)则是卜弼德有关翻译学理论及翻译实践的力作。

1972年,卜弼德病逝。尽管据汉学史专家韩大伟所言,卜弼德在临终时还非常遗憾自己并未能革新美国中国研究的面貌,[2]但事实上,无论是从实际的学术成果,还是在其为美国中国研究界所培育的众多优秀后继者来看,卜弼德仍然留下了一笔丰厚的学术遗产。他所极力宣扬的研究模式深刻影响了诸如古汉语和甲骨文研究专家司礼义(Paul Serruys, 1912—1999)、魏晋文学研究学者马瑞志(Richard B. Mather, 1913—2014)以及薛爱华等人的学术生涯,缔造了一

---

[1] 该文集中的部分文章曾以文集形式发表于台湾《清华学报》1969年8月第1至39页。
[2] David B. Honey, *Incense at the Altar: Pioneering Sinologists and the Development of Classical Chinese Philology*. New Haven: American Oriental Society, 2001, p.307.

种被称为"卜派汉学"的独特学术流派。[1]从美国中国研究发展史的宏观视角看,"卜派汉学"的兴起使得语文文献研究和跨文化研究范式在美国古典汉学研究界流行一时,这种专业化的学术研究风潮提升了美国学者的研究水平,极大改变了昔日美国学者"只会说话,不懂学问"的尴尬处境,为跻身世界学术之林奠定了坚实的基础。诚如薛爱华所言,从某种意义上来说,卜弼德"可称为近代美国中国研究史上一位承前启后的改革家"[2]。

2.6 薛爱华的早年生活与学术渊源

2.6.1 从西雅图到伯克利

1913年8月23日,薛爱华出生于美国华盛顿州西雅图市的一个普通家庭。关于其家世背景与血统,目前保存的史料大都语焉不详,但根据其姓氏Schafer的德语渊源[3]看,其父系祖先很可能为来自欧洲德语圈的移民。薛爱华对文化与学术的兴趣发端很早,早在其少年时代,他便醉心于语言、历史与文学之美。他喜好读莎士比亚、弥尔顿、济慈等巨匠的文学作品,14岁便用一篇以《伊利亚特》史诗中的意象为研究课题的论文获得了学术奖项。[4]为了阅读但丁的

---

[1] David B. Honey, *Incense at the Altar: Pioneering Sinologists and the Development of Classical Chinese Philology*. New Haven: American Oriental Society, 2001, pp.307-308.

[2] Edward H. Schafer, Peter Alexis Boodberg, in *America Oriental Society*, Vol.84, No.2, p.7.

[3] 在德语里,Schafer意为"牧羊人",是常见于德语文化圈的姓氏。

[4] Jocelyn Nash, *Profile: Edward H. Schafer*, p.8.

第二章 古典汉学传统与薛爱华汉学研究的学术资源

《神曲》,薛爱华在加拿大温哥华市就读高中期间便学习了意大利语,这也培育起了他对外语学习的持久兴趣。薛爱华完成高中学业之后,即随父母移居至加利福尼亚州旧金山市。席卷美国的大萧条给薛爱华的家庭带来沉重打击,薛爱华不得不中断学业,在一家本地的百货公司打工以贴补家用。[1] 困窘的生活境遇没有熄灭薛爱华的求知欲。在辛苦工作之余,拥有丰富藏书的洛杉矶公立图书馆(Los Angeles Public Library)为薛爱华打开了新知识之门。正是在这里,薛爱华自学了古埃及文字,并对中世纪埃及与西班牙叙事民谣产生兴趣。[2] 薛爱华日后回忆这段辍学务工经历时称,洛杉矶公立图书馆"就是我的大学"[3]。

值得一提的是,20世纪二三十年代的洛杉矶公立图书馆曾经历过大规模的扩建工程,记载有数目可观的汉文书籍和英译本汉籍入库。虽然目前没有证据表明薛爱华当时已开始学习汉语,但他在这一阶段常往来于图书馆人文与历史类藏馆,很可能通过馆藏英译汉籍初次接触到了中国文学与文化。

1934年,薛爱华始进入加州大学洛杉矶分校,接受正式的本科教育。在本科前三年时间里,薛爱华将主要兴趣投入于哲学与人类思想,并热衷于数学与物理知识。然而,通过

---

[1] *1991, University of California: In Memoriam*, University of California (System) Academic Senate, 1991, p.185.

[2] *1991, University of California: In Memoriam*, University of California (System) Academic Senate, 1991, pp.183-185.

[3] Paul W. Kroll and P. B., Edward Hetzel Schafer August 25, 1913-February 9, 1991, in *American Oriental Society*, Vol.111, No.3 (Jul.-Sep.1991), pp.441-442.此文关于薛爱华的生日有误,应为8月23日。

数年的学习,薛爱华逐渐对哲学产生厌倦,认为哲学原理过于抽象,远离具体的人类生活与社会事务。他开始将目光转向人类学,并于本科第四学年转学至加州大学伯克利分校,在美国著名的人类学者阿尔弗雷德·克虏伯(Alfred Louis Kroeber,1876—1960)、罗伯特·罗维(Robert Harry Lowie,1883—1957)的指导下从事人类学学习与科研活动。这次转校不仅标志着薛爱华学术兴趣开始从自然科学与哲学理论研究转向偏重实证的人类学研究,也是对薛爱华未来汉学研究影响重大的事件。如果说薛爱华早年对语言、文学、历史等学科的宽泛兴趣拓展了他的视野,那么他在伯克利攻读人类学课程的经历则深刻影响了他的学术轨迹,塑造了他独具一格的汉学治学风范。

在本科阶段,薛爱华也因优异的成绩而被邀请加入加州大学两年制大学优等生荣誉联合会,这一学生学术性社团组织提倡跨学科的自由学术讨论与交流活动,对于薛爱华知识与视野的拓展具有很大帮助。[1] 值得一提的是,薛爱华在大四时也曾选修东语系卜弼德教授的一门介绍中国文明的课程(使用英语授课),这被看作薛爱华系统学习中国文化的开始,也是他与日后的博士导师的初次结识。卜弼德对古代中国语言与历史的热情,以及其字斟句酌的严谨治学方式,给薛爱华留下了深刻印象。[2]

1938 年本科顺利毕业后,薛爱华曾考虑过攻读人类学

---

[1] Phyllis Brooks, Discovering a Religion, in *Phi Theta Papers*, Berkeley: Students Union of the Department of Oriental Languages and Literature, 1984, pp.12-14.

[2] Doris Sze Chun, The Agassiz Professorship and the Development of Chinese Studies at the University of California, Berkeley, 1872-1985. San Francisco University Doctoral Dissertation, 1986, p.399.

第二章 古典汉学传统与薛爱华汉学研究的学术资源

方向的研究生,但苦于困窘的经济状况和当时美国大学在这一专业领域助学金的缺乏而作罢。最终,在相对偶然的情况下,薛爱华申请了夏威夷大学东方学院(Oriental Institue, University of Hawaii)提供的有关东方语言与文学的专项助学金,并进入该校攻读中国语言方向的硕士研究生。正是在此期间,薛爱华开始将主要学习与科研精力从人类学转移到汉语与中国古籍之中,并正式迈入了汉学研究之门。

20世纪三四十年代的夏威夷大学拥有全美一流的汉学师资力量,薛爱华在此学习期间得到了当时许多著名汉学学者的帮助与指导。在著名的语言学家赵元任的课上,薛爱华系统学习古代汉语与中国历史语音学;在陈受颐与李绍昌的启迪与鼓励下,薛爱华萌生了对"中古中国"时代的文献与诗歌的兴趣,他的硕士论文《唐代中国的波斯商人》即通过对包括唐诗在内的史料的考辨、梳理,以唐代中国的波斯商人为切入点,关注中外文化交通。[1]

对于古代中国的持续兴趣以及洛克菲勒基金会(Rockefeller Foundation)提供的助学金使得薛爱华在1940年硕士毕业后便进入哈佛大学攻读中国研究方向的博士。彼时的哈佛大学中国研究,在费正清、赖肖尔等人的影响下,已呈现出偏重近现代中国和社会科学研究而轻视文献学的特色,薛爱华不得不转而适应这种新的研究模式与方法。

太平洋战争爆发后,薛爱华中断了在哈佛大学的学业,服役于美国海军战略情报部,在华盛顿以及南太平洋地区负

---

[1] Doris Sze Chun, The Agassiz Professorship and the Development of Chinese Studies at the University of California, Berkeley, 1872 - 1985. San Francisco University Doctoral Dissertation, 1986, p.399.

责破译日军电码工作。薛爱华因为服役期间卓越的成绩而被授予海军"青铜星章"(Bronze Star),官至海军上尉(Lieutenant Commander)。[1] 在此期间,薛爱华也通过工作之便熟练掌握了日语,这为其在日后的汉学研究中得以广泛利用日语文献提供了条件。[2]

短暂的学业中断使薛爱华得以有时间思考自己的学术兴趣所在和未来职业选择。哈佛大学的中国学研究模式过于偏向社会科学,且具有政治与功利色彩,与倾心语言学习和人类文化的薛爱华格格不入。最终,在夏威夷大学求学期间培养的对汉语与唐代中国文学的喜好与热爱主导了薛爱华的决定。战争结束后,薛爱华便从哈佛大学转校进入美国传统汉学研究的重镇——加州大学伯克利分校东方语言与文学系继续攻读博士学位,在阿加西东方语言与文学讲师卜弼德门下从事中古中国文献研究,并很快因为优异的科研能力而成为卜弼德的得意门生。在此期间,卜弼德渊深的学养和独特的治学风格深刻影响着薛爱华,使其日后所开展的汉学研究打上了深深的"卜派汉学"的烙印。

1947年,薛爱华于加州大学伯克利分校顺利获得博士学位,毕业论文为《南汉末帝刘鋹的统治:对〈五代史〉文本的批判性翻译》(The Reign of Liu Ch'ang, Last Emperor of Southern Han: A Critical Translation of Wu-tai-shih)获得洛克

---

[1] 参阅美国加利福尼亚州网络档案库(Online Archive of California),查阅地址:http://www.oac.cdlib.org/view?docId = hb496nb2b4; NAAN = 13030&doc.view = frames&chunk.id = div00010&toc.depth = 1&toc.id = div00010&brand = oac4&query = schafer),查阅时间:2018年7月16日。

[2] David B. Honey, *Incense at the Altar: Pioneering Sinologists and the Development of Classical Chinese Philology*. New Haven: American Oriental Society, 2001, p.182.

菲勒基金会战后奖学金。同年,薛爱华被伯克利分校东方语言与文学系聘为讲师(lecturer,1947),并很快成为东语系汉学研究团体的核心成员。[1] 1948年,薛爱华第一篇公开发表的汉学学术论文《杂论:代表茉莉的汉语词汇》(Notes on a Chinese Word for jasmine)登载于《美国东方学会会刊》。在东语系工作的头一个十年里,薛爱华由于教学与科研的突出成绩而获得连续擢升,由讲师到助理教授(assistant professor,1947—1953),再到副教授(associate professor,1953—1958)。1958年,薛爱华获得东语系教授职位。

2.6.2 博厄斯派人类学与薛爱华

1937年,当薛爱华从加州大学洛杉矶分校慕名转学而来时,伯克利人类学是一个仅有两位常任教授的年轻专业,但已然因实绩恢宏而鼎鼎有名,并以颇具革新色彩的"博厄斯派人类学"(Boasian Anthropology)引导着人类学研究的新方向。所谓"博厄斯派人类学"(或称文化人类学)是"美国人类学之父"弗兰茨·博厄斯(Franz Boas,1858—1942)所开创的具有美国特色的人类学学术流派,[2] 它关注与研究人类文化的多元性,并从中得出文化的通则性与特殊规律。它批判古典的进化论历史观和传播论历史观,倡导历史特殊论与文化相对论,以及非西方人种与文化的价值。博派人类学的研究要求从主体所在的种种价值及先入之见的束缚中脱离出来,融入另一种文化与思想,运用客体视角进行

---

[1] Paul. W. Kroll and P. B., Edward Hetzel Schafer August 25,1913-February 9,1991, in *American Oriental Society*, Vol.111, No.3(Jul.-Sep.1991), pp.441-442.

[2] Holloway, M., The Paradoxical Legacy of Franz Boas—father of American anthropology, in *Natural History*, November 1997, pp.127-129.

科学、客观的研究。[1] 1901年,在博厄斯有关收集美国加利福尼亚州印第安人语言与习俗信息数据急迫性的呼吁下,加州大学系统中的第一个人类学系在伯克利分校诞生。在创始之初,伯克利人类学系的科研活动就展现出了博派人类学的倾向性与特色。该系在20世纪上半叶的核心教研人员(也是薛爱华大四专修人类学时的指导教师)阿尔弗雷德·克虏伯是博厄斯的弟子,也在很大程度上继承了博厄斯人类学的理念与方法。他致力于开展针对加利福尼亚州及大平原地区帕特温(Patwin)、雅希(Yahi)、曼丹(Mandan)等印第安部族的民族志写作,以及对墨西哥与秘鲁古印第安文化考古、动植物学和文化本质的理论探究。[2] 克虏伯在人类学的基础教育领域颇有建树,其于1923年出版的《人类学:种族、语言、文化、心理与史前史》(*Anthropology: Race, Language, Culture, Psychology and Prehistory*)一书是人类学研究领域少见的高质量通识性著作,且长期以来被美国的许多高校用作人类学基础课程的主要教材。[3] 薛爱华大四在伯克利所接受的人类学启蒙无疑也是以此书为重要依托的。

正是在这一时期,克虏伯与罗维向薛爱华灌输了一套以"文化区域"(cultural area)理论为指导的民族志研究与写作范式。这深刻影响了薛爱华后来的汉学研究。

民族志(Ethnography)是对人类文化的研究及系统性记

---

[1] 雷晴岚:《博厄斯及其学术思想》,原载于《社会科学论坛》2010年第14期,第150—152页。

[2] Julian H. Steward, American Anthropologist October 1961, in *New Series* 63(5:1), pp.1038-1087.

[3] Julian H. Steward, American Anthropologist October 1961, in *New Series* 63(5:1). pp.1038-1087.

录。作为文化人类学的一种研究模式,它运用实地考察来提供对人类社会的描述研究,其研究成果即为以文本形式描述社群文化样态的民族志作品。优秀的民族志作品如布罗尼斯拉夫·马林诺夫斯基(Bronislaw Kasper Malinowski, 1884—1942)的《西太平洋的航海者》(Argonauts of the Western Pacific)、玛格丽特·米德(Margaret Mead, 1901—1978)的《萨摩亚人的成年》(Coming of Age in Samoa)等,常常被看作文化人类学研究的经典文本。开展民族志研究也是博派人类学的重点与核心。自博派学者韦斯勒(Clark Wissler, 1870—1947)、克虏伯等人以来,民族志研究开始与"文化区域"的概念结合起来,成为研究特定地理区域民族文化的流行范式和写作框架。

所谓"文化区域",是指容纳有相同文化特征集群(trait-complex)的社会群体的自然地理区域。[1] "文化区域"的提法最早出现在19世纪中后期,是西方博物馆界对馆藏文物进行分类时所用的术语。20世纪初,韦斯勒开始将这一概念应用于对美洲土著民族的人类学比较研究中。[2] 在其融汇进化论学派的文化特征(cultural traits)分析法和博厄斯文化相对主义的力作《美洲印第安人》(The American Indian)一书中,韦斯勒对美洲大陆诸土著民族的物质与社会文化进行了民族志性质的研究,并将诸土著民族文化细分为13个具体文化类型,即食物、家禽、织物、陶器、装饰艺术、生产工

---

[1] Clark Wissler, *The American Indian*, New York: Oxford University Press, 1922, p. 218.
[2] Alfred L. Kroeber, The Cultural Area and Age Area Concepts of Clark Wissler, in (Rice, Stuart A. ed.) *Methods in Social Science*, Chicago: University of Chicago Press, pp.248-265.

具、美术、社会组织、社会规制、仪式、神话、语言及心理,并逐一进行细致描写与跨文化比较分析。在此基础上,通过绘制地图以直观记录美洲不同民族的数据,韦斯勒发现对于特定文化类型而言,许多共享着相同特征的民族具有地理空间上的分布特征和规律性,且特征不同的民族也有着空间分布上的区分。以食物这一文化类型为例,苏族等以食用野牛为特征的民族以北美内陆大平原为主要分布区域,而落基山脉和阿巴拉契亚山脉则表示出了这种文化特征在空间分布上的极限。韦斯勒进而注意到,在某一文化类型上共享相同特征的民族也常在另外一些文化类型上有着许多相同之处,即具有相同的文化"特征集群"。韦斯勒进一步将这样的容纳有相同文化特征集群的地理区域称为文化区域,并按照文化特征的区别界定出了美洲大陆上的15个文化区域。[1]

韦斯勒提出的文化区域概念打通了人类学研究、文化学研究、自然地理研究与生态研究,并被广泛应用于民族志写作中,作为对人类学与文化研究的原始数据进行分类与分析解读的框架,成为后进化论时代的创新理论范式,也得到了同为博厄斯学派学者克虏伯的支持与发展。克虏伯在《原住民的北美洲:自然与文化区域》(*Natural and Cultural Areas of Native North America*)一书中认为,在文化人类学的民族志研究中,时间与空间因素往往是相互关联而紧密难分的,这使得"文化区域"成了研究美洲土著民族的重要方法。相比于韦斯勒,克虏伯更强调文化区域的整体性,重视文化区域中

---

[1] Clark Wissler, *The American Indian*, New York: Oxford University Press, 1922, p.218.

第二章 古典汉学传统与薛爱华汉学研究的学术资源

的自然地理与生态因素对人类文化的影响。他将自然地理研究中的四个要素,即地表(surface)、气候(climate)、植物群落(flora)、动物群落(fauna)引入文化区域研究的整体框架中,开展影响美洲土著民族地域分布的自然与文化要素的考察。[1] 此外,克虏伯在伯克利的亲密同僚,著名地理学者卡尔·邵尔(Karl Ortwin Sauer,1889—1975)及其数位学生也是文化区域理论的倡导者和传播者,正是他们的共同努力推动了文化区域理论在20世纪上半叶的民族志研究中流行一时。

博厄斯学派的"文化区域"理论以及其在民族志写作中的应用深刻影响了薛爱华的汉学研究。这突出体现在博厄斯学派应用"文化区域"理论的民族志研究给予薛爱华一套基于整体论和自然空间区域的研究模板,使其对中古中国文化的研究能够依托现成框架而有序且系统进行,提高了其应用语文学方法提取与处理汉籍原始材料的能力与效率。"文化区域"民族志所提供的研究模板或框架突出体现在薛爱华多部学术论著的研究体系中,特别是《闽国:10世纪的中国南方王国》《撒马尔罕的金桃:唐代舶来品研究》《朱雀:唐代的南方意象》《珠崖:12世纪之前的海南岛》《唐代的茅山》等书中。这里我们以《闽国:10世纪的中国南方王国》和《朱雀:唐代的南方意象》为例,从两部书的目录来看,薛爱华无疑是采取了一种类似于博厄斯学派民族志的框架与进路来开展研究的。首先,两部作品的研究都建立在一定的文

---

[1] W. C. McKern, Book Review: Cultural and Natural Areas of Native North America, in *American Anthropologist*, 1941, pp.272-278.

化区域之上。《闽国:10世纪的中国南方王国》以五代时割据东南的闽国疆界为天然的文化区限,对这一区域内的共享着如茶园经济、活跃的海外贸易、重视文化教育等相同文化特征的社会群落进行地理文化性的整体研究;《朱雀:唐代的南方意象》则基于在唐代岭南道[1]生活的人民的文化共性而将这一地区看作一文化区域,并在此基础上展开对唐代中国南方"松散羁縻的边疆垦殖地"的系统研究。其次,两部作品都包括文化区域理论指导下的民族志研究中的三个主要内容:对特定地理区域内人的研究、自然生态的研究和社会文化的研究。在对人所开展的研究方面,《闽国:10世纪的中国南方王国》有"闽国名士小传"章节专门介绍影响闽国政治领域的重要人物生平及其个性特点,《朱雀:唐代的南方意象》有"华人""蛮人""女人""神灵与信神者"四章详细探讨生活在唐代岭南道的不同社会群体及其文化特征。在自然生态研究领域,克虏伯所提倡的对地表、气候、植物群落、动物群落四要素的描写与研究在两部书里都有所体现。区别在于,《闽国:10世纪的中国南方王国》里将这四要素统合进第一章"地理"中,且介绍相对粗略,而《朱雀:唐代的南方意象》则更为重视对自然地理的探讨,相关内容被分为多个章节,且每个章节都有详细的子条目对研究对象进行分门别类的详细研讨。在社会文化研究方面,民族志研究中常涉及的物质文化研究、社会制度与习俗研究、文化心理研究等均可在两部著作中找到对应部分。

此外,还应该注意到博厄斯派人类学极为注重实际而细

---

[1] 薛爱华称 Nam-Viet,并细分为安南与岭南两个亚文化区域。

第二章 古典汉学传统与薛爱华汉学研究的学术资源

致的实物整理分类和历时性考证活动,这格外体现在博厄斯的弟子,同为美国古典汉学家的劳费尔的学术研究上,并经由劳费尔而对薛爱华早期的汉学研究产生过很大影响。劳费尔很早便在博厄斯门下接受过系统的人类学训练,并且参加过由后者组织的针对东北亚自然与民俗情况的人类学实地考察团"杰素朴考察队"(Jesup Expedition)。在此过程中,劳费尔在其导师指导下开展广泛的人类学田野调查研究,秉持人类学者客观调查异文化的立场,收集"能够充分反映和解释当地部落的日常生活、渔猎活动、社会组织形式、宗教信仰(萨满教)及巫术等社会内容的物品"[1]。为此劳费尔曾在中国上海、南京、汉口、西安、北京等地广泛搜求文献文物。而在这之后的数次田野调查行动中,劳费尔为其先后就职的纽约自然历史博物馆及芝加哥费尔德自然史博物馆(The Field Museum of Natural History)收集了数量逾19000件的中国珍贵古玉器、陶器、拓本、书简、手稿、照片等贵重物品。

由于博物馆有收藏与展出的实际需要,劳费尔花费了大量时间与精力开展对其所购置的文物古董进行系统的整理与分类工作。如,在涉及对"杰素朴考察队"所获藏品的分类时,劳费尔以博厄斯派人类学的分类方式,将其划分为工业制品和社会生活用品,并对文物进一步细化、罗列:

1)工业制品:

①纺织品:棉花、丝绸、纱布、天鹅绒等;

---

[1] 朱渊清:《博物学家劳费尔及其〈中国古玉〉》,原载于《中华读书报》2018年8月8日,第18版。

②木工业和编织品;

③农业和食品;

④化工品:染料、肥皂、香水、药物等;

⑤竹制品、藤条制品、木雕制品;

⑥棕榈纤维品、稻草、大麻、绳索。

2)社会生活用品:

①服饰、成衣和鞋子;

②用于身体装饰的铜和银饰品、玉器、头饰;

③卫生用品;

④厨房用品;

⑤家具等物品;

⑥炉灶或其他加热用品。[1]

而对于该分类中的每一个小类别中的藏品,劳费尔往往也会细致地再分类和整理,例如他就曾将玉饰品细分为配饰、头饰、发饰、扣饰、带钩、剑饰等类,并结合相关文献、拓片、照片等资料对其手头掌握的数百件玉器实物进行进一步的考证,力求弄清其所属时代、功能、工艺、文化意涵等方面的问题。典型例子如《中国古玉》中劳费尔借助《酉阳杂俎》《辍耕录》《本草纲目》等古籍的记载对"雷公墨"这种天然玉石的成因、产地、药用价值、装饰价值等的详细揭示,[2]以及在他给菲尔德自然史博物馆馆长费里德里克的书信中所汇报的对其在西安所买的一件商代大型青铜器时代、用途的

---

[1] Hartmut Walravens, *Kleinere Schriften Von Berthold Laufer: Nachtrage Und Briefwechsel*, Wiesbaden(Germany): Otto Harrassowitz, 1985, pp.146-147.

[2] Berthold Laufer, *Jade: A Study in Chinese Archaeology and Religion*, Chicago: Field Museum of Natural History, 1912, p.66.

推测。[1] 这些研究活动,初看起来是对具体文物细节的烦琐考察,实际上却充分展现了劳费尔开阔的学术文化视野和对文化现象的深刻体察。

对于劳费尔来说,为博物馆收集、分类与考证藏品的丰富实践不仅是发挥其人类学专业知识完成分内的工作,更是培育对中国古代物质文化喜爱之心的机缘,而在这一过程中培养的百科条目式的研究范式、以微观名物研究窥见宏观文化的学术取径更是为《中国伊朗编》的写作打下了基础。这部书通过对伊朗地区传入中国的动植物、矿物、药物等事物进行分门别类的罗列和细致的考证,来达到其对于中国与中亚地区经济文化交通历史图景的还原与展现。

在薛爱华早年论文与作品的脚注和引用文献列表中,《中国伊朗篇》是最为常见的作品之一。事实上,《闽国:10世纪的中国南方王国》《南汉国史》《撒马尔罕的金桃:唐代舶来品研究》《朱雀:唐代的南方意象》《珠崖:12世纪之前的海南岛》等作品都曾受到《中国伊朗编》的直接影响。这一点不仅是由于《中国伊朗编》常作为征引书目出现在这些作品的脚注和参考文献目录里,而且也因为这些作品呈现出劳费尔式的对物质文化的兴趣和分门别类的百科全书式事物研究的特色。以《撒马尔罕的金桃:唐代舶来品研究》及《朱雀:唐代的南方意象》两部书为例。劳费尔的《中国伊朗编》主要研究中国与伊朗在动植物、矿物、纺织品等的互通交流,《撒马尔罕的金桃:唐代舶来品研究》《朱雀:唐代的南

---

[1] Hartmut Walravens, *Kleinere Schriften Von Berthold Laufer: Nachtrage Und Briefwechsel*, Wiesbaden(Germany): Otto Harrassowitz, 1985, p.437.

方意象》两书则将学术视点集中放在了中国古代对外交流的辉煌时期唐代。《撒马尔罕的金桃：唐代舶来品研究》将整个唐代中国的历史文化往来纳入考察范围,《朱雀：唐代的南方意象》则聚焦于唐代"南越"地区的自然与文化,但两书都以对物质文化的考证作为着眼点和基本研究形式。在《撒马尔罕的金桃：唐代舶来品研究》里,薛爱华同样聚焦于外来的动植物、草药、矿产、织物的渊源和在中国的传播、影响等问题,并按这些事物的类型与种属分成一个个小的章节,进而完成全书篇章的建构。而在每一个小节中,薛爱华还会像劳费尔那样将有关的事物分成更小的类型。例如在该书第六章"毛皮与羽毛"中,薛爱华就将毛皮细分为鹿皮、马皮、海豹皮、貂皮、豹皮、狮皮、鲨鱼皮等不同种类,针对每一种动物皮,薛爱华都会结合古籍与相关的现当代学术作品,对其产地、物理特征、命名、进入中国的途径、功能用途进行详细的描写。而在《朱雀：唐代的南方意象》中,尽管受到诸如《无冬之地：热带居民与自然研究》等偏重于考察人与社会的作品的影响,但针对矿物、动植物之类的具体事物的研究依然占据了全书一半以上的篇幅。由于考察的对象从外国的零星舶来品变成了一个自然地理区域中的所有事物,薛爱华在本书中应用了具有浓厚博物学色彩的系统分类方法,使得这一部分的体例如同一部百科全书一般。例如,在"植物"一节中,他就将南越植物细分为热带植物、具有魔力及毒性的植物、有用植物、可食用植物、芬芳植物、观赏植物等类别。在每一种类别之下,薛爱华都会就其中典型的植物进行具体而专门的考察。这与劳费尔在《中国伊朗编》中对外来植物的考察方式如出一辙。很明显的是,从薛爱华对具体

第二章 古典汉学传统与薛爱华汉学研究的学术资源

事物的研究方法中,我们可看出劳费尔博物馆分类研究和人类学研究的影响之痕迹。

除了上文所述,还应该看到博厄斯学派对博学多能的推崇给薛爱华治学带来的影响。由于博厄斯学派的研究活动以田野调查和撰写民族志为中心,其研究对象往往具有广泛而复杂的特点,需要研究者具有跨学科研究意识和地理学、动植物学、古生物学、语言学、历史学、考古学等领域的知识与素养。人类学的这种对学者所掌握知识广度的要求使得薛爱华在本科阶段便养成了广泛阅读人文科学不同研究领域书籍的习惯。一些西方近现代学人的重要著作对薛爱华的治学产生了深远的影响。例如,人类学方面,贝茨的《无冬之地:热带自然与居民研究》、玛格丽特·米德的《萨摩亚人的成年》等书直接形塑了《朱雀:唐代的南方意象》《珠崖:12世纪之前的海南岛》等书的写作,伊拉斯莫斯·达尔文的《植物园》、希特维尔的《行到时间尽头》、马勒雷的《1860年以来法国文学中的印度支那异国情调》等书则培育了薛爱华丰沛的才情和审美能力,而对李约瑟的《中国科学技术史》、索安的《西方道教研究编年史》、石泰安的《微缩世界的花园》等书的熟悉亦成为薛爱华中后期学术转型的重要知识资源。此外,在从事人类学学习与研究工作期间,薛爱华延续了中学时对外语学习的热情,陆续掌握了法语、德语、西班牙语、古英语、古希腊语、古拉丁语、中世纪拉丁语[1]等多种语言,这也使得其后的汉学研究具有宽广的视野和深厚的语言

---

[1] [美]薛爱华:《撒马尔罕的金桃:唐代舶来品研究》,吴玉贵译,北京:社会科学文献出版社,2016年,第6页。

学根底,奠定了其古典汉学研究一代大家的基础。

2.6.3 卜弼德的影响

除去博厄斯人类学派,薛爱华从古典汉学研究的先贤与同僚那里也获益良多。其中最重要者便是薛爱华攻读博士时期的导师,也是其在伯克利分校东语系的同事——卜弼德,他的学术思想与治学风格对薛爱华产生了直接而深远的影响。在其长达四十余年的教学生涯里,作为伯克利东语系第五任阿加西东方语言与文学讲师,卜弼德在教学与科研中坚持古典汉学学术传统,在汉语言文学、中国古代史、内亚史、翻译学等领域均有卓越建树,且有着鲜明的个人治学风格与优势。在其漫长的职业生涯里,卜弼德培育了众多的门第及私淑弟子,他们的学术研究自成一格,以"卜派汉学"闻名于美国的中国研究学界,在汉学圈内一时"无人不知,无人不晓"[1]。

早在于伯克利修习本科课程时,薛爱华就已结识卜弼德,并选修了由卜弼德担任主讲的中国历史课程。[2] 1947年,当薛爱华由哈佛大学东亚研究所转学至伯克利东语系,投入卜弼德门下攻读汉语言文学博士学位之后,卜弼德的学术视野、研究方法与治学态度开始对薛爱华的汉学学术轨迹产生决定性影响,亦形塑着薛爱华的研究范式与个人风格。甚至到20世纪70年代末薛爱华在学术视野上偏离其导师的"国际汉学"范式,愈来愈倾向于道教和道教文学研究之

---

[1] 杨牧:《卜弼德先生》,原载于《柏克莱精神》,台北:洪范书店,1979年,第27页。

[2] Doris Sze Chun, The Agassiz Professorship and the Development of Chinese Studies at the University of California, Berkeley, 1872 - 1985. San Francisco University Doctoral Dissertation, 1986, p.389.

后,卜弼德的影响依然在前者学术研究方法论层面上展现着其持久的力量。

具体而言,这种影响突出体现在以下几点上:

1)国际研究视野与对中西交通史研究的偏重。卜弼德汉学研究的一个主要特色就在于视野开阔,常将对中国历史、语言与文化问题的研究置于更为广大的亚洲背景下。1944年8月,在一份递送至洛克菲勒基金会的有关伯克利东语系教研工作的书面报告中,卜弼德陈述了自己以及整个东语系教研团队重视以亚洲视野研究汉学的学术取向:

> 伯克利东语系及其学者相信,唯有将中国看作欧亚大陆这一整体的一分子,才能正确地理解这个国家的发展。这一"全局性"的视野要求研究者对古代中国与其游牧民族近邻,以及通过草原游牧民族近邻与欧亚"远西"地区国家的语言、历史与文化上的关联给予格外的关注。[1]

通过考察卜弼德的存世汉学论著,可以发现他在汉学研究实践中很好地贯彻了这一学术旨趣。许多学术论著关注魏晋南北朝时期中国西北边疆与中亚内陆的政治、文化史这一研究领域。在西方汉学界,该领域隶属于"中外关系史"(the History of Sino-Foreign Relations),是一门关注中国历史上与外域政治、经贸、文化等层面往来互通的专门史。在研究领域上,它基本等同于国内学者张星烺、向达等学者在20

---

[1] Edward Hetzel Schafer, Peter Alexis Boodberg, 1903-1972. in *American Oriental Society*, 1974(1), p.3.

世纪 30 年代所提出的"中西交通史"[1]。

卜弼德之所以对中西交通史研究有着莫大的兴趣与持久的投入,与以下两点因素有着密切的关系。

①家族血缘和早年生活经历。1972 年 9 月,卜弼德的妹妹瓦伦蒂娜·弗农(Valentina Vernon)在一封寄给薛爱华的信件中,曾谈到他们的家世,称其外祖母具有蒙古人血统,是俄国侵入西伯利亚前当地一个蒙古人部落酋长的女儿 Gautimooroff。[2] 或许,卜弼德热衷于对中国北方匈奴、突厥、蒙古等民族及其与中原王朝政治文化互动的研究,正是因为有着这样游牧民族的血统。此外,由于第一次世界大战带来的动乱局面,卜弼德在很小时便被家人送至中国哈尔滨,并在一所本地中学学习汉语及相关课程。其后,卜弼德辗转符拉迪沃斯托克、日本横滨等地,最后抵达美国。这样的生活经历无疑大大丰富了其视野,也使得他能自觉地将兴趣与注意力放在不同民族政治、文化间的交流与互动上来。

②从根本上看,国际性的汉学研究视角也是欧洲古典汉学研究一如既往的传统。正如本章第一、二、三小节所揭示的,自雷慕沙开专业化古典汉学研究先河以来,历代的汉学

---

[1] "中西交通史"是 20 世纪 30 年代初由历史学者张星烺、向达所提出的。作为一种专门史,研究中西交通史上自秦汉、下迄明清的中西关系。包括中国古代文明对西方世界的影响,佛教、伊斯兰教、基督教传入中国及对中国社会生活的作用和影响,中国边疆地区同西方联系的孔道的地理形势、交通路线、民族及其文化与历史,中西间的使者往来和文化商业关系,等等。参见张维华、于化民《略论中西交通史的研究》,原载于《文史哲》1983 年第 1 期,第 3 页。

[2] David B. Honey, *Incense at the Altar: Pioneering Sinologists and the Development of Classical Chinese Philology*. New Haven: American Oriental Society, 2001, pp.288-289. Letter from Boodberg's sister, Mrs. Valentina Vernon, to Edward H. Schafer, September 30,1972.

研究巨擘,无论是儒莲、沙畹、伯希和,还是马伯乐、夏德、劳费尔,他们的汉学研究无不浸润着中西交通史研究的理论、视野与方法。作为严格遵循古典汉学研究法度的学者,卜弼德自觉实践与宣扬国际性的研究视野当属情理之中。

卜弼德"国际汉学"研究范式主要通过言传身教方式对其学生的学术道路和治学风格产生影响。卜弼德相信应该改变传统而保守的汉学教研方法,转而重视中外交流的整体性,并积极拓展全局化的视野。正是这种教研思路体现出了鲜明的法国学派特点。在就任伯克利东语系主任(1940年)之后,卜弼德对东语系汉学专业的研究生课程设置进行了大刀阔斧的革新。原先较为单一的汉语与中国历史、文献学课程逐步发展为包括蒙语、藏语、满语、泰语、越南语等语言课,及考古学、艺术史学、文化人类学等专业科目在内的课程系统。[1] 据薛爱华在《卜弼德,1903—1972》一文中所说,为了丰富东语系的教研视野,卜弼德引进了许多当时中西交通史研究领域的著名学者,例如德裔内亚史学家梅兴-黑尔芬(Otto Maenchen-Helfen,1894—1969),意大利裔学者李奥纳多·奥勒斯基(Leonardo Olschiki,1885—1961)、语言学家玛丽·哈斯(Mary Haas,1910—1996)。这些学者的引入在很大程度上改变了伯克利东语系的面貌。

在薛爱华于东语系攻读博士研究生之时,卜弼德本人开设有多门面向硕博士研究生的课程,这些课程展现了卜弼德宽广的亚洲视野和对中西交通史研究的重视,涵盖对中国、

---

[1] Doris Sze Chun, The Agassiz Professorship and the Development of Chinese Studies at the University of California, Berkeley, 1872 - 1985. San Francisco University Doctoral Dissertation, 1986, p.354.

日本、蒙古、中亚与东南亚地区的历史、语言、文化、文学、宗教等领域知识的介绍和跨学科研讨。[1] 例如,课程"东亚语言"(Language of Eastern Asia)讨论汉语、朝鲜语、日语的语音、构词、语法等特点及其历史传播。"满语与蒙古语文献研究入门"(Introduction to the Studies of Manchu and Mongolian Texts)为掌握了基础满语与蒙古语的研究生提供相关文献的导读和深入研究的指导。"语文学实验室"(Philological Laboratory)以汉文、满文、蒙古文、吐火罗文等民族文献为依托和开展比较研究的材料,传授有关文本语文学的知识与研究方法。[2] 毫无疑问的是,作为卜弼德的弟子,薛爱华等人一定修习过一门或数门卜弼德主讲的课程,并从中受益良多。

此外,受到卜弼德的影响和鼓励,薛爱华在求学期间亦阅读了大量前代汉学家创作的着眼于"内亚视角"和中外交通研究的学术作品,其中一些对薛爱华的治学产生了深远影响,也频繁出现于其论文与专著的征引书目列表之中。例如沙畹的《泰山志》、伯希和的《摩尼教流行中国考》、马伯乐的《秦代初平南越考》以及劳费尔的《中国伊朗编》等。这里特别值得一提的是劳费尔的《中国伊朗编》,该书的研究范式、学术视阈和篇章结构安排对于薛爱华《撒马尔罕的金桃:唐代舶来品研究》《朱雀:唐代的南方意象》二书有着显著的影响。关于这一点,本书在第三章中有详细论述。

2) 对语文学的研究方法与学术旨趣的推重。卜弼德是

---

[1] University of California, Berkeley, *Courses of Instruction*, 1947-1969, p.352.
[2] *Asiatic and Slavic Studies on the Berkeley Campus, 1897-1947*, Berkeley: University of California Press, 1927, pp.26-33.

第二章　古典汉学传统与薛爱华汉学研究的学术资源

一位重视继承与发扬古典学术传统的学者。考虑到卜弼德所处的20世纪初中期是人文学术激荡革新、新兴学科风起云涌的时代,考虑到费正清学派对美国古典汉学的巨大冲击,卜弼德在其同时代的大多数汉学家中间,可谓是颇具独特性的一位。在他所擅长的研究领域,无论是中西交通史、汉语语音学、古代文学抑或翻译学,卜弼德所采取的研究进路,既非现代语言学式的,也不是专业的文艺学批评或社会科学理论性研究,而是遵循着雷慕沙、沙畹、伯希和、劳费尔等人开创的古典汉学传统研究方法,即语文学研究的方法。事实上,早在1947年,在《加州大学尔湾分校:一套暂定的汉语音标方案》(*UCI: An Interim System of Transcription for Chinese*)一书中,卜弼德本人便明确宣称自己是一位"语文学者",并阐明了自己开展中国研究的旨趣:

> 与语言学学者相区别,一个语文学学者会格外敏感于语言中存在的人类传统。作为现代世界的一分子,他明白学术革新在所难免,而作为一个在精神上"留居于往昔"的人——或可以看作连接过去与当下,维持二者的连续性(continuity)与接近性(contiguity)的监护者——他感到自己有义务尽心尽力去确保这些尚存的元素与痕迹[1]仍旧在当下拥有其价值与意义。[2]

从卜弼德的汉学研究实践看,他所谓的"语言中存在的人类传统"主要是指存在于语言的书面形式——典籍中的语言、历史与文化现象。随着二战以降中国学研究的兴起,美

---

[1] 指语言中存在的人类传统。
[2] Peter A. Boodberg, *UCI: An Interim System of Transcription for Chinese*, Berkeley: University of California Press, 1947, p.12.

国的中国研究界针对古代语言、历史与文化所开展的研究大都呈现浓厚的社会科学视角、归纳性的理论研究模式和忽视语言与文本研究的倾向。大多数从事中国研究的学者"对汉籍的细微处和微妙处缺乏认真的注意",且"充斥着业余作风和狭隘观念"。[1] 面对这种新起的学术潮流,卜弼德重申了中国研究的语文学范式,即古典汉学研究的价值与存在意义:它以对中国古籍文本的翻译与注评为基本研究进路,以解释和阐明语词、文段和文本的内涵为主要研究目标。它要求汉文古籍的研究者有着不苟且、不放松的审慎态度,重视音韵、文字、训诂之学,重视对作者身世、版本流变的考察,提倡绝对尊重源语言文本字面含义、修辞和语境的信实翻译法,避免武断套用所谓花哨(fancy)而时髦(modern)的西方社科理论来解释古籍文本的内容。

此外,值得一提的是,通过几十年来的汉学研究实践及对西方古典学研究方法的借鉴,卜弼德发明了一些可应用于古籍文本释读工作的语文学研究具体技术。出现在卜弼德两篇论文《拓跋休封王》(The Coronation of T'o Pa Hsiu)以及《杂论:以字数分配法对早期汉籍中有关蛮族文本开展的研究》(Notes on Isocolometry in Early Chinese Accounts of Barbarians)的研究方法"字行度量法"(stichometry),也可称为"字数分配法"(isocolometry)[2],即为一非常典型的例子。通过对两汉至南宋存世的短篇历史散文及大量长篇史

---

[1] [美]薛爱华:《汉学:历史与现状》,周发祥译,原载于《传统文化与现代化》1993年第6期,第96页。
[2] 这一术语的中文译名来源于裘锡圭。参见何志华、冯胜利主编《承继与拓新:汉语语言文字学研究》,商务印书馆(香港)有限公司。

志文献开篇章节的字数分析,卜弼德认为中国古代的史家在撰写史书与组织文段时有一种特殊倾向:史家会将对历史的记述以内容有别的语句(cola)形式呈现出来,而语句按字数多少通常分为四种。微型(L):字数在16字以下;小型(M):字数在16字至20字;普通型(N):字数在21至25字(22至24字数的段落尤为常见);大型(O):字数在26至33字。卜弼德将这种对文段字数的统计与分类法称为字行度量法,并通过对这一方法的运用,批判了荷兰汉学家高延(Jan Jakob Maria de Groot, 1854—1921)对《史记·匈奴列传》中开篇介绍匈奴民族生活、生产习俗文段(即"匈奴,其先祖夏后氏之苗裔也"至"其俗有名不讳,而无姓字"的文段)的断句和翻译方式,认为其对原文段的断句不仅造就了微型语句(L)与大型语句(O)颇为不协调的并立,还削弱了作者叙事的连贯性与逻辑性。同时,通过对《周书》《隋书》《北史》中有关突厥的叙述进行断句与语句字数统计的比较研究,卜弼德还证明了字行度量法具有检测文本是否存在讹文与衍文的功能。[1]

撤开具体的研究技术不论,如果谈到深层次的学术旨趣和文化精神,卜弼德所提倡的古典汉学研究方法指向了对潜藏于古籍文本字句中特定时代人类精神及文化潮流的发掘与彰显。在《一个语文学者的信仰》(A Philologist's Creed)[2]一文里,卜弼德曾以满怀激情与诗意的笔触谈及

---

[1] Peter A. Boodberg, Notes on Isocolometry in Early Chinese Accounts of Barbarians, in *Oriens*, Vol.10, No.1, pp.121-123.
[2] 在柯恩《卜弼德论著目录》中,该文隶属于卜弼德未公开发表的手稿作品。目前唯韩大伟专著《进香:汉学先驱与中国古典语文学的发展》完整收录该文,今根据这一版本而节选译出。

对自己事业的信念,勾勒出了语文学研究的学术精神:

我相信语言——它是无穷尽人语的合声,是千千万心灵的造物,是普世而包罗万象的艺术,也是往古岁月遗留的巨大而不朽的丰碑。我相信语言即是大道(the Word),是人类思想的塑造者和真理的承载者,亦是往者的急切呼求……我深信,留意、寻觅并整理古人的思想是美德嘉行,因为古老的智慧由此也可以绵延永续。故而,我执着于探索古老的经典、旧日的书本、泛黄的羊皮纸与书卷,以及我所崇敬的父辈们所留下的大量档案与记录。通过文字,我谛听并解读往者的话语,正如我留心当代人的言辞,正如我解读有关明日的预兆。我与古代人交谈并征询他们的意见,并为这些与我形影不离的伙伴带来圆满的存在。在他们的遗存之上我得以支撑起自己的力量与事业。同时,我也要将我的生命气息与你[1]的生命之息带入这些往古之人的文辞中。

我由衷赞叹。我曾见证锡安巨大的荣光,目睹示拿平原上高耸的宁录之塔,承担歌珊地犹太人民的忧苦,感受永恒之城以及俊美而聪慧的希腊人的荣耀。我关注那操着不同语言、来自不同部族与国度的人民,关注他们以双手、智识与心灵辛勤从事各行各业的劳作。我好奇的目光流转于印度、中国与歌革、玛各之土,穿过荒原、草场与田野,跨过山川与海洋,去往随意一处人生活、受苦与死亡的土地,去往随意一处人负罪、劳碌与歌唱的土地。我喜乐并悲泣于人的事迹,赞叹他取得的荣

---

[1] 指卜弼德在本文中预设的读者。

耀,分担他背负的耻辱。[1]

古典汉学史专家韩大伟认为,围绕"人"以及"人之文化"为核心展开语文学研究,是卜弼德区别于美国同时代以史学、语言学、人类学等专业方法研究中国的汉学家同僚的不同点。事实上,卜弼德的这一研究范式及其学术志趣不仅不同于诸如经济学、法律学、人口学、政治学等社会科学研究,也大异于同为人文科学的语言学研究、历史学研究、文艺学研究等学科。从本质上看,古典汉学研究与西方自文艺复兴以来古典学的人文主义(humanism)传统一脉相承,重视对生活于古代世界的人及其文化的研究。通过深入文本的细读与诠释工作,研究者致力于"复活"(revive)早已消逝的文化现象,并尝试赋予其以现代性的价值与意义;将古老中国的文化融进西方的人文主义传统中,促使后者的发展转型,使之更具有普适性。[2]

我们可以很轻易地在薛爱华作品中找到闪烁着类似人文品质和重视对"文化"与"语言"开展研究的观点的语句:

> 成为一个"语文学者"意味着去相信语言是人类最伟大的发明,而文献作品,即便是最微不足道的,也代表了人类心智最主要的活动形式。一个语文学者会感兴趣于事物的名称,这些名称在文献之河中的生命,以及

---

[1] David B. Honey, *Incense at the Altar: Pioneering Sinologists and the Development of Classical Chinese Philology*. New Haven: American Oriental Society, 2001, pp.305-306.

[2] Sarah Allan, *Review: Selected Works of Peter A. Boodberg by Alvin P. Cohen and Peter A. Boodberg*, Bulletin of the School of Oriental and African Studies, University of London, Vol.45, No.2 (1982), p.391.

它们在人类理性、想象与情感生活中所扮演的角色。[1]

事实上,1984年,在接受伯克利东语系博士生Doris Sze Chun访谈时,薛爱华就明确宣称自己赞同其师卜弼德对语文学重要性与价值的认识,也认同"语言是人类心智最伟大的创造之一",并希望去考察"汉语是怎样在保全其隐微含义与美感的前提下在中国文学与文献作品中被使用的"。[2] 此外,从薛爱华在伯克利执教早期为东语系学术所开设的课程,例如面向本科生的"古代汉语"(Classical Chinese)、"中国叙事散文"(Chinese Narative Prose),面向研究生的"十世纪与十一世纪的文本:五代文明文献研究"(Tenth and Eleventh Century Texts: Sources for the Civilization of the Five Dynasties Period),我们亦可以看到卜弼德对语文学研究的偏重给薛爱华的影响。事实上,伯克利东语系学生刊物 *Phi Theta Papers* 曾指出,薛爱华在伯克利受教于卜弼德的经历"激发了他对语文学研究精确性的追求,这与反映在他作品中的具有深度的识见交相辉映"[3]。正是这种语文学式的对语言与文献文本的重视,铺就了薛爱华汉学研究之路的坚固基石。

3)最大限度保存汉语文本原始意涵和风格特色的直译理论。翻译工作是欧美古典汉学家得以开展研究工作的前

---

[1] Eduardo Hetzel Schafer Erudito Magistro Litterarum Discipulo Reverenter Oblata, in *American Oritental Society*, Vol.106, No.1, 1986, p.1.

[2] Doris Sze Chun, The Agassiz Professorship and the Development of Chinese Studies at the University of California, Berkeley, 1872 - 1985. San Francisco University Doctoral Dissertation, 1986, p.403.

[3] Eduardo Hetzel Schafer Erudito Magistro Litterarum Discipulo Reverenter Oblata, in *American Oritental Society*, Vol.106, No.1, 1986, p.6.

提基础和影响其治学成就的重要因素。在长期的围绕汉文古籍开展的英译和注释工作之基础上,卜弼德发展出了一系列颇具有个人特色和语文学学者风范的翻译思想,散见于其学术生涯后期的论文集《爱文庐札记》的《论翻译界的语文学》(Philology in Translation-Land)、《〈诗经〉再译》(Shih Ching, a Re-Translation)、《汉语双音节联绵词翻译论》(On the Translation of Chinese Binoms)等文章之中。卜弼德翻译思想的关键之处,在于将尽可能精确和完整传达汉语文本词句的意义、感情色彩和艺术特色放在翻译工作的最为重要的位置。在卜弼德看来,一部文献作品,其中的每一行字句,都是特定时代社会政治环境里人们心智情感的具象表征。在一次讲座中,他甚至宣称,汉文文本的每一个词都蕴含了整个中国文明的内容。[1] 因此,相较于依照功能性翻译原则粗率地寻找汉语文词的英语对应词,卜弼德在翻译过程中尤重对词句展开细致审慎的考究,对英语译词也会反复斟酌,力求所选择的译词不仅能准确传达原始语义,也不会损耗其附带的特定时代的社会信息和文化内涵。有时候,为了寻找妥善的译语,卜弼德会仰仗其语言才能和渊深的古典文献学知识,对汉语源词进行细致的语源学、语义学探研。而如果缺少现成的合适英语词汇,卜弼德会根据汉语源词自创新词,以准确地表情达意,典型例子如其在《关于〈老子〉首章的语文学札记》(Philological Notes on Chapter One of The Lao Tzu)一文中自创词 lodehead,以形义兼顾的方式翻译"道"一

---

[1] Doris Sze Chun, The Agassiz Professorship and the Development of Chinese Studies at the University of California, Berkeley, 1872 - 1985. San Francisco University Doctoral Dissertation, 1986, p.373.

词,收到了良好的翻译效果。[1]

卜弼德式的汉文英译服务于语文学研究,是学术式的翻译模式,其服务的读者对象也是对中国古代文籍进行严肃科学研究的学者。正如赵元任所言,卜弼德的翻译作品"不见得都流利可读,但他对(文本的)准确性却非常谨慎。在这个意义上,他是最好的中文文本的翻译家之一"[2]。薛爱华也曾在其所作纪念其导师的长文《卜弼德,1903—1972》(Peter A. Boodberg,1903—1972)中专门谈到了卜弼德在翻译上的贡献,他指出"(卜弼德的翻译作品)在汉学界、英语研究专家以及作家群体间都颇为流行。它们多包含一系列独创性的新造词,其目的在于以一种精确的形式传达(汉语中)奇特的意象","眼下,在汉学研究圈里,卜弼德充分挖掘英语丰富词汇储藏来进行汉文英译的翻译模式已逐渐被人们所接受"[3]。事实上,无论是翻译理论还是在针对道经文献、诗歌、历史散文等开展的实际翻译工作中,薛爱华都明显受到了其导师翻译观的深刻影响。在《音译与功能性翻译:汉学二弊》(Non-Translation and Functional Translation: Two Sinological Maladies)、《唐诗翻译札记》(Notes on Translating T'ang Poetry)等文章中,薛爱华从语文学研究的角度指出翻译中忠实于原文词句的学术价值与认识价值,并提倡一种以如实传达原始文本语言内容(linguistic content)为旨归的翻

---

[1] Peter A. Boodberg, Philological Notes on Chapter One of The Lao Tzu, in *Harvard Journal of Asiatic Studies*, Vol.20, No.3/4, p.598.
[2] *Yuen Ren Chao: Chinese Linguist, Phonologist, Composer, & Author, An Interview Conducted by Rosemary Levenson*, pp.180-181.
[3] Edward Hetzel Schafer, Peter Alexis Boodberg, 1903-1972, in *American Oriental Society*, Vol.94, No.1, p.5.

译模式,精确呈现原文的艺术内涵和精神气质,避免损害其原初的语言风貌。这种观点无疑与卜弼德一脉相承。而在实际操作环节,薛爱华常凭借其丰富的词汇储备,细致甄选合适的英语译词来传递汉语原词的意义以及附着其上的语义色彩、情感基调、文化信息、艺术特色等内容,而不忌讳使用稀见词、中古词、拉丁化的词,有时亦会自创新词。同时,在对译语句法的处理和语法修辞的运用上,薛爱华秉持一种既发挥译者活泼的能动性来适应英语读者的习惯,又充分尊重源语言文本意义与艺术特征的独特模式。毫无疑问,这种翻译方法和卜弼德的具有很大的一致性,是一脉相承的。

第三章
对薛爱华汉学论著的目录学审视

目录学作为开展文献研究的基础知识与方法,在人文学术研究中起着"辨章学术,考镜源流"的重要作用。鉴于薛爱华毕生学术论著的丰富和研究领域的广博,对其公开发表的专著、论文、评论等学术文献进行目录学式的审视和考察无疑有助于我们更深一步理解薛爱华的研究实践,形成对其在不同时期、学术领域、具体议题的直观而深入的认识。同时,考虑到目前国内学术界对薛爱华及其在众多领域上的学术贡献了解稍嫌不足,对薛爱华汉学论著的系统而全面的目录学式梳理与检视可为域外汉学研究、古代文学研究、古代历史等方向的研究提供便利的参考。

据《汉书·艺文志》载,被公认为"中国目录学之祖"的西汉学者刘向在校书时,"每一书已,辄条其篇目,撮其旨意,录而奏之"。刘向的著录工作已经包含了成熟目录学研究的两个主要内容:对书目的记录和对内容梗概的揭示。现代文献学大师余嘉锡先生亦将目录研究二分,认为"目谓篇目,录则合篇目及叙言之也"[1]。余先生所谓叙,同《汉书·艺文志》中的"撮其旨意",是对著录篇目内容大意的发

---

[1] 余嘉锡:《目录学发微》,长沙:岳麓书社,2010年,第18页。

明。巧合的是,在西方的学术传统中,目录学也被划分为列举目录学(enumerative bibliography)及分析目录学(descriptive bibliography)两个子研究领域。列举目录学即篇目之学,着重于为学术科研活动提供系统而详细的书目清单,分析目录学视书籍与文章为开展研究的客体,关注对其内容等方面的研究。[1]有鉴于此,本书所开展的对薛爱华汉学论著的目录学审视即采用二分的方式,包含"篇目之学",即对作品题目、出版情况、卷期、页数等要素的记录,也有叙录性质的对所录作品内容的梗概性介绍,以此作为直观与深入理解薛爱华汉学研究成果的柱石。

3.1 薛爱华学术专著概览

根据1991年第8—9期《唐代研究》所刊载的柯慕白版薛爱华论著目录,薛爱华共出版有14部专著。其中,有两部属于汉学研究工具书,分别为1955年出版的《美国东方学会会刊索引(第21卷—60卷)》(*Index to Journal of the American Oriental Society, Volumes 21 to 60*)及1978年出版的《马守真字典综补》(*Combined Supplements to Mathews*)。另外两部作品则是面向普通社会读者的汉学普及读物,它们是1967年出版的《古代中国》(*Ancient China*)及1978年出版的《唐代文学通俗读本》(*Easy Readings in Tang Literature*)。其余的10部书,包括《闽国:10世纪的中国南方王国》(*The*

---

[1] John Carter, *ABC for Book Collectors*, New Castle: Oak Knoll Press, London: The British Library, 1972, pp.37-38.

Empire of Min：A South China Kingdom of the Tenth Century）、《杜绾〈云林石谱〉评注》(Tu Wan's Stone Catalogue of Cloudy Forest：A Commentary and Synopsis)、《撒马尔罕的金桃：唐代舶来品研究》(The Golden Peaches of Samarkand：A Study of T'ang Exotics)、《朱雀：唐代的南方意象》(The Vermilion Bird：T'ang Images of the South)、《珠崖：12世纪之前的海南岛》(Shore of Pearls：Hainan Island in Early Times)、《神女：唐代文学中的龙女与雨女》(The Divine Woman：Dragon Ladies and Rain Maidens in T'ang Literature)、《步虚：唐人的星空探索》(Pacing the Void：T'ang Approaches to the Stars)、《唐代的茅山》(Mao Shan in T'ang Times)、《汉学：历史与现状》(What and How is Sinology？)及《时间海上的蜃景：曹唐的道教诗歌》(Mirages on the Sea of Time：The Taoist Poetry of Ts'ao T'ang)，属于真正原创性的学术专著，我们将其称为"汉学论著"，是本书的研究重点，也是本章目录学研究的一大对象。

《闽国：10世纪的中国南方王国》是薛爱华最早出版的一部学术专著。该书于1954年由哈佛燕京学社委托美国佛蒙特州勒特兰市查尔斯·E.塔特尔公司(Charles E. Tuttle Company)出版。2019年8月，上海文化出版社出版了由程章灿、侯承相翻译的中文版本。本书以1954年版本为基本依据，同时参考2019年中文版本。

《闽国：10世纪的中国南方王国》以司马光《资治通鉴》为主要史料来源，同时参考《五代史》《十国春秋》等文献，对五代时期闽国的自然、政治、文化等情况进行了全方位考证与还原。具体篇章内容，第一章：自然景观(Chapter 1：

Landscape),涉及对闽国当地特色的动植物名称的考证、重要城市地理空间考察和山川的考证。第二章：朝堂(Chapter 2：Court)。本部分以小传形式对在闽国政治社会有重要影响力却又不适合收入其他章节的人物进行了详细梳理。第三章：历史(Chapter 3：History),以年代先后为序对闽国王氏一族的历史进行了考证和梳理,尤重对入闽三王——王潮、王审邽、王审知的功业事迹,王延翰、王延钧、王继鹏等人治下闽国宫廷血腥的权力斗争等史实进行记述。第四章：经济(Chapter 4：Economy),包括对闽国特产土贡、官府开销与税收、货币流通、对外贸易以及人口方面情况的探讨。第五章：艺术(Chapter 5：Arts),介绍了闽国有艺术价值的建筑、塑像、工艺品、乐器,以及相关的文人与作品情况。第六章：信仰(Chapter 6：Religion),考察了闽国佛教、道教、官方宗教、摩尼教、民间宗教信仰的一般特点和发展情况。

《杜绾〈云林石谱〉评注》是薛爱华的第二部学术专著,也是其矿石学研究的代表作。该书初版于1961年,由加州大学出版社伯克利及洛杉矶分社出版。2006年7月,美国康涅狄格州林奇费尔德郡沃伦镇(Warren Town, Litchfield County, Connecticut)专营有关亚洲艺术、历史类学术著作出版业务的出版公司浮世书局(Floating World Editions)在对1961年版本校订的基础上出版新版本。

《杜绾〈云林石谱〉评注》具体篇章内容,第一章：中国人的赏石观(Chapter 1：The Chinese Taste in Stones),追溯了以审美为旨归的中国石文化在六朝的起源及在唐宋的繁荣表现。同时,作者将中国古人眼里具有观赏价值的石种分为两大类：一为肖似现实事物的石种,反映了一种"质朴的"

(primitive)审美观;二为形态古怪的奇石,反映了"巴洛克式"(baroque)审美品位。第二章:《石谱》作者杜绾(Chapter 2:Tu Wan—Author of the Catalogue),介绍了杜绾的生平、对寻石集砚的喜好及《云林石谱》的写作。第三章:历史与特征(Chapter 3:History and Character),特别介绍了杜绾对孔雀石、太湖石、慈溪石等数种观赏石的评赏,展示了其独特而富有美学色彩的赏石观。第四章:技术与岩石学(Chapter 4:Technology and Petrology),探讨了杜绾对不同石种形状的科学分析方法,揭示了《云林石谱》对于地质学、矿物学以及岩石学研究的价值与意义。第五章:《云林石谱》的语言(Chapter 5:Language of the Catalogue),对《云林石谱》中的赏石术语进行了翻译与细致解析。第六章:梗概与评论(Chapter 6:Synopsis and Commentary),对《云林石谱》中114种观赏石文本进行了总结评论,并对文中出现的一些难以确认种属的石头或矿物进行了尝试性鉴别。

《杜绾〈云林石谱〉评注》的研究根源于薛爱华对博物学与矿石科学的兴趣。作为"学术界前所未有地对作为装饰石所进行的学术考察"(Hui-lin Li, Tu Wan's Stone Catalogue of Cloudy Forest, a Commentary and Synopsis by Edward H. Schafer, Artibus Asiae, Vol.25, No.1, 1962, p.81),该书对于认识古代中国人的赏石文化之价值以及文本研究之高水准曾受到中国植物学家李慧林、华裔学者施晓燕及《美国东方学会会刊》评论员马克斯·洛尔(Max Loehr)的高度评价。[1]

薛爱华的第三部专著是唐代中外交通和物质文化史研究力作《撒马尔罕的金桃：唐代舶来品研究》。该书主要内容包括：第一部分，即第一章，大唐盛世（Chapter 1: The Glory of T'ang）。本部分对唐代历史及与异域民族的交往互动情况进行了全方位的梳理与介绍。具体考察的问题包括相关历史事实、唐朝的外国人群体、唐代对外海陆贸易、唐朝境内的外国人聚居地、朝贡制度、胡风以及外来事物在文学中的反映。第二部分，包括本书第二至第十九章。在这一部分，薛爱华分析了唐代外国输入中国的舶来事物，通过一种博物学分类方法（依动植物、有机物、无机物、器具为序）将这些事物划分为人、家畜、野兽、飞禽、毛皮和羽毛、植物、木材、食物、香料、纺织品、颜料、工业用矿石、宝石、金属制品、世俗器物与宗教器物共十几个小类，并在每一个小类中就典型的舶来品进行专门考察，重点关注舶来品的产地、传入中国的途径、形态特征、功能用途和中国文献中的相关记载等问题。

薛爱华的第四部作品《朱雀：唐代的南方意象》考察了唐代南越地区的历史、地理、动植物等，是薛爱华研究生涯前半期颇具代表性的一部专著。薛爱华认为，对于贬谪到南越的中原士子，南越的自然与人文时常唤起他们的忧愁与相思之情，但南越的自然之美也激发了他们的创作冲动和诗歌创作中的神秘主义。

---

[1] Max Loehr, Review, in *American Oriental Society*, 1962(2), pp.262-264; Hsiao, Review, in *The Journal of Asian Studies*, 1962(2), p.231.

薛爱华的第五部作品《珠崖：12世纪之前的海南岛》主要考察了元代以前，特别是8—11世纪海南岛的历史、生态、民族、对外交通及文学文献作品中海南岛形象的变迁。具体篇章内容，第一章：历史（Chapter 1：History）。本章包括的内容有海南岛地理位置、西方人认识海南岛的历史、对汉文史籍中海南岛诸种名称的考证和解释、对大陆与海南岛交往互动历史事实的梳理、海南岛地区行政建制的变迁。第二章：自然（Chapter 2：Nature）。本章探讨了中古时代人们对海南岛自然地理的认识，并通过对《琼管志》《汉唐地理书钞》《北户录》等文献的梳理和考证，主要探讨了唐宋时海南岛的气候、地理地貌、土产、动植物等方面的情况。第三章：原住民（Chapter 3：Aborigines）。本章以文化人类学视角考察了中古时代海南岛三个少数民族黎、蜑、猺的地理分布、生活生产形式、文化与民俗传统、汉人对这些民族的认识和交往史等问题。第四章：交通（Chapter 4：Traffic）。本章考察了中古时期由大陆前往海南岛的交通路线、海南岛作为从属性经济实体与大陆的经贸联系、海南岛与南洋和印度洋国家的经济往来、海南岛的海盗活动和政府管制。第五章：流人（Chapter 5：Exiles）。本章考察了从隋杨纶至宋苏轼流放海南岛的文人群体的生活与海南岛写作。第六章：地狱抑或天堂？（Chapter 6：Hell, or Heaven?）本章通过对唐宋时期有关海南岛诗文作品的细致分析，揭示了晚唐至宋代文人群体对海南岛情感态度的细微变化轨迹，指出中古时代以来海南岛在中原汉人眼中逐渐由一个边荒孤岛转变为与"蓬莱""扶桑"相提并论的道教仙境。

薛爱华的第六部作品《神女：唐代文学中的龙女与雨

女》主要考察存在于中国古代神话、宗教与文学传统中的诸多与水相关的神女形象,特别是巫山神女、湘妃、洛神、汉水女神这四位神女形象的特点及其在唐代文献、文学作品中的各种变相与发展情况。具体篇章内容,第一章:女人、仙女与龙(Chapter 1: Women, Nymphs, and Dragons)。本章探讨古代中国的女性观、神女观,以历史眼光对巫、龙、蛟等存在于神话、文学或宗教传统中的概念进行了分析,并追溯了巫山神女、湘妃、洛神、汉女形象的历史渊源和发展。第二章:中古时代之江河神女崇拜(Chapter 2: The Medieval Cult of the Great Water Goddesses)。本章考察中古中国(主要是唐代)官方与民间宗教信仰中的神女崇拜,具体的对象包括女娲、巫山神女、洛神、汉女、湘妃,梳理、分析了她们在唐人宗教文化中的存在方式和不同点,揭示出神女形象在中古宗教信仰领域中所呈现的模糊化、人格化和世俗化特征。第三章:唐诗中之江河神女(Chapter 3: The Great Water Goddesses in T'ang Poetry)。本章研究唐诗中不同神女形象的塑造以及由她们所产生的一些典故,并指出不同神女诗在主题上的区别:巫山神女诗和洛神诗常将神女塑造为道教仙女、多情的人间女子形象,寄托作者对幻想中完美情人的憧憬;湘妃诗则以抒哀怨别离之情为主旨,是闺怨诗的一种独特形式。湘妃是颇为典型的思妇、怨妇形象。第四章:李贺诗中的神女显现(Chapter 4: The Goddess Epiphanies of Li Ho)。本章承袭前文对唐诗中神女形象的考察,对李贺神女诗的艺术特点、神女形象的反传统性进行了细致分析与评论。第五章:唐传奇中之龙女与江河神女(Chapter 5: Dragon Women and Water Goddesses in Prose Tales)。结论(Conclusion)。本章对唐传奇中出现的江河神女形象、神女故事类型、神女故事的基本情节元素等问题进行了细致梳理与探讨。

作为一部转型之作,《神女:唐代文学中的龙女与雨女》见证了薛爱华汉学研究由物质文化研究向民间传说、宗教学以及文学研究偏移的新趋势。薛爱华在本书中考察了与中国古代民间信仰和传说故事有关的诸类水中女神的身份特征及其作为一种文学意象在诗歌、小说等文学体裁中的表现。美国密歇根大学从事中国古代文学研究的学者路易斯·O. 戈麦斯(Luis O. Gomez)、哈佛大学汉学家米切尔·德尔比(Michael Dalby)、哥伦比亚大学学者杨·沃尔斯(Jan Walls)等学者都曾专门撰文对该书予以积极的评价。

薛爱华的第七部专著《步虚:唐人的星空探索》通过综合天文学、物理学、文学、历史学、文化人类学等学科研究手段,考察存在于唐代人生活、观念、想象与文献和文学作品中的星空及星空意象。具体篇章内容有:1)绪论(Chapter 1:Introduction)。包括对本书的写作宗旨、主要内容、研究方法、诗学思想的介绍,对唐代人天文观特质的分析,对翻译理论、中古汉语记音方法及对重要汉语词汇英译对应词的说明。2)唐代的天文学者(Chapter 2:T'ang Astronomers)。对唐代星官的介绍及对其在朝廷中的功能地位、组织形式、观星场所的考察。3)宇宙生成学(Chapter 3:Cosmogony)。对唐及唐前的有关宇宙创生理论观点之梳理与分析。4)天空与星辰意象(Chapter 4:The Sky;Chapter 5:The Stars)。对唐人眼中天空与群星意象的分析探讨。5)唐代占星学(Chapter 6:Astrology)。通过考察唐人对恒星色度、星象变化、天象与人间灾害的空间分布、大气状况、流星、彗星与陨石、新星等问题的观察、记录与分析,详细探讨唐代占星学的一般特征和具体表现。6)星辰的化身(Chapter 7:Embodied Stars)。阐明唐代人眼中的星辰具有的人格化属性及与人间的皇族、学士、诗人等的密切关联性。7)太阳、月亮与行星意象(Chapter 8:The Sun;Chapter 9:The Moon;Chapter 10:The Planets)。对唐代文献中日、月、行星意象的梳理与分析。8)星辰崇拜(Chapter 11:Astral Cults)。介绍了唐代官方星神崇拜,并结合相关道教文献和唐诗,对道教的星神观念和祭祀活动,包括祭礼的着装(星冠、星巾、月披)、祭礼的地点(星观、星坛)、北极星崇拜等问题进行了详细梳理与介绍。9)游仙思想与诗歌创作(Chapter 12:The Flight beyond the World)。详细探讨了唐代道教步虚之法,并就唐代游仙诗中想象星空之旅的内容进行了梳理与评析。10)星空意象杂说(Chapter 13:A Potpourri of Images)。主要探讨了唐诗中满月、新月、群星、飞星、彗星等意象的特点和诸种表现形式,重点分析了它们在诗歌中通过隐喻、明喻、象征等的艺术形式与其他自然界或社会性意象间的关联。

薛爱华的第八部专著《唐代的茅山》通过对包括部分唐诗在内的唐代涉道教文献的考证与分析,精细勾勒出茅山作为道教上清派祖庭和闻名遐迩的神山在唐代的自然与文化之风貌的完整图景。该书在篇章结构上由6个主要部分组成。

第一部分为绪论(Ⅰ. Introduction),包括对茅山的基本概况、玄帝颛顼封填茅山华阳洞天中央正上方的天市坛的传说、茅山附近历史地名与金矿采掘业的联系、三茅君的相关情况、茅山洞天的神圣空间(玄窗、阿门、阴宫、连接其他洞天的地下通路等）以及对常出现在唐诗文本中的茅山地名（包括积金山、柳谷、塘、雷平山、田公泉、燕口山洞、良常）的介绍。

第二部分为区域地理（Ⅱ. Regional Geography），包括对茅山所在的润州（或称丹阳）的历史地名考证，润州的行政区划及土产，茅山的自然地理风貌（水文、山脉、林塘、泉水），对出现在顾况《山居即事》、徐铉《张员外好茅山风景，求为句容令，作此送》等诗中的柳谷意象的梳理与分析。

第三部分为地表与动植物研究（Ⅲ. Landscape and Natural History），包括对茅山地质地貌情况的介绍，对茅山钟乳石、石燕、"禹余量"（褐铁矿、针铁矿化合物）进行物理学分析以及文献学性质的梳理评述，对经常出现在唐代诗文作品中的茅山松树、侧柏、琪树、桃树、杏树、黄精（鹿竹）、芍药、木耳、树鸡、何首乌的文献学考察，对唐代前期禁止三茅山樵苏法令的介绍，对茅山丹顶鹤的宗教文化内涵的揭示。

第四部分为建筑（Ⅳ. Buildings），本部分以文宗时期的《大和禁山敕牒》、刘长卿的《自紫阳观至华阳洞，宿侯尊师草堂，简同游李延年》等文献为线索和基本框架，按由南到北的空间次序考察了大茅峰附近的紫阳观、灵宝院、炼丹院、燕洞宫、太平观、崇元观、圣祖院，中茅峰附近的下泊宫、白鹤庙，积金峰附近的华阳宫、火浣宫等建筑物的历史兴废、空间形态、内部构成以及作为意象在唐代诗歌中的表现，简要介绍了茅山宫观在唐末的废弃以及第十九任茅山宗师王栖霞禁樵苏、平道路、修葺殿宇等一系列复兴茅山道院的举措。

第五部分为世俗生活与产业（Ⅴ. Secular Life and Industries），本部分在简要介绍茅山修道者和百姓的日常生活情况基础上,专门对唐代茅山的两种特产——青粳饭(乌米饭)和芝草的名称、种植历史、功用、相关文献记载等问题进行了细致梳理和论述。

第六部分为精神生活(Ⅵ. Spiritual Life),包含如下三个主要方面:一是对茅山超凡神性及其文学表现的考察;二是对旅次茅山或短居茅山者、崇信道教者、去官归隐者三类人的比较分析;三是茅山道教科仪研究,包括授箓、斋醮的场所、内涵、形式等问题,尤为值得关注的是作者依靠陆龟蒙《句曲山朝真词二首》的翻译与评注对茅山"灵宝斋"的细致考察。

第七部分为后记(Ⅶ. Postlogue),本部分依靠《茅山志》《新唐书》《唐诗纪事》以及相关唐诗作品,对唐代茅山地区的道士(历代宗师、炼师、法师、威仪师等)及吴筠、顾况、顾非熊、许浑、张贲、皮日休、陆龟蒙等文人墨客生平事迹、交游情况、茅山诗作等进行了详细考证与评述。

《唐代的茅山》标志着薛爱华开始正式进入道教研究的学术领域。该书以上清派道教祖庭茅山的自然文化为考察对象,详细探讨了茅山历史、地理环境、动植物分布、宫观建筑、修道活动等方面的问题。其研究主题在当时的美国学术界颇具创新性,是当时新近成立的美国中国宗教研究学会所出版的一部代表性作品。

薛爱华的第九部专著是《汉学:历史与现状》,该书文本内容来源自薛爱华在1982年10月14日在科罗拉多大学东方语言系开设典礼上的演说词,同年由科罗拉多大学波尔德分校出版单行本。该书记录了薛爱华作为一名古典汉学研究专家的学术研究理念、学术史观和对美国中国研究发展情况的看法。具体而言,本书的内容包括:1)对"汉学"这一概念的语文学研究内涵的揭示;2)对"文献"概念的分析和对文献研究价值与意义的分析;3)对西方汉学研究历史的回顾与简要评价;4)对美国中国研究的三大流派的分析;5)对美国中国语言与文学研究现状的批评及对存在问题的分析。6)对编撰英汉文学语言词典的提倡及对古典汉学研究发展未来的展望。

《汉学:历史与现状》是薛爱华唯一一部专论西方汉学研究历史与理论的作品,对于我们了解与考察薛爱华的汉学史观、语文学学术理念、学术研究旨趣等具有重要的认识价值。

薛爱华的第十部专著《时间海上的蜃景:曹唐的道教诗歌》成书于薛爱华汉学研究的最后一个十年间,是一部综合了薛爱华多样的学术视野和研究手法的集大成作品。它承继了《步虚:唐人的星空探索》和《唐代的茅山》对道教上清派修道思想和仙境观念的学术兴趣,集中反映了薛爱华后期道教与道教文学研究的特点与风貌。《时间海上的蜃景:曹唐的道教诗歌》以薛爱华擅长的文本研究和名物研究为立足点,开辟出了更广阔的对中古时代道教与文化史开展研究的新范式。正如程章灿先生所言:

> 晚唐诗人曹唐的诗歌也只是作者的切入点、出发点,他真正的目标是这些诗歌中所体现出来的道教传说和道教想象。换句话说,曹唐诗歌只是道教诗歌的一个案例,作者更关心的不是这些诗歌的文学艺术属性,而

是其作为思想文化史料的特殊意涵。[1]

3.2 薛爱华汉学学术论文概览

除却专著,薛爱华还有大量发表于《美国东方学会会刊》《亚洲研究》《唐代研究》《通报》《中国宗教研究学刊》等欧美学术杂志的论文,20世纪50年代发表了22篇论文,涉及的研究领域包括以下几方面。

语源考证论文1篇,即《汉语词汇"茉莉"的语源学札记》(Notes on a Chinese Word for Jasmine)。该文对清代学者吴任臣在《十国春秋·南汉·美人李氏传》中认为代表茉莉的汉语词汇"素馨"来源于五代时期南汉国一位宫女名字的论断提出了疑问。通过对相关文献的爬梳,该文指出,在更早的宋代文献如方信孺《南海百咏》、杨时《杨龟山集》中,"素馨"与"内人斜""花田"等词语都被用来指代南汉宫女的墓地,且并没有与特定的人物相关联,这证明吴任臣的说法值得商榷。同时,该文认为,"素馨"是一个舶来词,它来源于一种经常出现于印度神话文本中的茉莉花,即常与墓地意象相联系的夜花茉莉Parijat。这一印度词经由海上丝绸之路传入中国广州口岸,在语音变化过程中逐渐与南汉国宫女的墓地联系在了一起。

古汉语词汇研究1篇,即《古汉语中的数量词》(Noun Classifiers in Classical Chinese)。该文以唐段成式《酉阳杂

---

[1] [美]薛爱华:《神女:唐代文学中的龙女与雨女》,程章灿译,北京:生活·读书·新知三联书店,2015年,代译序第10页。

俎》为样本，考察了古汉语文献中表达数量关系的词汇使用，重点在通过例证理清量词与名词、数词、动词的诸种可能组合形式或排列次序，包括数词–名词、数词–动词、数词–量词–名词、名词–数词–量词、动词–数词–名词、动词–名词、动词–名词–量词。

名物考证类论文相对较多，共计12篇。包括《元代之前的中国骆驼》《唐传奇中的伊朗商人》《年号：语词还是无意义的音节？》《中古中国云母札记》《中国技术与传统中的雌黄与雄黄》《麋鹿的文化史》《中国铅颜料与含铅化妆品的早期历史》《檀木、骐骥竭与紫胶》《上古与中古中国的战象》《中古中国的鹦鹉》《一份14世纪的广州地名索引》及《唐代土贡考》。

《中古中国云母札记》通过爬梳《抱朴子》《太平御览》《太平广记》《本草纲目》《玉函山房辑佚书》等文献，介绍了有关云母的一些基本情况。"云母"之名称首次出现在东汉时期。山东是云母最为著名的出产地。云母在晋代（265—420）主要被当作一种重要的工业原料，用来制造或装饰屏风、灯窗、帐幔、云母车、云母舟等器物。隋唐时期，云母的药用价值开始受到重视。其中，透明或半透明状、解理面有珍珠光泽的白石英尤为医家所重。此外，文章指出，中国人与北美东部一些部族的印第安人在对石英的使用上有着值得探究的契合：他们都将其应用于尸体防腐。

《中国技术与传统中的雌黄与雄黄》在介绍西方世界对雌黄与雄黄之应用历史基础上，梳理并研讨了汉文古籍中对这两种矿物颜料的记录。作为汉语专有名词的雌黄第一次出现于司马相如的《子虚赋》中。雌黄被应用来作为矿物颜

第三章 对薛爱华汉学论著的目录学审视

料的最早证据来自公元 1 世纪左右的敦煌壁画。同时,《神农本草经》等文献也指出雌黄具有治疗溃疡、脱发、蛇毒等疾患的医疗价值。雄黄一词第一次出现于汉文文献是在吴普的《吴氏本草》中,它被认为具有解毒杀虫、祛痰除燥等医用功效。此外,雄黄亦被广泛应用于炼丹和制造烟花爆竹。

《麋鹿的文化史》介绍了麋鹿(学名:Elapurus davidianus)这一物种的生物学演化史和历史分布,指出麋鹿曾广泛分布于东亚大陆和日本列岛,但在当代却只少量存活于欧洲和北美部分地区。进而,文章以相关古籍为依托探讨了与麋鹿一词相关的语源学与文字学问题,并指出狩猎麋鹿在史前以及上古时代的中国是非常常见的。在公元前 1000 年左右,伴随麋鹿种群数量的萎缩,狩猎麋鹿逐渐成为围场中的贵族运动。相关史料表明周代贵族喜好食用麋鹿肉,而麋鹿的角、脂肪与骨也被认为具有药用价值。此外,麋鹿常作为典型的隐喻与象征元素出现在民间故事性文本中。

《中国铅颜料与含铅化妆品的早期历史》就相关文献中所记载的铅黄、红铅、铅粉进行了命名学考证,并探究了其在中国的开采、加工及作为颜料与化妆品的应用历史,指出虽然目前的资料无法确证铅黄是否在古代被作为颜料或化妆品,红铅作为颜料和化妆品的历史却可以追溯到公元前 2 世纪。而铅粉在汉代则有着广泛应用,曾被当作墙壁粉刷材料、化妆品及书写材料。

《檀木、骐骥竭与紫胶》着眼于从命名学角度理清一些和红木与红树脂相关的语词:檀、真檀、桐木、骐骥竭、假血竭、紫胶,并指出它们在中国历代类书和西方汉学家译著中经常被混淆或错解。

《上古与中古中国的战象》介绍了中国古代将大象应用于战争的一些个案,如公元前506年的吴楚之战,公元971年的北宋与南汉战争,以及清军在1681年与吴世璠在云南的会战。

《中古中国的鹦鹉》考察了鹦鹉名称的起源、中国古代鹦鹉的分布和品种等问题,指出在西汉之后,随着中原地区鹦鹉种群数量的萎缩,来自边陲之地陇西与南越的鹦鹉作为一种观赏鸟类开始在都城走俏。在唐代,更具异国情调的非洲与阿拉伯半岛金刚鹦鹉(psittacidae)作为贡物进入宫廷,得到了玄宗皇帝在内的许多皇室成员的喜爱。此外,中医界很早便发现了一种常罹患于玩赏鹦鹉者的传染性疾病——鹦鹉热。

风俗制度考证2篇,一篇是《古代中国的暴人风俗》,该文篇幅较长,主要内容包括:1)回顾民国学者陈梦家在《商代的神话与巫术》中对商周时期祈雨仪式"赤"中的"暴巫"习俗研究。2)通过对相关史地文献的梳理与细读,指出有许多文本证据显示在周代灭亡之后,暴人祈雨的风俗依然存在,并延续到近代时期,只不过主持这种古老礼俗活动已更多具有制度性的国家祭仪性质;暴人仪式的中心与主要参与者也不再是早期的女性巫师,而为各级政府官员甚至皇帝自身。3)探讨祈雨活动中与暴人仪式相关的焚人仪式在汉代及汉之后的演变及特色,并指出焚人仪式在发展过程中逐渐退去上古巫术色彩,且不再由女性巫师主导,而变为国家官员和皇帝举行祈雨礼仪的象征性活动。4)介绍了《山海经》《册府元龟》等文献中记载的祈雨的礼俗。5)通过《礼记》的相关记载,探讨周代丧葬之礼中奔丧者"肉袒""发胸"习俗。

6)介绍其他在中国古代存在的仪式性暴人礼俗,这些礼俗常常与祈祷农业丰产与生育繁殖相关。7)与祈雨活动和暴人礼俗相关的"巫""觋""尪""魃""暴""露""禷"的文字学、语源学和文献学研讨。8)简要介绍与评论了中华文化圈之外的暴露礼俗案例。

另一篇是《唐代的鹰猎文化》。该文以对如《酉阳杂俎·肉攫部》《开元天宝遗事》《饥鹰词》《鹰赋》等唐宋时期文献的梳理与细读为基础,分别探讨了中国鹰猎活动的起源,唐代鹰猎活动的概况,唐代文学中的猎鹰及其象征性,唐代艺术作品中的猎鹰,唐代帝王与鹰猎活动,雕、鹘、鹞等猎鹰种类,唐代进行鹰猎活动的装备,唐代进行鹰猎活动的具体方式和相关技巧,中国历代有关猎鹰和鹰猎文化的书籍。在文章最后,附有作者对段成式《酉阳杂俎·肉攫部》有关猎鹰部分文本的英文翻译。

西方汉学史评论与理论研究2篇,即《音译与功能性翻译:汉学二弊》与《通讯:论"汉学"与"汉学家"》。《音译与功能性翻译:汉学二弊》批判了西方汉学家在翻译古汉语专有名词(如人名、地名、职官名、年号)时的两种错误倾向:音译和功能性翻译。音译将原汉语词汇的读音直接以拉丁字母转录,以此回避在目标语中呈现源语言词汇的意义。这一翻译法一来有损翻译文本的学术价值,因为源语言词汇的命名方式和内涵具有传达特定文化系统观点、价值与信念的功能;二来有损翻译文本的潜在文学价值,因为源语言词汇包含的色彩感、格调与语境意义被粗暴的翻译所掩盖。功能性翻译,是指将源语言词汇按照所指意义在目标语言词汇中用一个常见词汇替代,常常出现在具有历史学、人类学、社会学等学术背景的汉学家的翻译实践中,其弊病在于仅仅关注到了词汇的所指意义(denotation),而没有兼顾词汇本身的内涵义(connotation)。该文进而提倡一种语文学式的忠实于文本(fidelity to the text)的翻译模式,它应该既做到如实传达源语言词汇信息的实际状况(actual situation),又要兼顾词汇本身内在的语言学意涵(linguistic content)。

《通讯:论"汉学"与"汉学家"》探讨了20世纪中叶美国中国研究界的中国学学派与古典汉学学派在有关"汉学"与"汉学家"等概念认识上的争议与分歧。该文认为,相关的论争来源于学科自觉和专业分工意识的淡泊,而并非有着实质性的矛盾,主张应当废弃诸如"汉学"或"汉学家"这样的易引起含混和争议的概念,代之以"语文学家"(philologist)、"历史学家"(historian)、"社会学家"(sociologist)这样的不同学术身份标识,以区分不同的中国研究群体。此外,在该文里,薛爱华首度公开将自己定位为致力于中国文献研究的"语文学者",自己的学术理想是与阿尔-弼鲁尼(Al-Biruni)、阿格里科拉(Agricola)等古典学大师看齐。

以翻译与介绍为内容主体的文章共计3篇,其一是《李纲〈榕木赋〉翻译与注评》。该文对宋李纲《榕木赋》进行了全文英译,并通过对赋文本的详细注释,指出李纲在文中大量使用了道家、道教文献中的常见名物典故,词汇也多有雷同。而该赋所蕴含的思想意蕴也有着鲜明道家色彩,可追溯到《庄子·逍遥游》的"无用而全身远害"观念。该作品可以看作"有韵体道家寓言"(rhymed taoist apologue)。

其二是《一份14世纪的广州地名索引》。该文在英译元代学者吴莱《南海山水人物古迹记》基础上,详细列举并介绍了广州及其近郊的名胜古迹及相关传说故事。

其三是《唐代土贡考》。该文对《新唐书·地理志》中各地土贡的名称进行了英译,并按照动物、植物、矿物、织物与手工业制成品进行了分类。文末附有20幅标示唐代重要土贡地理分布的地图,以及一份汉文土贡名称索引。

薛爱华在20世纪60年代创作有论文16篇。其中名物考证类文章6篇,包括《中国古代的食用龟》《长安城最后的岁月》《唐代文化札记:第一部分》《年号的产生》《唐代文化札记:第二部分》《古代中国的苑囿》。

《中国古代的食用龟》通过对相关古籍的梳理与细读,辨识并列举了先秦至隋唐存在的数十种食用龟,同时简要介绍了食用龟在中医领域的应用。

《长安城最后的岁月》通过对《酉阳杂俎》《贾氏谈录》《秦中岁时记》《文昌杂录》等文献的梳理与考辨,聚焦于隋唐时期,特别是唐末长安城的历史。本文第一部分简要介绍了长安自周代建城直至初唐的历史。第二与第三部分探讨了八、九世纪的长安城空间格局、人口分布、道路交通、坊市制度、城市运河、寺院宫观等方面的情况。第四部分以编年历史的形式详细列举在803年至900年发生的与长安城相关的重要历史事件,并指出在9世纪末发生的一系列政治与军事灾难使得长安城走上衰败之路。

《唐代文化札记:第一部分》主要讨论了有关唐代文化的四个具体问题:1)中唐盆景形式——盆池的形制与特点。2)简要介绍了隋唐时期的琉璃窗、绛纱窗、绿绮窗、油纸窗、云母窗之形制与特色。3)辨识并列举了相关文献所记载的中国本土鳄鱼品种。4)唐代对南海神的信仰,介绍了南海神的秉性、神力,人们对其的祭祀礼俗及玄宗时南海神的封王(附有一份对韩愈《南海神广利王庙碑》文本的英译)。

《年号的产生》通过对《旧唐书》《新唐书》《唐会要》《酉阳杂俎》等文本相关内容的翻译与评注,以代宗"宝应"年号的选择与确立为个案,探讨唐代帝王年号选择的动因、方式、过程及年号背后所蕴含的历史与象征意义。

《唐代文化札记:第二部分》讨论的内容包括:1)唐代官方许可的大聚饮,即"酺"的一些特点,指出酺饮中的"山车"和"陆船"与现代日本祇园祭的山锋巡行与花车巡行有着一些相关性。2)唐代针对"梦与鬼交"的医药处方。3)"七宝"及其在唐代是否被作为景泰蓝的磁漆。4)唐代开始萌芽的专业考古活动。

《古代中国的苑囿》在梳理《汉旧仪》《西京杂记》《大业杂记》《羽猎赋》等文献的相关记载基础上,探讨了古代中国由黄帝时期直至唐代猎苑与动物围场的起源、发展的历史及其存在的功能与意义。该文亦将唐徐元弼《灵囿赋》进行了英文节译。

古代自然环境观念与政策研究1篇,即《唐代的自然保护》。该文分为两个部分。第一部分讨论了唐代实施自然环境保护政策背后的文化因素:1)宗教与意识形态因素。唐代官方主导的神灵崇拜与儒家、佛教、道教思想中对万物生灵的尊重和珍视都成为影响唐代环保政策制定的因素。2)唐代对前朝历史遗迹的维护和整修与环境保护活动相辅相成。3)与皇室或国家利益息息相关的空间与自然资源得到妥善保护。4)中国传统历书中人与自然和谐共生和朴素的生态保护思想的影响。5)唐代长安、洛阳等大都市的城市环境保护政策和居民环保意识的增强。6)对于自然之美的欣赏与珍视。本文第二部分考察了唐代有关自然环境保护的具体政策,包括对水资源的保护与水力资源的开发、植树造林的实施与森林资源的保护,对动物资源的保育和合理利用,以及对盐资源及其他矿产资源的管控与保护。

古汉语研究2篇,包括《中古时代古汉语结构与意象初评》及《关于学生用古汉语字典的思考》。《中古时代古汉语结构与意象初评》对唐代书面语言中的双音词进行了分类。《关于学生用古汉语字典的思考》针对当时西方汉学界在古汉语字典编撰领域呈现的业余作风和偏重对汉语语汇作功能翻译和解释的社会科学倾向,从语文学研究视角提出了编撰汉语字典的基本原则,包括:1)字典所收词汇与包含该词汇的成语与句子应来源于一个相同的历史时期。2)字典收词应包括多样的主题与领域。3)字典对词汇的诠释应当遵循简明原则。4)词汇的古早用法应当明确列举出来。5)如果词汇具有特殊的语言学特点(例如复音词、联绵词),需要指出。此外,该文还给出了对字典内容编排的具体建议。

文学研究2篇,即《贯休游仙诗中的矿物意象》与《段成式生平与作品札记》。《贯休游仙诗中的矿物意象》分别以逐字照译式(word for word)、平实式(plain)、自解释式(self-explanatory)、戏拟英雄诗式(mock-heroic)及20世纪50年代流行的披头族诗体式(beatnik)五种翻译方式将贯休《梦游仙四首》译成了英文,并指出贯休诗歌中所使用的矿物意象并非孤立的隐喻,而是一整套玄想仙境的完整诗歌意象系统中的元素和组成物。此外,该文还详细探讨了"仙""仙境""金银""龙"等相关概念。

《段成式生平与作品札记》对段成式的生平、交游与创作进行了简要介绍与评论，指出段成式出身书香之家，且以祖荫入朝为官，这为其生活与文学创作提供了宽裕优渥的外在环境。他交游广泛，与温庭筠等上流社会文人雅士保持着密切的往来。论及段成式的创作，该文批判了美国艺术史学者苏伯(Alexander C. Soper)对段成式诗文作品的负面评价，认为段成式的作品体现了其丰富而广泛的好奇心和旺盛的求知欲，他的诗歌作品(特别是绝句)有着较高文学价值，而其散文作品虽然在主题上大都与迷信和超自然事物有关，却能在叙述与评论中秉持着开放和客观的立场与态度。

绘画研究 1 篇：《唐代帝王肖像》。该文指出在唐代时，彰显美德模范作用、引发人们对权威的尊崇是人物肖像画的一个主要功能，肖像画作品的描绘对象通常是地位显赫而被认为具有理想品格的现实人物。相关文献证据显示，唐代的帝王肖像常常与神像等同，受到同样的尊敬与供奉。此外，该文简要介绍了唐代著名肖像画家：阎立本、曹元廓、陈闳、韩幹、韦无忝、张萱、杨昇、周昉及王朏。

宗教信仰与哲学思想研究 2 篇，即《唐代的祥瑞》与《论唐代文献中的"造化者"概念》。

《唐代的祥瑞》在对《新唐书·五行志·羽虫之孽》文本进行英译与注评基础上，探讨了唐代与鸟类有关的祥瑞灾异、不同颜色鸟类在占卜文化中的象征性、历代史家对与鸟类有关祥瑞征兆的记录等问题。

《论唐代文献中的"造化者"概念》主要通过对唐代类书、诗歌、散文等类型文献的梳理，探讨了唐代知识阶层对"造化者"(the Fashioner of Creatures)这一概念的理解。在

第三章 对薛爱华汉学论著的目录学审视

考察"造化者"概念起源及其多样化的名称基础上,该文就唐人眼中"造化者"化育万物的目的、"造化者"的行为方式及其与其他形而上学概念,如"天""地""阴阳""自然"等的关系,并指出虽然在唐代视万物存在与演变为"自然而然"的儒家观点占据主流,一部分知识人却相信具体的经验世界背后存在着一套筛选、限定、赋予事物以独特性的形而上学法则,即"造物者"。

在20世纪70年代,薛爱华共发表8篇论文。名物研究类文章有1篇,即《唐代文化札记:第三部分》。该文具体讨论了有关唐代文化的4个具体问题:1)玄宗时遍及全国的开元寺及开元寺皇帝塑像的文化意义,并根据《舆地纪胜》列举了现存的唐代开元寺塑像。2)主要介绍唐代锡的开采、产地、产量、加工工艺和铸币领域的用途。3)通过相关文献考察了荆类植物在唐代被引入为园林观赏植物的大致时间。4)对王勃《滕王阁序》的内容与艺术造诣的评点与赏析。

天文、神话、民间传说与道教研究类论文[1]数量较多,共5篇,它们是:《说天河》《月之旅》《太玄玉女》《仙药琅玕英》《中国南方的三位神女》。其中,《说天河》在比较中西古代文化传统中对横跨星空的乳白色星群与光亮带——银河的不同认知基础上,探讨了银河在中国人,特别是唐代文人群体眼中的诸种属性和特征:1)命名学上的特点。银河在历代典籍中拥有各式各样的名称,但多显示出银河在古人眼里与黄河、汉江,以及如雨水、霜雪、冰晶等所有具有水属性

---

[1] 之所以将涉及天文、神话传说和宗教等几个不同研究领域的论文归为一类,是因为在薛爱华这一阶段的文章里,它们很多情况下呈现混杂交融状态,其视阈与方法共同承载了薛爱华对特定课题的讨论,难以作更为清晰的分类。

或呈现银色调的事物的密切联系。2）银河是民间传说与诗歌中的常见意象。3）银河在传统上被认为与地上江河或东海相连通，这一特点使得经由这样的通路扬帆银河、遨游太空成为诗歌、志怪、传奇等文学作品中的传统题材。4）王建《杂曲歌辞·秋夜曲》、马戴《同庄秀才宿镇星观》等许多唐代诗歌显示，其时有许多人将银河看作雨水的重要来源。5）由于"天人感应"观念的影响，在唐诗作品中，迫近地表的银河意象常常被与圣人、帝王或宫殿、寺庙等场所联系起来。

《月之旅》通过对相关道教文献和诗歌、志怪、传奇等文本的梳理，考察了古代游仙文化以及在游仙文化影响下唐代人围绕月亮生发的玄思与想象。该文分为两部分：1）沿游仙思想与文化发展的历史脉络，梳理古人"进入"仙灵境界的诸种途径。如，在反映早期游仙思想的典型作品《离骚》中，作者用以超脱世俗世界的羁绊、悠游想象世界的手段就有骑乘神兽（如"驾飞龙""驷玉虬"）、精神飞升（"神高驰之邈邈"）等不同形式，道教亦带来"步罡踏斗"等仪式化的想象性游仙途径。唐代以来，元稹、陈京、吴筠、吕岩等人的诗作也包含有诸种不同形式的进入神仙境界的想象途径，如因梦游仙、穿着飞云履高升、通过冥思玄想进入物我混同境界等。2）梳理并探讨了唐代民间信仰与文学作品中所体现的对月球的认知和月宫想象：在唐代人眼中，月球是一个自发光星体，也被认为具有水的属性，或主要由水所构成的星体。与此同时，该文对唐代文献中涉及月球地表形态、桂树、月兔、蟾蜍、嫦娥等人事的内容也进行了详细梳理、比较与特点总结。

《太玄玉女》包含以下内容：1）介绍了道教"存思"修炼

第三章 对薛爱华汉学论著的目录学审视

法,并与西班牙耶稣会士圣依纳爵(Saint Ignatius Loyola, 1491—1556)在《神操》(Spiritual Excercies)中提出的对神圣存在的凝思想象实践进行比照探讨。2)对道教典籍《上清明堂元真经诀》进行了文献学式的梳理与探讨,包括对该书的成书年代与作者的探讨、对开篇四十字前言的解读、对存思玉女的玄真法的介绍及与《真诰》《登真隐诀》《云笈七签》中的存思法的比较与相互关系的考察。3)对《上清明堂元真经诀》文段"存日月在口中,按此初服玉女津液"至"但钞略而已,无缠旋之事也"的英文翻译,其中名物典故均附有详细注释。

《仙药琅玕英》分为以下几个部分:1)追溯与考察"琅玕"一词在不同历史时期和不同类型文献中语义上的区分,指出《山海经》与《神农本草经》等文献奠定了该语词在古代语义上的二重性:它既指代一种神话传说中的仙树,也被用来指代一种真实出产于雍州的矿物。魏晋以来,"琅玕"也被用来指代一种流行于贵族阶层的宝石或装饰物。2)探讨作为传说与想象性意象的语词"琅玕"的发展与变化,认为唐代以来该词的道教色彩愈发浓烈,并成为外丹修炼法的重要语汇。3)通过对相关唐代文献的梳理,探讨作为现实物产的"琅玕"究竟为何种物质,并认为"琅玕"很可能便是一种青绿色矿物——孔雀石。4)对唐代道教外丹仙药琅玕英的考察。在《太微灵书紫文琅玕华丹神真上经》所举配方和部分文本上,作者探讨了有关琅玕英的炼制程序、化学反应等问题。

《中国南方的三位神女》对杜光庭《墉城集仙录》中有关缑仙姑、卢眉娘、南溟夫人这三位女仙的文段进行了英译,并对其中的名物典故做了详细注解与评论。

汉学家研究1篇,即《卜弼德生平与作品平议》。该文细致梳理与评价了加州大学伯克利分校的知名古典汉学研究专家卜弼德的生平事迹与学术成就。另附有马萨诸塞大学学者柯恩(Alvin P. Cohen)所编卜弼德作品目录。

唐诗研究1篇,即《唐诗无倒装句法论》。该文从理证与例证两个角度批判了高友工、梅祖麟等学者持有的唐诗中存在主谓倒装句式的观点:1)主谓倒装现象是高度曲折的印欧语言产物,汉语不具备语法倒装的语言学基础,不应粗率套用分析拉丁语、英语等语言诗艺的方式解读唐诗诗句。同时,认为唐诗存在倒装句式的看法既无法证明唐诗有着不同于唐代散文、传奇等书面文献语言的独特语法构造,也无法证明运用倒装句理论解释特定诗句一定比以正常语序理解来得更恰如其分,更具有艺术性与美感。2)唐诗中被一些学人认为存在主谓倒装情况的诗句,如"画栋朝飞南浦云""泥融飞燕子""纱窗宿斗牛"等均可用通常的语序来解读与欣赏,且相比于生硬的倒装理论,更切合原作者的实际意思,更能体现原句诗艺之工巧。

20世纪80年代至1991年,薛爱华共发表论文18篇。其中道教与涉道教的文学研究有《道教琐记二则:姹女意象之变迁》《吴筠〈步虚词〉》《关于现存的八首唐代曲词〈巫山一段云〉》《说太霞》《玉真公主》《吴筠〈游仙诗〉》《道教文学意象研究:茅山雪及其他》《说毛仙翁》《洞天福地:唐代道教文学二记》《论杜光庭及其创作》《紫极舞》《观看月宫的诸种方式》及《〈太上老君开天经〉译释》共13篇。

《道教琐记二则:姹女意象之变迁》考察了与神话传说

和道教文化有关的两个问题:1)洞阴磬之名实与道教象征性。本文首先对"洞阴"一词进行了语源学的考证和辨析,指出了"洞阴"在唐代具有多种相区别的含义。此外,本文结合对施肩吾《安吉天宁寺闻磬》、陆龟蒙《句曲山朝真词》等文本中"洞阴磬"意象的分析,指出唐代道教文化中的洞阴磬被认为具有传导宇宙基本能量,即"阴"的能力。2)汉至唐文献中"姹女"意象的属性和身份变迁。文中通过对相关文献的梳理与细读,指出"姹女"(字面义"美貌的女子")一词的古早隐含意义表明了其所具有的光泽闪烁的水属性及其与河水、银河、月亮、水银等事物的关联性,并以时代为序区分出了"姹女"意象所具有的不同内涵:①指代"河间姹女",即黄河的河神,受到人们的尊崇与奉祀。②东汉时期开始,"姹女"在道教术语中开始指代水银。③唐代"姹女"一词也被用来指代道教传说中的"玉女"(jade woman)。

《吴筠〈步虚词〉》一文以吴筠《步虚词》为个案研究对象,考察唐代道教诗歌语言与意象特点。具体而言包含以下部分:1)翻译了《旧唐书》《新唐书》《全唐文》《宗序先生文集序》中吴筠生平记录文段,并把它们统合成英文吴筠传记。2)对《南统大君内丹九章经》中所收录的有关吴筠的两部仙传性质文本进行翻译与辨伪。3)对吴筠存世文章的目录学研究。4)介绍了吴筠存世诗赋作品的基本情况、分类、共同的主题和意象,并翻译了《新唐书》《宗序先生文集序》等文献批评吴筠诗作的文句。5)翻译吴筠十首《步虚词》并注评。

《关于现存的八首唐代曲词〈巫山一段云〉》主要探讨了由唐昭宗李晔、毛文锡、欧阳炯所作的八首《巫山一段云》之内容与语言特色。具体包含对唐前巫山神女传说与诗文作品的梳理、对杜光庭《墉城集仙录·云华夫人》(云华夫人是经过道教茅山宗改造后的巫山神女)一文的英译,以及对八首《巫山一段云》的英译与详细注解。

《说太霞》以对道教词汇与意象——"太霞"的特点分析为案例,探讨了唐代道教的宇宙哲学观及其特色。首先,该文从语源学与语义学角度考察了"霞"字的本义、同源近义字、以英语词aurora翻译"霞"的缘由以及"霞"应用于服饰与道教外丹学、道教内观法领域的引申意义等问题。此外,也考察了与"太霞"具有相似语法结构并以"太"字开头的词组特点,进而对"太霞"在唐代文献中的不同含义进行了梳理与分析。在此基础上,该文指出,唐代道教的宇宙哲学具有感性、经验性的特点,属于定性思维模式,从本质来说是一种交感巫术。

《玉真公主》通过对相关文献的梳理考察了玉真公主的生平、"玉真"之名在上清道教存思法中的内涵、长安玉真女冠观的选址与营建,以及玉真公主和玉真女冠观作为文学题材与意象在卢纶《过玉真公主影殿》、司空曙《题玉真观公主山池院》、李白《玉真公主别馆苦雨赠卫尉张卿二首》等诗作中的诸种表现。

《吴筠〈游仙诗〉》主体部分为对吴筠《游仙二十四首》的全文英译、解读与详细注释。在此基础上,该文指出虽然二十四首诗歌可能被蓄意打乱次序以模糊其内在联系,但仍然可以辨认出一些共有模式,如第九首(将过太帝宫)、第十首(欲超洞阳界)、第十一首(予因诣金母)、第十九首(朝逾弱水北)分别对应东、南、西、北四个方位,有着上清道教斋醮

第三章 对薛爱华汉学论著的目录学审视

法事踏罡步斗的隐含意味。此外,该文认为吴筠的游仙诗与曹唐、贯休等人的作品在措辞、意象运用等方面大异其趣,别是一家,具有独特的个人风格。

《道教文学意象研究:茅山雪及其他》一文在对张说《奉和圣制喜雪应制》、李白《赠黄山胡公求白鹇》、刘禹锡《终南秋雪》等诗歌的翻译与细读基础上,探讨了唐代诗歌中"雪"意象以及与之相关的"霜""白""冰"等意象的特点和道教内涵,指出"雪"意象与月亮、金星、珍珠、冰、玉石等同属于白色调的意象,都有着轻盈与纯洁的象征意义,也常被用来寄托道教高蹈超世情怀,作为长生不老的象征。

《说毛仙翁》的内容包括:1)通过对杜光庭《毛仙翁传》的节译和总结评论,介绍了毛仙翁的基本情况和人们对其的评价。2)梳理中唐有关毛仙翁的诗歌叙述等相关文献文本记载。3)总结中唐诗文文献中毛仙翁形象的特点,并指出,虽然这些作品中对毛仙翁外貌、言行与性情的描述有所区别,但仍有两个主要相似点。其一是有关毛仙翁的神性。在白居易、王起、李翱等许多同时代人笔下,毛仙翁"韶容稚姿,雪肌元发",具有仙风道骨和不老的容颜。他常常被与仙鹤、神龟等传说中的神圣生物相提并论,且与安期生、王子晋、太真女、西王母等道教神祇或传说人物相联系。其二是有关毛仙翁作为真实生活于中唐时代的人的品性。在众多诗人笔下,毛仙翁睿智、博学,精通外丹黄白术,持有"九转琅玕"等许多道教药草仙丹,并对诗艺也有很深造诣。4)对中唐有代表性的八首赠答毛仙翁的诗作进行英译,并附有详细注释。

《洞天福地:唐代道教文学二记》由《另一个桃花源》(The

Other Peach Blossom Font)及《八威》(The Eight Daunters)两篇原收录于《薛爱华汉学论集》(Schafer Sinological Papers)的论文组成,主要讨论道教信仰与实践对唐代文学作品的渗透与影响。具体而言,《另一个桃花源》考察了刘晨、阮肇桃源遇仙故事作为诗歌题材在元稹、秦系、牛峤、薛昭蕴、曹唐等人诗歌中的复现与诸种变体,并指出了一种明显的角色转型:虽然这一遇仙故事在初、中唐常被以接近《幽明录》故事原型的方式复现于诗歌中,从10世纪初叶开始,在薛昭蕴、鹿虔扆等人所作以刘、阮事为题材的词中,刘晨、阮肇逐渐从与女仙遇合的凡人被圣化为道教神祇,成为女冠求仙问道的对象。该文末附有对曹唐《大游仙诗》五首的英译与注评。《八威》则介绍了"八景""八威"等上清派道教概念及其在唐代文学中的诸种表现。"八景"即道教所谓三元五行之力,被认为是道教徒飞升仙界的重要载体和辅助,唐诗中大都体现了其驱邪、赋能(energizing)、启明(illuminating)等方面的功能。"八威"即八卦之神,亦常出现在唐代文学作品中,如杜光庭《墉城集仙录·云华夫人》及吴筠《步虚词》《游仙诗章》中,发挥着驱邪与向导的作用。

《论杜光庭及其创作》介绍了晚唐名道士与学者杜光庭的生平并梳理、评论了其主要作品,如《墉城集仙录》《洞天福地岳渎名山记》《历代崇道记》等。特别对于其所作传奇《虬髯客传》,文章详细分析了该作故事的历史背景、报应思想、虬髯客故事的不同版本与主题、人物形象的区别及该作对后世小说与戏曲创作的影响。

《紫极舞》对唐代太清宫及太清宫祭祀乐舞紫极舞的历史起源与发展进行了介绍,对紫极舞的名称、演奏乐器、表演形式、宗教意义等进行了详细考证。在对李绛《太清宫观紫极舞赋》等相关诗作进行英译和注评基础上,作者分析了这些作品的基调、措辞和艺术风格特色,指出以"紫极舞"作为主题的诗作往往在气氛上充斥着皇家威仪与道教仙灵境界的光辉,由众多的神仙意象与相关事典所组成。

《观看月宫的诸种方式》一文延续了《月之旅》中对唐代文人围绕月亮生发的奇思妙想的梳理与考察,通过对《河东先生龙城录》、《南部烟花记》、《仙传拾遗》、曹唐《小游仙诗》等相关文献的梳理与细读,探讨了唐代诗人笔下有关月宫与神游月宫幻想的诸种表征,重点关注并分析了这些文本对月宫建筑、形制、装饰物、居住者及赴月宫旅行途径的想象与描绘。此外,本文亦将孙光宪词《河渎神·汾水碧依依》进行了英译,并附有详细注释。

《〈太上老君开天经〉译释》一文的主体部分为作者对哈佛燕京学社藏《道藏》中唐《太上老君开天经》的完整英译,该文对其作了详细的注释,并介绍了相关背景知识。

除了道教与道教文学研究论文,另有翻译学研究 1 篇,即《唐诗中的青云》。该文对古代文献中的色彩指示词"青"进行了语义学的探讨,指出该词在《诗经》等先秦文献中并非专指一种颜色,而是泛指由蓝色到绿色的宽泛色系。两汉至唐代,"青"逐渐被用来专门指代蓝色。在此基础上,该文探讨了西方汉学圈长期以来的一个棘手问题:对语词"青云"之"青"的翻译。该文批评了一些错误的翻译,指出"青"并不是形容云的颜色,而是运用了提喻手法,指代蔚蓝的天空。具有类似语用现象的词汇尚有"青汉""碧云""碧霞"等。

唐诗研究1篇,即《唐诗中的幻与显》。该文主要探讨唐诗中意象的象征特点,指出在唐诗中许多实物性的具体意象都具有象征抽象概念与想象之物的能力。这种象征性主要通过两种途径实现:一是明喻与比较手法,二是借由诗句意象与语词的前后勾连与排序所传达的隐含意义。该文亦通过对韦庄的《焦崖阁》、崔道融的《江夕》、权德舆的《晓》三首诗的翻译与评析具体说明唐诗意象的象征性。

历史考证1篇,即《关于〈邺中记〉》。该文包含两个主要部分:1)通过对《晋书》《太平广记》《资治通鉴》《河朔访古记》《汉魏六朝百三家集》《玄中记》等文献的梳理,简要叙述了南北朝时期羯族政权——后赵国从开国至武帝石虎病死漫长时段的历史。2)将四库全书本《邺中记》以 Record of the Entirety of Ngap 为题进行了完整英译,并对其中涉及的典章制度、物事、人名的部分进行了详细注解。

名物考证1篇,即《短札记:中国豺》。该文从以下角度探讨了古典文献中一个经常出现却常被忽视的动物意象——豺及其内涵。1)从词源学与近义词角度,考察了《尔雅》《说文》中对"豺"的训释,并指出了"豺"在隋唐时代语用中与"财""才""柴"字含义上的联系。2)考察了相关文献中所记载中国豺的习性、演化情况和分布等问题。3)考察了出现在传说故事与文学作品中的豺意象及其特点,指出"豺"经常与"虎""狼""貘""熊""獭"等并列连用,具有指示危险、困境、政事动荡、凶恶奸邪之人、北方游牧民族等隐喻意义。同时,古人对豺的叫声有多种称谓,并认为豺的叫声预示着不幸与凶兆,声音类似于豺的人亦具有凶恶的品格。

3.3 基于目录学的历时性分析

在系统梳理与研读薛爱华存世的学术著作与论文之基础上,[1]我们发现,如果从一个纵向的视角看,薛爱华作品的研究主题在不同的时间段具有不尽相同的特点,从中可以一窥薛爱华学术研究的发展演变路径。在这里我们将薛爱华的作品按所属年代划分为20世纪50年代(我们将薛爱华于1948年、1949年发表的两篇论文也划归到50年代这一大类中)、60年代、70年代和80年代(由于薛爱华在1990—1991年发表的作品数量较少,为了论述的方便,我们也将其归入80年代类别中)四个大类,以便于进一步分析与解释。

20世纪50年代的作品包括1篇学术专著(《闽国:10世纪的中国南方王国》)及21篇论文,涉及的内容主要包括名物考证、风俗制度研究、语源学研究、西方汉学评论几个方面。这一时期薛爱华在伯克利东语系执掌教鞭,其学术处在起步期,大致上沿袭了古典汉学传统上的研究课题和方法模式,例如《汉语词汇"茉莉"的语源学札记》沿袭了伯希和宽泛的亚洲视野和结合多国语言文献进行细腻考证的方法,《李纲〈榕木赋〉翻译与注评》的文本翻译则遵循并反映了卜弼德在《爱文庐札记》中所宣扬和实践的语文学式直译法之精髓。然而,需要指出的是,这一时期薛爱华的研究领域跨度较大,稍嫌宽泛零散,缺乏一定的学术深度,尚未有成熟的主攻方向和鲜明的治学特点,主要是在伯希和、马伯乐、劳费

---

[1] 除却前文,本书附录一提供了薛爱华专著与论文相关信息的更全面的介绍。

尔、卜弼德等古典汉学先辈所关注的领域和提出的具体问题上进一步发散探索，裨补阙漏。尽管如此，这些文章也反映了薛爱华在步武前贤学术踪迹中逐渐萌芽的个人学术兴趣：对中古中国，特别是唐代文化的关注与热衷。许多专著或论文成了薛爱华日后汉学研究的伏笔：《闽国：10世纪的中国南方王国》《南汉国史》《合浦采珠业》关注唐五代时期南方边疆地区的自然、社会与文化，见证了薛爱华日益增长的对中国南方热带与亚热带地区的学术兴趣，开薛爱华四裔研究之始；《中古中国云母札记》《中国技术与传统中的雌黄与雄黄》标志着薛爱华开始热衷于矿物学领域的专题研究；《李纲〈榕木赋〉翻译与注评》一文中对道家、道教名物典故的分析与解读可看作薛爱华中晚期道教和道教文学研究的先声。

20世纪60年代是薛爱华学术生涯的第一个黄金时期。薛爱华的研究视野开始全面转向唐代的自然与文化。在论文方面，对唐代名物开展考证研究是其绝大部分文章的主要特点，其代表作品有《唐代文化札记》三篇、《唐代的祥瑞》、《唐代帝王肖像》等。此外，亦有少量如《段成式生平与作品札记》这样偏向文学作品分析和《论唐代文献中的"造化者"概念》此类以哲学讨论见长的作品。在学术专著上，《杜绾〈云林石谱〉评注》承继了薛爱华在学术生涯早期发展的对矿物学研究的喜爱，依靠严格的语文文献翻译与注释方式对《云林石谱》这部著名石谱书籍进行详细分析与解读，以此来管窥中国古人的赏石观与赏石文化。而《撒马尔罕的金桃：唐代舶来品研究》《朱雀：唐代的南方意象》与《珠崖：12世纪之前的海南岛》三书则集中体现了薛爱华20世纪60年代研究的基本范式及主要特点——以名物考证方式对唐代边疆自然文化进行全面系统之梳理、检视与评论。正如薛爱华本人在《珠崖》一书序言中所宣称的,这三部分别成书于1963年、1967年及1970年的作品尽管在研究方法上颇为一致,但在学术视野上,却呈现出了一种规律性的演变趋势,其背后受到了薛爱华学术兴趣和个人爱好的影响:《撒马尔罕的金桃:唐代舶来品研究》关注于"唐代人所了解的整个已知世界"(the whole world known to the Chinese of the T'ang period)[1]中所有带有异国情调的事物;《朱雀:唐代的南方意象》缩小了其研究范围,将视野聚焦在唐代"疫病横行的热带地区"(the Tropic of Cancer),探究唐代人对南越风物的感知与态度;《珠崖:12世纪之前的海南岛》则可被看作《朱雀:唐代的南方意象》对南越研究的一种补全和完善,在该书中薛爱华重点对上一部书中未加涉及的海南岛历史、自然、民族、流放制度等问题进行了精细考察与研究。

在整个20世纪70年代,薛爱华的汉学研究经历了一个长时间的学术转型历程。在此期间,薛爱华共发表了三部学术专著(《神女:唐代文学中的龙女与雨女》《步虚:唐人的星空探索》及《唐代的茅山》)和8篇论文作品,涵盖名物研究、神话宗教研究、天文学史、哲学、唐诗研究、道教研究等诸多领域,这也反映出此时期薛爱华在尝试跳出古典汉学名物考证的旧有藩篱,寻找新的学术灵感和研究领域。当然,正如美国汉学家张国平(Michael R. Drompp)所言,从宏观层面看,无论是薛爱华此时的学术专著还是论文,都表征了一种

---

[1] Edward H. Schafer, *Shore of Pearls:Hainan Island in Early Times*. Berkeley and Los Angeles:University of California Press,1980,p.1.

有规律的学术视阈更新过程,即由名物考证转向中国神话研究,再进而步入道教研究之林。[1] 就论文而言,这一时期既有《唐代文化札记·第三部分》中对开元寺塑像的传统考证研究,也有《说天河》《月之旅》《中国南方的三位神女》这样带有浓厚神话与文学研究色彩的作品,而 1978 年发表的《太玄玉女》则标志着薛爱华正式进入道教研究领域,并开始了其长达十余年的道教学术跋涉。从学术专著上看,《神女:唐代文学中的龙女与雨女》主要关注于中古时代民俗、诗歌与小说中湘妃、洛神、巫山神女等江河神女意象的特点及其变相,属于文学与神话学交叉研究的典范;《步虚:唐人的星空探索》则将研究视野转向唐代的星空观念以及唐代文学文献作品中的星空意象,融合了天文学史、星占学、宇宙创生论、诗歌批评、神话民俗研究、道教研究等诸研究领域的具体问题与方法,尤值一提的是本书第十一章"星辰崇拜"、第十二章"游仙思想与诗歌创作"集中对唐代道教星神祭祀活动以及步虚之法作了系统探讨,展现了薛爱华对唐代道教修道理论与科仪法术日益增长的兴趣。《唐代的茅山》是薛爱华第一部纯粹的道教研究专著。该书以唐代盛极一时的道教上清派祖庭茅山的自然与文化为研究对象,重点探讨了唐代茅山的动植物群落、茅山的建筑景观、茅山地区的世俗生活与修道生活几个方面的内容。从该书所触及的对上清派发展历史、修道理论、丛林制度、斋醮科仪等问题的深度与广度,以及所征引唐代道教文献的数量与典型性上看,《唐代

---

[1] Michael R. Drompp, Reviewed Work: Mirages on the Sea of Time: The Taoist Poetry of Ts'ao Tang by Edward H. Schafer, in *Journal of Asian History*, Vol.21, No.1, pp.90-91.

的茅山》在学术上达到了很高的水准,可看作薛爱华道教研究成熟的标志。

20世纪80年代是薛爱华汉学研究的第二个黄金时期,见证了其在道教与道教文学研究领域的精进和新突破。在这一阶段,薛爱华发表有专著《时间海上的蜃景:曹唐的道教诗歌》以及论文作品18篇。在这一阶段,道教研究已经占据了薛爱华科研生活的中心:从其论文来看,除却《唐诗中的青云》《唐诗中的幻与显》涉及唐诗翻译以及诗歌意境鉴赏问题,《唐代中国与日本的交通》《邺城赋》涉及历史考证,《短札记:中国豸》《唐代文献中的萤火虫》涉及名物研究,其他文章都在道教研究的范围内。具体而言,又包括道教人物研究、道教名物研究、道教名词研究、道教文献文本研究以及道教文学研究等几个方面。其中,道教文学研究作为薛爱华在20世纪80年代早期发展出的一种融合了宗教研究与文学研究的交叉研究范式,在当时的西方汉学界颇具有独创性与革新性,也成了这一阶段薛爱华汉学研究的最大亮点,催生出如《吴筠〈步虚词〉》《吴筠〈游仙诗〉》《道教文学二记》《时间海上的蜃景:曹唐的道教诗歌》等深具典范性的作品。其中《时间海上的蜃景:曹唐的道教诗歌》作为薛爱华最后一部学术专著,虽然不似《撒马尔罕的金桃》或《朱雀》那样卷帙浩繁,旁征博引,却融会贯通了其毕生治学所培养出的对唐代名物、道教上清派、唐诗、民俗神话等学术领域的科研兴趣和经验成果,亦综合了传统的语文文献考证法、人类学研究方式、文学批评等多样化的研究方法,用以研究曹唐诗的主题思想以及其中所蕴含的唐代道教世界观和仙境想象,展现出一种集大成的风格特色。

通过对薛爱华作品以年代为序进行划段梳理,我们发现,薛爱华的汉学研究随着时间的推移确实有着不断变化与规律性演进的态势:它根植于、萌芽于卜弼德式古典汉学考证学与"国际汉学"研究范式,在不断的科研实践中又为薛爱华的个人兴趣所牵引,逐渐开始脱出伯希和、劳费尔、卜弼德等学者为古典汉学研究所预设的视野、问题与方法论,向神话研究与道教研究偏移。并且年代越晚,薛爱华的研究就越体现出学术个性和创新性色彩。同时,我们注意到,薛爱华最具有成熟学术品格和学术影响力的作品集中在20世纪60年代及80年代这两个时间段,它们分别代表了薛爱华汉学研究在前后两个时期的主攻方向:唐代边疆名物文化研究以及道教、道教文学研究。在接下来的章节中,笔者选取《朱雀:唐代的南方意象》以及《时间海上的蜃景:曹唐的道教诗歌》两书作为薛爱华典型案例研究的范本,作为管窥薛爱华汉学研究理论、视野与方法的途径。之所以如此选择,是因为笔者认为,这两部著作在各自所处的薛爱华研究阶段具有很大代表性。《朱雀:唐代的南方意象》是薛爱华高产的20世纪60年代一系列名物研究论著作品的巅峰之作,它上承《撒马尔罕的金桃:唐代舶来品研究》对唐代边疆和异域风物的考证研究,下接《珠崖:12世纪之前的海南岛》对南越自然与人文风貌的细致描写,不仅反映出薛爱华在亚洲视野和语文文献研究方法上与古典汉学先贤们的密切联系,也具体鲜明地表征了薛爱华在本科接受人类学系统教育中所培养出的对热带民族文化和动植物的个人兴趣。同时,《朱雀:唐代的南方意象》也受到了中西学术界的普遍好评。例如,南京大学程章灿先生即盛赞该书是《撒马尔罕的金桃:

唐代舶来品研究》外的另一部聚焦中西交通史的力作,并认为《朱雀》具有独特的研究视角与方法：

> 《撒马尔罕的金桃》更多地讨论唐代与其西部边疆及其与西域的关系,而《朱雀》则是讨论唐代的南部边疆。由于中国古今疆域变化的复杂性,这两本书中所采用的视角,兼有从边疆看中国、从周边看中国的双重意义。《朱雀》一书采取了历史学、人类学、民族学、语言学等多学科研究方法,兼之其论述对象又是温暖明艳的南越之地,在阅读过程中,脑中总会不自觉地浮现出绚丽斑斓的色彩。[1]

同时,程章灿亦与其弟子叶蕾蕾合作将本书译成了中文版。此外,就西方学界而言,美国汉学家理查德·皮尔森(Richard Pearson)称该书"具有审慎与严格的学术风格,同时又是具有文学想象力、高尚品味与文雅措辞的典范之作"[2]。美国亚洲研究协会附属刊物《亚洲研究》的书评家约翰·A.波普(John Alexander Pope)亦盛赞《朱雀》所取得的学术成就,认为该书"反映了作者渊博的学识和细致考证的品格,是有关唐代南方信息的巨大宝藏,令人欣然展卷研读,亦足可称得上是有关中古中国领域必不可少的参考工具书"[3]。

---

[1] [美]薛爱华:《神女:唐代文学中的龙女与雨女》,程章灿译,北京:生活·读书·新知三联书店,2015年,第218—219页。

[2] Richard Pearson, Review: The Vermilion Bird: T'ang Images of the South by Edward H. Schafer, in *Asian Perspectives*, Vol.15, No.1(1972), pp.108-109.

[3] John Alexander Pope, Review: The Vermilion Bird: T'ang Images of the South by Edward H. Schafer, in *The Journal of Asian Studies*, Vol.27, No.3 (May 1968), pp.630-631.

《时间海上的蜃景：曹唐的道教诗歌》作为薛爱华在20世纪80年代写就的唯一一部学术专著及具有集大成特色的作品，承继了《步虚：唐人的星空探索》和《唐代的茅山》对道教上清派修道思想和仙境观念的学术兴趣，集中反映了薛爱华后期道教与道教文学研究的特点与风貌，也开启了整个西方汉学界道教研究的新潮流。同时，《时间海上的蜃景：曹唐的道教诗歌》不仅在美国本土的汉学研究界广受好评，诸如宇文所安、张国平等美国著名汉学家都曾为该书专门撰写过书评文章，[1]而且还受到了很多欧洲学者的关注与重视，其中便有英国著名的中国文学研究专家、神话学者、道教学者白安妮（Anne Birrell）。在其为《英国皇家亚洲学会会刊》（*Journal of the Royal Asiatic Society of Great Britain and Ireland*）撰写的书评文章中，白安妮高度评价了《时间海上的蜃景：曹唐的道教诗歌》的学术成就及价值，称薛爱华的研究"旨在与数个世纪以来存在的对道教文学的偏见做斗争"，并且"向读者介绍了9世纪诗人曹唐及其游仙诗，通过这种途径，薛爱华打开了一个由道教信仰与神话所形塑的想象世界"。[2] 而法国学者泰伦斯·卢梭（Terence C. Russell）的书评则更是肯定了薛爱华将文学与道教作跨学科交叉研究的创新模式，并指出薛爱华以对道教诗歌的分析替代枯燥的上

---

[1] Stephen Owen, Mirages on the Sea of Time: The Taoist Poetry of Ts'ao T'ang by Edward H.Schafer, in *Harvard Journal of Asiatic Studies*, Vol.46, No.2 (Dec., 1986), pp.654-657; Michael R. Drompp, Mirages on the Sea of Time: The Taoist Poetry of Ts'ao Tang by Edward H. Schafer, in *Journal of Asian History*, Vol.21, No.1 (1987), pp.90-91.

[2] Anne Birrell, Review: Mirages on the Sea of Time: The Taoist Poetry of Ts'ao T'ang by Edward H. Schafer, in *The Journal of the Royal Asiatic Society of Great Britain and Ireland*, No.1 (1987), pp.159-161.

清派教理文献的考据研究,从而"提供了一个有关当时人们信仰与希望的更为真实化的图景"。通过揭示曹唐诗歌中所蕴含的存在于中古时代道教徒心目中的想象世界,薛爱华"为我们了解中古中国人的精神世界做出了重大的贡献"[1]。

综上所述,由于《朱雀:唐代的南方意象》与《时间海上的蜃景:曹唐的道教诗歌》两部著作在各自所处的薛爱华研究阶段的代表性与重要学术意义,它们是对薛爱华汉学研究进行较为微观性考察分析的绝好样本。笔者希望,通过对这两部作品内容的研读与分析,我们能够从整体上认识和理解薛爱华汉学研究的理念、视野与方法,从中发现一个以小见大、以局部窥见整体的进路,并在此基础上对薛爱华学术研究的贡献与局限形成全面精确的认识与实事求是的评价。

---

[1] Terence C. Russell, Schafer's Clam Castles, in *Cahiers d'Extrême-Asie*, Vol.2, 1986, p.267.

第四章
《朱雀:唐代的南方意象》研究

4.1 写作背景

  作为薛爱华以物质文化历史和名物研究见长的《闽国:10世纪的中国南方王国》《撒马尔罕的金桃:唐代舶来品研究》《朱雀:唐代的南方意象》[1]《珠崖:12世纪之前的海南岛》等学术论著中的其中一部,《朱雀》在对古代中国的文化边疆(无论是西域、闽越还是南越)的重视、名物考证式的研究方法以及文化人类学式的内容组织形式上与其他几部著作有着很大的共通性,而论到其对当时西方汉学界少人涉足的唐代南越(Nam-Viet)自然与文化的开拓性考察,对唐代徙南文人诗文作品中感官与心理、情感世界的诗意关注与探察,以及对"以诗证史"研究方法的广泛应用,则无疑更为特立秀出。事实上,该书无论在西方古典汉学传统的研究领域中外交通史还是在20世纪中叶西方学术界新兴的中国古代文学研究上,都具有重要的价值和学术意义,值得我们对其予以深入考察。

---

[1] 以下简称为《朱雀》。

第四章 《朱雀：唐代的南方意象》研究

在对《朱雀》文本本身展开讨论之前，尚需解决一个前置问题：有哪些因素促使薛爱华将学术探研的目光转向唐代两广地区与安南的山野与丛林，进而写作《朱雀》一书呢？要回答这一问题，首先需要考虑到薛爱华学术研究的自身演进逻辑。根据前文对薛爱华学术论著的目录学分析，我们知道，自薛爱华受聘伯克利东语系担任教职起，其学术研究曾长期受到其博士导师卜弼德的影响，呈现出浓厚的欧洲式古典汉学研究传统特色——在学术视野上，对古代中西交通史尤为看重；在治学方法上，则体现为严格的以文本翻译-注释为基础而探讨具体问题的学术进路。《朱雀》一书写作于1964—1967年，这一时段正是处在薛爱华学术研究的前半段，对该书写作背景和动因问题的考量，无疑不能脱离对这一阶段薛爱华治学的总体态势和发展倾向的认识。

事实上，薛爱华对唐代南荒的探察以及《朱雀》的写作确非突然之举，它正是萌芽于其早年的研究实践中。在20世纪40年代末至50年代初的数年时间里，作为新近加入伯克利东语系教研班子的年轻讲师，薛爱华即将主要治学精力投入在对五代南方割据政权——南汉国和闽国的研究之中，并有重要学术成果产出：他的第一篇公开发表的文章《杂论：代表"茉莉"的汉语词汇》(1948)对代表茉莉的汉语词"素馨"来源于五代时期南汉国一位宫女名字的传统看法提出了疑问，并通过对相关文献的爬梳，指出"茉莉"是一个舶来词，源自梵语夜花茉莉 Parijat 一词。而发表于《京都大学人文科学研究所创立二十五周年纪念论文集》(1954)的文章《南汉国史》以《五代史·南汉世家第五》的翻译与注释为基础，细致勾勒南汉国的政治社会演进的历史图卷。他的第一部专著《闽国:10世纪的中国南方王国》(1954)和《南汉国史》具有相似的研究范式与写作体例,并将学术视野聚焦于五代南汉国的近邻——同属于中原文化圈南方边陲之地的闽国,通过相关古籍还原闽国的政治变革、社会风貌与文化特征。

可见,薛爱华对古代福建、两广所谓南荒之地的研究兴趣在其刚入学术之门之际便已发端。此外,他于20世纪50年代发表的《唐代小说中的伊朗商人》(1951)、《唐代土贡考》(1957)、《唐代的鹰猎活动》(1959)等文章见证了其对中古中国历史的关注时段之变化——从五代时期上移至唐代,对唐代历史文化的关注与探索热情日渐增长起来,并逐步发展成为贯穿薛爱华毕生科研生活的学术主旋律。

薛爱华早年培养出的两个学术兴趣点——对中国南荒的关注和对唐代文明的迷恋不仅仅换来了《闽国:10世纪的中国南方王国》《撒马尔罕的金桃:唐代舶来品研究》以及许多高水平论文的学术成果,也拓宽了其视野,为其积累了相关领域大量的原始古籍资料和当代学术资料。对有关唐代贬谪文化、唐代文人的南方书写、唐代南越民族、动植物等话题的思考和探索则促成了两个兴趣点的结合,而《朱雀》的写作便成为其学术研究内在逻辑发展的客观结果。

此外,《朱雀》的写作尚有两个更为主观和直接的原因,它们与薛爱华自身的学术个性和爱好息息相关。其一是薛爱华学术创新意识的影响。作为一个承袭旧式古典汉学研究传统的学者,薛爱华"穷力追新"的学术研究观念使得他

第四章 《朱雀:唐代的南方意象》研究　　141

与大众刻板印象中钻研语文学的"学究"显得颇为不同。[1]据 Doris Sze Chun 在《阿加西汉学教席与加州大学伯克利分校东方语言与文学系的发展》一文中所指出的,在伯克利东语系的教学活动中,薛爱华会向学生们灌输学术创新意识和理念,启发学生关注新的研究领域,引导学生在课外阅读过程中去关注那些"19世纪的满洲学者"[2]较少提及的作家与作品,或者用新的视角与方法看待耳熟能详的作品,"打破对已有作品的标准看法"[3]。在一次访谈中,薛爱华也曾专门谈及自己对学术创新的看重:

> 我很高兴地认识到自己确实有着广泛的兴趣。我尝试用没有人采用过的方法去做原创性的研究,而不是蹈袭所有人都曾做过的陈套旧事——像是标准化的散文、标准化的历史,以及所有标准化的东西。[4]

薛爱华这种创新意识反映在学术研究中,就体现在其往往能凭借自身多学科的知识储备和广泛的兴趣爱好,在治学中独辟蹊径,从新的视角看待已有的问题,或者开辟全新的学术领域。具体到《朱雀》一书来说,它的写作是在创新精神引领下对西方汉学界在中国边疆史地研究情况的重新检视,以及裨补阙漏、开拓新知的学术愿景促动之下完成的。

我们知道,有关中国边疆史地的研究在西方汉学界几乎

---

[1] [美]薛爱华:《汉学:历史与现状》,周发祥译,原载于《传统文化与现代化》1993年第6期,第91页。
[2] 指清乾嘉学派学者。
[3] Doris Sze Chun, The Agassiz Professorship and the Development of Chinese Studies at the University of California, Berkeley, 1872-1985. San Francisco University Doctoral Dissertation, 1986, p.421.
[4] Jacques Gernet, Review: The Vermilion Bird: T'ang Images of the South by E. H. Schafer, in *American Oriental Society*, Vol.89, No.3 (Jul.-Sep.1969), pp.648-649.

与古典汉学的历史一样悠久,围绕着中国与外域的历史联系与互动,沙畹、伯希和、马伯乐、劳费尔等汉学大师都在这一领域各尽所长,综合利用存世文献和考古发现的材料,从语言学、历史学、人类学、民族学、文献考据学、艺术史学等多学科视角为学界贡献了数量繁多且影响深远的论著作品,这一点无疑是不争的事实。然而,这一研究领域熙攘繁荣的表象下也存在着自身的局限性。其中,学界在中国边疆研究中对不同地理区域关注度的冷热不均便是一个突出的问题。正如法国当代汉学家谢和耐(Jacques Gernet,1921—2018)所指出的:

> 在历史上,有三块主要的文化区域曾与中华文明发生过直接与间接的接触,并对后者的发展起过深远影响,它们是草原游牧民族的世界、庞大的喜马拉雅山系山地居民的世界,以及具有多元文化色彩的热带世界。最后一种由泰、蒙、苗、瑶、藏以及马来亚-波利尼西亚族群构成的文化区对中国的影响力不及北方草原民族来的大,并且与另外两个地区比起来,在学术界也是一个相对被忽视的领域。[1]

谢和耐所谓的"具有多元文化色彩的热带世界"应当包括了中国古代所谓的南荒之地,即福建、广东、广西、贵州、云南等"边远"省份以及东南亚安南、林邑等与中国有着频繁经贸文化往来的地区。事实上,西方汉学界对这一处在中原文化辐射边缘区域的研究发端并不算晚,也在许多领域产

---

[1] Jacques Gernet, Review: The Vermilion Bird: T'ang Images of the South by E. H. Schafer, in *American Oriental Society*, Vol.89, No.3(Jul.-Sep.1969), pp.648-649.

出了富有学术价值的作品。如在历史考证方面有马伯乐的《唐安南都护府疆域考》(*Le Protectorat Général d'Annam sous les T'ang:Essai de Géographie Historique*)、鄂卢梭(L. Aurousseau, 1888—1929)的《秦代初平南越考》(*La première conquêtechinoise des pays annamites*),人类学研究方面有艾伯华的《中国边疆民族的文化与移民》(*Kultur und Siedlung der Randvoller Chinas,1939*)、白保罗(P. K. Benedict)的《海南岛上的一个占族聚居地》(*A Cham Colony on the Island of Hainan*)、张光直的《华南史前民族文化史提纲》(1959),自然科学研究领域有柯志仁父子(H. R. Caldwell, and J. C. Caldwell)的《华南鸟类》(*South China Birds*)、毕士博(Carl Whiting Bishop)的《中国古代的犀牛与野牛》(*Rhinoceros and Wild Ox in Ancient China*)等。然而,与同属于中国边疆研究大范畴的西北史地研究、藏学等西方汉学界的"显学"相比,有关中国南部边陲的历史文化研究无论是在业界关注度还是在实际的论文成果上仍稍嫌逊色,很多具体的领域仍然少人涉及,有待于有识之士耕凿开拓。其中,唐代作为中国封建社会的繁盛时期,其治下的南越边荒之地——"南越五管"广、桂、容、邕与安南也经历着一个重要的社会文化发展与转型过程,而汉文化与南越少数民族文化的碰撞与震荡、中原流徙南越文人的当地印象、唐代南越山川水土的殊异风貌,种种相关的话题均有着重要的学术探讨价值,而在当时的西方汉学界却少有学人涉足其中。薛爱华正是考虑到了这一情况,遂在完成《撒马尔罕的金桃:唐代舶来品研究》之后便计划写作一部以唐代南方边疆史地为研究内容的著作。同时,应当指出的是,薛爱华所欲考察和描绘的南方边疆,并非纯粹的自然与物质形式,而是一种唐代独特的地域文化样态。正如薛爱华自己在书中所说,他的目标在于"考察中国精神这个大熔炉如何改变了这一片土地"。也就是说,薛爱华在表面上对南方名物的研究,其目标在于考察唐代的"中国精神",特别是考察唐代南越地区混合了土著文化的"中国精神"之样态。

正因如此,在着手本课题的研究与写作过程中,薛爱华有意地"以一种生动活泼而感性的方式,去了解过去,而不必牺牲其精确性"。这意味着薛爱华试图在研究方法上突破前代汉学家樊篱,将"实有的境界"和"想象的诠释"统一起来,将严肃的学术研究与感性的文学表现结合起来,以准确而全面地还原中古时代的感性世界,完成对唐代南方风土人情的重构,最终完成其"中国精神"的人文研究目标。薛爱华这种于研究视野与方法上锐意求新的态度和清晰的学术创新规划,是推动《朱雀》写作与成书的一个重要内在原因。

除此而外,不容忽略的还有薛爱华对热带自然生态与文化的浓厚兴趣。据美国汉学家柯慕白在发表于 1991 年《美国东方学会会刊》第 3 期的文章《薛爱华悼词》(Edward Hetzel Schafer August 25, 1913 - February 9, 1991)中所指出的,薛爱华"喜爱热带",常常于课余时间和妻子菲莉思"去热带雨林度假,寻找珍奇的鸟类与哺乳动物"[1]。另一证据亦显示薛爱华曾在墨西哥、伯利兹、巴拿马等拉美热带国家留下足迹。[2] 他对热带风物的偏爱于此可见一斑。考虑到

---

[1] Edward H. Schafer, in *American Oriental Society*, Vol.111, No.3 (Jul.- Sep.1991), p.442.

[2] Phyllis Brooks, Discovering a Religion, in *Phi Theta Papers*, Berkeley: Students Union of the Department of Oriental Languages and Literature, 1984, pp.2-3.

第四章 《朱雀：唐代的南方意象》研究

薛爱华早年曾接受过系统的人类学科研训练，且广泛涉猎博厄斯、克虏伯、斯特劳斯等学者的人类学著作，这种偏爱很可能是在潜移默化之中受到了当时人类学流行风尚的影响。我们知道，在20世纪五六十年代，西方人类学界对于热带地区的研究正是如火如荼般快速发展之时。著名者如：1952年，美国学者马斯顿·贝茨（Marston Bates，1909—1974）有《无冬之地：热带居民与自然研究》（*Where Winter Never Comes：A Study of Man and Nature in the Tropics*）一书出版，该书通过对包括亚洲南部在内的热带地区人类文化、生活、自然、政府等方面问题的详细论述，试图纠正西方大众长期以来针对热带地区的文化偏见；[1]法国人类学大师列维-斯特劳斯（Claude Lévi-Strauss，1908—2009）于1955年出版的《忧郁的热带》（*Tristes Tropiques*）则将对热带人民及整个人类发展与前途命运的忧思寄托于对南美亚马逊河流域卡都卫欧族、波洛洛族、南比克瓦拉族等民族的人类学民族志写作之中。敏于学术新变的薛爱华显然并没有对这一人类学研究的"时髦"领域置若罔闻，在《朱雀》一书所列举的参考文献中，我们可以找到许多以热带自然与人文生态为学术着眼点的人类学著作：雷诺兹（P. K. Baillie Reynolds，1896—1973）的《香蕉文化的早期证明》（*Earliest Evidence of Banana Culture*）、卡尔·皮尔策（Karl. J. Pelzer，1909—1980）的《热带亚洲的先驱定居者：东南亚土地利用与农业殖民研究》（*Pioneering Settlement in the Asiatic Tropics：Studies in Land*

---

[1] Marston Bates, *Where Winter Never Comes：A Study of Man and Nature in the Tropics*, New York：Charles Schribner's Sons,1952,pp.1-10.

Utilization and Agricultural Colonization in Southeastern Asia)、哈罗德·埃文斯(Harold Evans,1911—1983)的《热带居民:殖民文选》(Men in the Tropics: A Colonial Anthology)等。这既说明薛爱华眼界之广,也从一个侧面证明了当时人类学风气对薛爱华治学影响之深。可以认为,人类学界的流行学术风尚培育着薛爱华的热带情结,而这种热带情结无疑也推动了聚焦于岭南与安南热带地区自然与人文的《朱雀》之构思与写作进程。

4.2　对《朱雀:唐代的南方意象》内容与体制的讨论

4.2.1　主要内容

《朱雀》在篇章结构上共由十三个部分组成。第一部分为绪论(Introduction,原书第 1—8 页,中文版第 1—16 页),包括作者对本书研究对象、研究旨趣以及所参考史料的说明,在研究中重构唐代汉语发音系统的重要性以及对自己拟构古音的拼音系统的介绍,对江南、南越、岭南和安南的区分与介绍,对蛮人、华人、仙、灵、南越地区土生华人(Creole)的介绍及英语对应词的说明。

第一章　南越:前景与背景(Nam-Viet: Foreground and background)。本章包括对今广东、广西及越南北部地区现代民族、古代民族的人类学式考察,以及对古代占婆与高棉国家历史情况的介绍。

第二章　汉人(Han People)。本章包括隋唐对南越民族地区的重新征服与统治史、由中原进入南越地区的道路交通、广州等城市的情况、驻守南越的汉族士兵、南越的汉族地方官员、南越的汉族流放者、南越的土生汉人[1]的介绍。

第三章 蛮人（Man People）。本章包括对獠族、莫族、黎族、乌浒族等唐代南越少数民族的分布、语言、血统、风俗等开展的人类学式探究,对唐代南越少数民族暴乱史实的梳理,对臣服唐朝政府的土著盟友的考察,对占婆王国社会风俗、政治、与外界经贸交往的分析,以及对唐代在南越外国人生存情况的简单介绍。

第四章 女人（Women）。本章梳理并探讨了唐代文献中南越地区的诸类女性形象——神女、女勇士、女主妇、美女、贵妇及相关的传说故事,特别分析了唐诗中的南越女性意象的特点。

第五章 宗教信仰（Divine Beings）。本章主要探讨唐代南越地区的宗教信仰、鬼神思想及信神者的相关情况。具体包括对南越道教、佛教发展及其信徒的介绍,对唐代南越官方与本地神灵信仰和崇拜风俗的考察,以及对相关史志文献中南越地区鬼怪传说的梳理与介绍。

第六章 世界（The World）。本章讨论的内容包括：唐代知识阶层的"造物者"观念、"地气"观念及其内涵、唐人的自然观及自然文学。

第七章 天与气（Sky and Air）。本章梳理并考察唐人对南方星辰、季节的观感及对文献和文学作品中对南越风暴、赤天、瘴气的描述与记录。

第八章 陆地与海洋（Land and Sea）。本章包括对唐代南越地理地貌、景观特征、南海及其潮汐、阴火现象的考察,对唐代

---

[1] 原文作 creoles,原义指北美路易斯安那土生的法国白人后裔,也指西印度群岛土生的西班牙人。

文人有关九嶷山、罗浮山等山岳及其中岩穴的记录与观感,对南越河流与泉水的考察,并介绍了唐代与南越相关的地志、诗文与绘画作品。

第九章　矿物质(Minerals)。本章依据《舆地纪胜》《元和郡县图志》等相关文献的记载,梳理并考察了唐代南越发现并开采利用的石灰石、朱砂、铅白、盐、宝石、黄金、水晶、玉石、青铜等矿石的产地、功用、有关事典等问题。

第十章　植物(Plants)。本章探讨了唐代南越地区的不同类型森林及植物分布,梳理并介绍了南越用于宗教、巫术、通灵等用途的植物、有毒植物、有用植物、食用植物、芳香植物、观赏植物。

第十一章　动物(Animals)。本章分门别类地介绍了唐代南越地区生存的无脊椎动物、鱼类、两栖动物、爬行动物、传说生物龙、蛟、鲛人、鲛鱼、哺乳动物、鸟类,并分析了它们在唐代文学文献作品中的诸种表现。

第十二章　朱雀(Vermilion Birds)。作为《朱雀》一书的总结性篇章,本章从宏观角度,聚焦于南越风物的气味、滋味、声音、色彩对唐代文人感官的触动和感情、思绪、想象力的启发效应。在此基础上,借助对南方的传统象征物和传说动物——朱雀之形象的考察,进一步揣摩与分析唐人南越感受与心态的总体特征,认为大多数唐人对南越的观感与写作方式带有浓重的类同于美洲西班牙殖民者的心态,并主要为刻板印象和陈词滥调所笼罩。然而,真正领略南越风土之美的作家与鲜活的感受与文辞,也是催生于这一时期的文化土壤之中,在晚唐五代李勋、欧阳炯等人的作品中开始萌芽。

4.2.2 内容与结构上的特点

作为一部以唐代南越边疆事物及其文化意蕴为考察对象的作品,《朱雀》尽管继承了卜弼德"国际汉学"研究范式,借鉴了古典汉学一般治学方法,通过文献翻译与考证注释的基本途径探讨中国与边疆、异域的交通往来,但应该注意到的是,《朱雀》与薛爱华之前的《闽国》及稍晚些的《珠崖》一样,都是具有不同于类似马伯乐的《唐安南都护府疆域考》、劳费尔的《中国伊朗编》等传统古典汉学著作的鲜明特点:在大的谋篇布局上,它们都有着鲜明的文化人类学之影响,特别是薛爱华本科时的老师,博厄斯学派的克虏伯、罗维等人"文化区域"理论和研究范式更是直接体现在这几部作品中。这几部作品都以一个具有确定边界和相对稳定性和独特性的自然地理空间作为开展专题研究的"文化区域",对这一区域开展的考察虽然从本质上看是偏向于人类学研究和社会文化研究的,但也具有全面而系统的特点。它常常包括了自然的诸种要素:该地区气候特征、地质地貌、山川水文、动植物生态等方面的内容,也包括了文化人类学研究对民族、语言、血统、生产生活、文化习俗等方面的特殊兴趣。而对这种对人与自然种种包罗万象因素的考察、调研、分析与评析,都是以特定地理区域为立足点和运转的轴心来展开的。我们很容易地就可以从薛爱华同时代的人类学学者马斯顿·贝茨的《无冬之地:热带居民与自然研究》、列维-斯特劳斯的《忧郁的热带》、玛格丽特·米德(Margaret Mead)的《萨摩亚人的成年》(*Coming of Age in Samoa*)等作品中找到在文化区域框架下对人与自然两个方面问题的整合研究与融会贯通的案例。

在《朱雀》中,人与自然研究的分野与统合亦是非常明晰的。本书第一章至第五章包括对广东、广西及越南北部红河流域的现代民族及古代民族的历史情况、唐代南越华人及蛮人、南越妇女及宗教人士的细致考察研究,涉及民族辨识、移民研究、语言分析与归类、民族生活史研究、民族政治、宗教信仰、民族间交往史等内容,其所开展的研究围绕南越不同身份、族群、性别的居民而展开,人类学与史学色彩浓郁。值得一提的是,尽管这一部分大部分内容都依赖《新唐书》《资治通鉴》《元和郡县图志》等古籍资料及近现代学者伯希和、马伯乐、中村九四郎、韦恩斯的研究性论著的相关观点来结撰成章,一些偏离民族研究的子章节亦体现出了较强的考证意味和学术原创性。例如第二章对南越道路与城市的研究。[1] 该部分综合利用张九龄的《开大庾岭路记》、李翱的《来南录》、莫休符的《桂林风土记》、王象之的《舆地纪胜》等原始文献,对唐代由中原进入南越地区的主要通路虔州路及桂州路沿途的山川形胜及韶州、桂林、广州、循州等南越主要城市的人口、行政、土产、贸易等方面进行了精细考证与描写。尤值一提的是,原书第 22—24 页在谈及虔州路的具体情况时,作者发挥语文学者立足原始文献精细研读的特色,对李翱《来南录》中由洛阳经由虔州路翻大庾岭抵广州的旅行日志进行节录、逐字翻译及地图标示,从而巧妙地向读者提供了有关虔州路的大量精确而直观的地理信息,省却了枯燥的地志式样的地名罗列和介绍环节。

在本书第六章至第十一章,依照着"上帝造物及从诺亚方舟登岸的顺序"[2],作者逐一梳理和描写了唐人眼中的南越天空与海洋、山岳与河流、热带植物与各种野生动物等自然物事,

---

[1] 即 Roads and Cities 小节,原书第 20—33 页,中译版第 47—68 页。
[2] [美]薛爱华:《朱雀:唐代的南方意象》,程章灿、叶蕾蕾译,北京:生活·读书·新知三联书店,2014 年,第 501 页。

第四章 《朱雀:唐代的南方意象》研究

并通过第十二章作一总结,对南越的气、味、色、声对唐人感性、理性与想象生活之触动、刺激与影响进行梳理与综述。这些章节关注唐代南越地区自然生态的方方面面,从宏观上对地质变迁与气候特点的概述,到对雨林中的各种珍奇动植物的微观描写,与前五章的围绕文化区域中的"人"所开展的研究可说是形成了鲜明的比照。然而,需要指出的是,尽管从表面上看,《朱雀》对南方自然物事所进行的细致考察、描写及百科全书式的丰富信息和条目化结构近似于近代布丰(Georges L. de Buffon)的《自然志》、拉马克(Jean Lamarck)的《法国植物志》或查尔斯·达尔文(Charles Darwin)在环球航行时写作的《达尔文笔记》这类具有自然科学性质的作品,亦有着浓郁的古典博物学气息,但若细究其本质,薛爱华对唐代南方自然物事之研究,并非追求对真实自然历史的精确还原,而是仍不离文化人类学对"人"之研究的关注,将探讨的重心放在考究与还原存在于唐人精神与想象世界中的南方风物和南方意象上。具体而言,薛爱华在探讨过程中并没有过多运用天文学、地质科学、古生物学、生态学、植物学、气象学等自然科学研究理论或方法,而是以唐代文献文本为切入点,对诸如"琅玕玉""红蕉花""鱼虎""孔翠""蚊母"这类南越独特的自然事物之名称进行仔细的语源学和命名学研究,揭示其中蕴含的态度、倾向与观点等文化信息,并关注这些事物在社会生产生活中的具体功用。值得一提的是,薛爱华也格外重视从《全唐诗》中寻找、摘录、翻译与解读反映与特定南越物事相关的唐诗文本,尤其是韩愈、柳宗元、刘禹锡等徙南文人的诗篇更是备受重视,常见引用。通过诗歌的倒映,唐代人对南方事物的观念与情感得以更直观和传神地体现出来。综合运用上述手段进行南越自然物事研究的典型例子有很多。如原书第160—162页(中文版第319—323页)对南越土产珍珠的研究,就包括对中古时期珍珠的名称"真珠""明月珠""夜明珠""大鱼鲸"的梳理与考察,以及对广东合浦地区采珠产业历史及其在唐代发展情况的介绍。此外,作者亦引用元稹《采珠行》及宁令先《合浦还珠状》的诗文,用以进一步揭示诗人们眼中合浦及海南崖州采珠业的相关情况。而原书第226—228页(中文版第455—459页)对南越犀牛的考察则可称得上《朱雀》名物研究模式的样本:作者首先概述了这种生物的分布和物理形态特征,接着考察了其在中古时代的名称"兕犀"及"胡帽犀",指出"兕犀"(Gaur Rhinoceros)之名可能与这种生物在额头和鼻子上各有一只角,与上古瑞兽"兕"之形态肖似;"胡帽犀"(Westerner's Cap Rhinoceros)之名则因为该种犀牛的角看起来如同胡人的帽子,与唐人冠冕大不相同。在此基础上,作者罗列了唐时犀牛角在军事、手工业、解毒等方面的实际利用,并结合《唐国史补》《岭表录异》《白孔六帖》等文献的记录,梳理并探讨唐代与犀牛有关的传说故事。最后,作者通过对贯休《送谏官南迁》、白居易《驯犀》等诗歌文段的引用与分析,考察犀牛作为诗歌意象之特点,进一步深化对唐人眼中犀牛形象之认识。通过以上所述,我们可以看到,薛爱华对南越物事的研究模式和18、19世纪自然科学家基于实际观察、经验记录、数据分析之上的博物学研究还是有着很大不同的。尽管同样是将研究视野聚焦于自然环境中的诸种组成要素,薛爱华的研究始终不离开"人"的存在,始终依照的是中古时代的古籍文本,始终探讨的是中古时代南越汉人眼中的山川风物、动物植物。因此,《朱雀》第六章至第十二章的内容,仍可以算作是对前一部分南越各民族所开展人类学研究的一种继续和拓展,只不过研究的具体课题由偏物质性的血缘、居住地、交往史、生活方式等转移到了以观念、情感和想象为中心的南越自然世界。而这两个部分的研究,则都是以唐代广东、广西及越南北部这一被统称为"南越"的文化区域为基础与统筹安排的核心的。

需要指出的是,尽管《朱雀》一书在内容安排上有着严谨的学术考量和体例,但由于本书内容的丰富,篇幅的庞大,在"人与自然"研究的主线之外,很难找到各个章节之间具体的线索和呼应关系。而受到作者的文人气质和个人兴趣偏好影响,不同章节的内容也存在明显的详略失当现象。例如"矿物质"一章只有12页(中文版有26页),且论述颇为笼统简略,而"植物"一章却多达41页(中文版有87页),且将南越植物分为热带植物、有毒植物、食用植物、观赏植物等不同门类,进行详细梳理与描写,其中蕴含的作者主观上的研究偏好显而易见。同时,这种偏好和关注点上的不平衡也影响到了其文献采集,如"宗教信仰"这样的章节就基本依靠当时西方汉学界或人类学界知名学者艾伯华、施莱奥克、苏远鸣等人的二手研究材料,并没有太多采用古代史志、僧传或道藏类文献,这影响了其研究的可信度和学术价值;反观"华人""植物""动物"则以大量原始古籍文献和近现代学术著作的征引交相辉映为特色,其中亦不乏如"道路与城市""热带森林""鸟类"这样颇具见地和原创性的子章节。《朱雀》中这种内容及文献的采集和征引上的不平衡现象不能不说是一个遗憾。

4.2.3 《朱雀:唐代的南方意象》研究方法论析

1)翻译-注释研究法。《朱雀》属于薛爱华学术生涯早期的作品。相比于其中后期的《步虚:唐人的星空探索》《时间海上的蜃景:曹唐的道教诗歌》等道教研究性质的作品来说,《朱雀》仍带有浓重的古典汉学传统色彩和卜派汉学研究的特点。至于研究方法,《朱雀》继承了伯希和、马伯乐、劳费尔、卜弼德等老一辈学者以古文献遴选、翻译、注释、评论为开展汉学研究基础与核心的思路与方法,并在《朱雀》中予以广泛使用。全书所翻译的古代诗文文段涉及122部古典文献,跨正史、别杂史、地志、小说、笔记、诗文集等多个古籍部类,其所选翻译书目,如《资治通鉴》《新唐书》《元和郡县图志》《桂林风土志》《岭表录异》《全唐诗》《全唐文》《韩昌黎集》《增广注释音辨唐柳先生集》等,皆对于研究唐代南越风物有着很高认识价值、可参考性和可信度,颇能体现薛爱华的博学和古典文献学问功底。而正是通过对这些书目文段的翻译,薛爱华获得了对唐代南越的进一步研究的基础材料和证据,也为《朱雀》一书对南越事物展开描写提供了着眼点与探讨的中心。同时,值得一提的是,由于薛爱华在治学过程中有着倾向于避免表现主观观念、情感与价值判断的倾向,而是希望能将相关历史事实如实地再现或反映在文辞之间,"至于想象综合,则留给读者"[1],因而他非常偏好征引能够如实反映历史事实、展现历史面貌的古文翻译文段来替代叙述和议论环节。在《朱雀》中,一些章节更是以通篇翻译和连缀整理古籍文段为特色。例如,第二章"华人"中"官员"(Officials)小节在对《新唐书》《资治通鉴》两部史书相关文段进行翻译的基础上加以综合,形成了对唐代南越高级地方官员宋庆礼、李勉、窦群、李元宗、陈听思等人在任情况的精简介绍;第三章"蛮人"中"暴乱"(Usurpations)小节同样依赖对《新唐书》

---

[1] [美]薛爱华:《朱雀:唐代的南方意象》,程章灿、叶蕾蕾译,北京:生活·读书·新知三联书店,2014年,第124页。

第四章 《朱雀:唐代的南方意象》研究

及《资治通鉴》相关历史记录的翻译,整理为一篇详细的唐代南越少数民族动乱事件的编年史。薛爱华对翻译方法的重视,于此亦可见一斑。

关于具体的翻译实践与翻译效果,正如程章灿先生所言,薛爱华对绝大多数文献语段的翻译都遵循着最大限度忠实于原文意涵的原则,并且最大限度地保存并展示了原文用字的风格与意味。[1] 这种翻译策略和特色在翻译专有名词时表现得尤为突出。除却一些已经为人所熟知的地名及所有人名采用直译法,《朱雀》中出现的专有名词都通过保留字面含义的逐字翻译(verbatim)方法被译成了英文。例如,"五羊城"便被译作 The Walled City of the Five Goats,"越王台"为 Terrace of the King of Viet,晋地志《南方草木状》则被译为 Descriptions of the Herbs and Trees of the Southern Quarter。可以看到,相比于当时美国汉学界常见的音译或"功能性翻译"[2],薛爱华所采取的这种翻译方法,既做到了对原汉语词汇精确语义的传达,为不懂汉语的读者提供了最接近原文语言与风格情韵的英文版本,也颇具有一种学院风格和书斋气——根据汉学家白安妮的看法,这一风格特点由于薛爱华在翻译中倾向于使用诸如 luminous、pantachromatic、auroras 等较少见的拉丁化词汇而更为明显。[3] 此外,对于一些措辞简省或语意晦涩的古文段落,薛爱华往往会在英译

---

[1] [美]薛爱华:《朱雀:唐代的南方意象》,程章灿、叶蕾蕾译,北京:生活·读书·新知三联书店,2014年,第20页。

[2] 有关薛爱华时代美国汉学界在汉文英译上的"音译"与"功能性翻译"倾向,参阅 Edward H. Schafer, Non-Translation and Functional Translation—Two Sinological Maladies, in *The Far Eastern Quarterly*, Vol.13, No.3.

[3] Anne Birrell, Review: Mirages on the Sea of Time: The Taoist Poetry of Ts'ao T'ang, in *The Journal of the Royal Asiatic Society of Britain and Ireland*, No.1 (1987), p.161.

文本之后再附加一个更为接近英语口语的翻译文本或揭露更多文本相关信息的逐行式释义(paraphrase),力求使汉语原文语意能够以更明晰的方式为读者所理解。例如在"华人"一章中,在对李翱《来南录》中作者由洛阳赴粤入幕的行旅记录进行完整英译后,薛爱华又提供了一个逐字翻译并附带地名注释的翻译版本作为补充。[1] 这种做法有效稀释了《来南录》省简的叙述风格和陌生的唐代地名带给现代西方读者信息获取和理解上的困难。

与准确、细致、高效的汉文英译相辅相成的,是以尾注形式附随在书末的逾两千条注释(中文版《朱雀》改以脚注法标示注释)。这些注释可分为三类:文献征引性注释、文献综述性注释及补充阐发性注释。文献征引性注释数量最多,它将《朱雀》中引用的原始古籍文献及近现代学人观点都作了精准的文献来源标示,并提供了该征引文献版本、出版商、页码等实用信息,是了解薛爱华开展唐代南越研究的知识储备及学术资源的直观窗口。对于这一类型的注释,本书将在《〈朱雀:唐代的南方意象〉征引性注释考析》小节予以专题性的研讨。

在这里,我们着重谈谈文献综述性注释以及补充阐发性注释。作为颇能反映薛爱华治学特色的两种注释形式,文献综述性注释及补充阐发性注释在全书仅有96条,其中文献综述性注释81条,补充阐发性注释15条,两者合计占总注释比例不到百分之五。这两类注释的数量虽远不及文献征

---

[1] [美]薛爱华:《朱雀:唐代的南方意象》,程章灿、叶蕾蕾译,北京:生活·读书·新知三联书店,2014年,第50—52页。

引性注释多,但却有值得引起关注之处。文献综述性注释是薛爱华治学务求严谨及学术写作强调"从读者角度着眼"[1]思想具体而微的反映。这种类型的注释对《朱雀》正文中与特定事实或论断密切相关的中西方重要论著及研究观点、学术成果以尾注形式进行简明扼要的概述,而因其所征引学者观点的丰富性、全面性与发散性,故往往既充当了补充、完善、深化正文内容的手段,也为那些对该领域问题有进一步研究兴趣的读者提供了一份具有很高参考价值的书单,启发其以多种角度去深入探讨这一领域的有关问题。典型例子如"蛮族"一章在论及中古时代居住于云贵高原地区的葛獠人(Kat-lau,或称仡獠人,参见原书第48页,中文版第98页)时,便以文献综述性注释罗列民国人类学学者芮逸夫《獠(僚)为仡佬(犵狫)试证》、凌纯声《唐代云南的乌蛮与白蛮考》、徐松石《粤江流域人民史》及德国汉学家艾伯华《中国边疆民族的文化与移民》(*Kultur und Siedlung der Randvolker Chinas*)、美国汉学家白保罗《泰语、卡岱语和印度尼西亚语:东南亚的一个新组合》(*Thai, Kadai, and Indonesian: A New Alignment in Southeastern Asia*)及格雷斯特的《中国语言》(*Chinese Language*)这几部作品,并介绍了其中包含的有关葛獠人的学术观点,这涉及葛獠人的文化、血缘、语言等方面的研究成果,颇似一篇微缩版的学术综述,对相关领域的研究有着重要的参考价值和指导意义。

补充说明性注释在《朱雀》三种注释类型中数量最少,

---

[1] Phyllis Brooks, Discovering a Religion, in *Phi Theta Papers*, Berkeley: Students Union of the Department of Oriental Languages and Literature, 1984, pp.7-12.

且以片言只语为多,但相对于以铺陈描写南越人情物态为主要特点的正文内容,补充说明性注释常带有一定的学理性、问题意识和考证色彩。很多条目类似于读书笔记,记载有薛爱华围绕特定事项生发的观点、意见,例如原书第43页注释154(中文版第87页注释3)对吴文治《柳宗元评传》的简短评论;一些注释则提出了值得进一步讨论的问题,如原书第60页注释124(中文版第122页注释1)对宋代浔州少数民族同化与归化情况的疑问,对研究者具有启发作用;另一些注释则具有较浓厚的考证意识,从中或可窥见薛爱华在治学上的一些特点。例如原书第107页(中文版第213—214页)对中古时代何仙姑形象的探讨,其下所引注释151、153、154、155(中文版第213页注释3,第214页注释2、3、4)分别包括了薛爱华对作为仙子形象的何仙姑出现的时间、对记载何仙姑传说故事的《太平广记》及《续南越志》成书年代的推测,尽管篇幅较短,但反映了其做学问的严谨认真态度,以及对作为古典汉学研究基础的文献版本之学的重视和自觉实践。

另外,原书第161页注释87(中文版第321页注释7)存在可商榷之处。该注中薛爱华认为明彭大翼《山堂肆考》中所说"容州海渚亦产珠,仍置官掌之"的"容州"应为"容管"之讹,因为唐代的容州并不沿海,并结合其早年在论文《合浦采珠业》[1]对合浦地区珍珠采捞养殖业发展情况的研究,认为彭大翼这里的"置官掌之"极有可能是指唐代在容管合

---

[1] Edward H. Schafer, The Pearl Fisheries of Ho-p'u, in *American Oriental Society*, Vol.72, No.4, pp.155-168.

浦地区设立的管理采珠产业的政府机构。薛爱华指出,虽然没有现成的唐五代文献可以直接证实唐代合浦有政府管理采珠业的情况,但根据《合浦采珠业》对晋刘欣期《交州记》的相关记载可知,当时便已有政府管理珍珠业(Pearl Administration)的情况,故唐代官方干预采珠业的可能性很大。这里薛爱华对唐代合浦采珠业已有政府管理的推测颇具慧眼,然而其认为尚无明确的唐五代文献对这一事实予以佐证的说法略失偏颇。根据笔者对相关文献的查考,《旧唐书·懿宗本纪》中已记载有廉州[1]沿海采珠地方官垄断采珠业的现象:"廉州珠池,与人共利。近闻本道禁断,遂绝通商,宜令本州任百姓采取,不得止约。"[2]这一垄断情况虽然最终为朝廷阻止,但显示了唐代官方对合浦珍珠业的干预。另外,刘恂《岭表录异》记载:"廉州边海中有洲岛,岛上有大池,谓之珠池[3]。每年刺史修贡,自监珠户[4]入池,采以充供。"[5]这表明合浦珍珠作为廉州土贡,其采捞活动早已有州刺史一级官员的重视和管控。这两部文献的记载是唐代合浦采珠活动存在政府干预、管理情况的有力证据。

2)人类学研究方法与"诗学考古"。从研究方法的角度看,《朱雀》具有古典汉学传统的翻译与注释方法,亦体现了人类学研究模式的影响。这主要体现在两个方面:其一是在整体结构框架和内容安排上,以"人与自然"这样文化人类学著作常见的双重主题作为提纲挈领的写作中轴和核心,并

---

[1] 即合浦,唐肃宗乾元二年改合浦郡为廉州,州治所在合浦县城。
[2] [后晋]刘昫等:《旧唐书》,上海:商务印书馆,1936年,第7页。
[3] 珍珠的集中水产区。
[4] 唐朝时对专门从事采珠业居民的称呼。
[5] [唐]刘恂:《岭表录异》,广州:广东人民出版社,1983年,第5页。

应用博厄斯学派的"文化区"理念和研究范式,从属于无机物的岩石矿物,到动植物资源,再到绚丽多彩的热带民族,对唐代南越这一自然文化地理区域内的方方面面展开系统的考察和描写工作。这一点本章"内容与结构上的特点"小节已详细阐明。其二是在运用原始古籍文献作为考证工具时,借鉴人类学"田野调查"(field study)[1]的研究方法,视古籍文献所承载的丰富多彩的古代世界为人类学研究中的田野,视特定的唐代诗文作品为田野调查中有意识选择的代表性、有特色及有研究价值的地点,进而开展典型研究和案例研究,通过文本细读、翻译与评注的语文文献研究方式,以达到由特殊看普遍、由个别了解整体的特征和性质的目标,用如实生动的描写和论述还原古代世界及其文化图景。这种研究法重点在于以唐诗、散文片段来探究特定物事的特点,故曾被美国汉学史研究专家韩大伟以"诗学考古"(Poetic Archaeology)名之。韩认为包括《朱雀》在内的薛爱华一系列由加州大学出版社出版的作品都体现了以"诗学考古"这种融汇人类学研究方法的独特模式为核心的治学特色。[2] 而国内历史学者李丹婕在评论《朱雀》一书的研究方法时也提到了类似的观点。在谈到薛爱华在第二章对李翱《来南录》的征引和解读时,她认为薛爱华的处理方式展现了人类学式

---

[1] 田野调查,或称现地调查、实地调查,是指研究者以人类社会文化为调查研究对象,在一定的时间和空间内,通过实地考察,以科学方法为手段,以收集第一手资料为目的,了解某一社区、群体或文化现象的活动和方法。参阅何星亮:《文化人类学调查与研究方法》,北京:中国社会科学出版社,2017年,第11页。

[2] David B. Honey, *Incense at the Altar: Pioneering Sinologists and the Development of Classical Chinese Philology*. New Haven: American Oriental Society, 2001, p.317.

第四章 《朱雀：唐代的南方意象》研究

作为贯穿《朱雀》全书的研究模式，"诗学考古"的核心在于模仿田野调查中的"定点发掘"(site excavation)和定点研究方法，对具有研究意义的唐代诗歌文本进行征引、翻译与解读，这一方法在《朱雀》各章节里曾大量出现。之所以采取这种研究方法，一个重要理由是因为唐代南越的自然与人文风貌景观消逝已久，现代学者唯有依靠古代文献典籍的相关记载才能略窥一二。然而正统的史书、地志对于南越风物的记录往往过于简省表浅，且多有疏漏之处，唯有当时南迁的文人士子的诗文作品才提供了有关南方的更为周全、深入和细腻的描写及记叙资料。通过征引和研读这一类文献，研究者得以用一种"生动活泼而且感性的方式"，来亲近历史，了解过去，"而且不必牺牲其精确性"[2]。例如，在论及唐代湖南南部地区的"莫徭"民族的文化与习俗时，作者征引并简要分析了刘禹锡《莫徭歌》《连州腊日观莫徭猎西山》两首诗歌作品，用以向读者揭示莫徭人在起名、婚姻、买卖、狩猎、种植等社会生活不同方面的独特风俗；[3]又如作者曾引用元结《九嶷山图记》的相关描写，来展现处于南越北部地区，生长有杉松、榕树、青莎的亚温带森林地带区别于东南亚山地季风雨林或南亚柚木林的自然景观特点。[4]

---

[1] 李丹婕：《薛爱华：一位史家和一个时代的洞见与不见》，原载于《唐宋历史评论（第2辑）》，2016年6月，第327页。
[2] [美]薛爱华：《朱雀：唐代的南方意象》，程章灿、叶蕾蕾译，北京：生活·读书·新知三联书店，2014年，第3页。
[3] 同上，第106页。
[4] 同上，第336页。

"气之动物,物之感人。故摇荡性情,形诸舞咏。"[1]中国古诗素来具有抒情的传统,作为"吟咏情性"的产品,诗歌作品忠实记录并反映了其作者内心情感与精神活动。《朱雀》对唐代诗歌的征引,有助于使唐代文人阶层对南越物事的观感,以及由此生发的思考、情感、联想或想象能以一种直观而丰满的形式展现出来,为人所感知和理解。这一点在第二章"迁客逐臣"小节表现得尤为突出。该小节围绕对唐代流南官员心态和南方印象的探讨,通过对韩愈《送郑尚书赴南海》《顺宗实录》,沈佺期《初达驩州》,宋之问《早发始兴江口至虚氏村作》,柳宗元《重别梦得》等大量诗文作品之征引与解读,识别并分析了不同作者眼中的南方图景:刘长卿、宋之问等人心怀"忠而见疑"的牢骚和焦虑的思乡之情,其笔下的充斥着迷雾、瘴疠、霉菌、潮湿以及台风的南方如同"一个令人忧伤的地狱"(a kind of dolorous hell)[2]。而对于柳宗元来说,他对其所谪居的土地抱有温暖的感情,同情其上生息的百姓,亦能欣赏南越风土之美,并将其写入自己的诗文作品中;李德裕晚年被贬,黯然南行,面对南越,他心怀忧惧之情,在诗文中提到槟榔、桄榔、畲田等异地风物,但都令其感到压抑、阴郁、可怕[3]——薛爱华这一类细致而准确的心理与情感描写和分析,如果不是依赖于对诗文作品的翻译与解读,将是很难实现的。

3)想象的诠释。立足于古籍文献,致力于精细的文本释

---

[1] 〔南朝梁〕钟嵘:《诗品》,北京:中华书局,1991年,第7页。
[2] [美]薛爱华:《朱雀:唐代的南方意象》,程章灿、叶蕾蕾译,北京:生活·读书·新知三联书店,2014年,第81—84页。
[3] 同上,第81—89页。

第四章 《朱雀：唐代的南方意象》研究

读与考证工作，是还原历史，再现消逝的古代世界风貌之基本途径。但由于文献信息本身的不完整性、模糊性、可能存在的失实问题，以及研究者自身在材料取舍和解读过程中个人态度、情感与价值观念有意或无意的介入，真正以理想而完美的保真形式还原唐代岭南的真实风貌以及文人士子的精神世界是极为困难的。在《朱雀》的绪论部分中，薛爱华曾坦承这一点，并宣称自己对唐代南方的考察具有一定的主观色彩和想象特质：

> 无可否认的是，在某种意义上，这项研究呈现的是我自己心目中的过去，也就是说，这个过去之特殊化与具体化，在某种程度上，是我个人所特有的。或许所有对过去的再创造都是这种类型的，而我要说的是，在本书中我的目的不是让过去"概念化"（用近来很受追捧的这个抽象词语），而是以一种生动活泼而且感性的方式，去了解过去，而且不必牺牲其精确性。这意味着要尝试将唐代人的中世纪世界，既看作是一个实有的境界，又看作是一种想象的诠释。[1]

薛爱华所想要重构的唐代南越历史，并非一种绝对排斥假说与谬误存在的纯粹事实集成，而是在严谨考据的基础上，充分发挥合理想象，驰骋文人情怀而缔造的亦真亦幻的诗意境界。换言之，相比于还原"真实的"（true）历史，薛爱华更偏好于"实在的"（real）叙述。[2]

---

[1] [美]薛爱华：《朱雀：唐代的南方意象》，程章灿、叶蕾蕾译，北京：生活・读书・新知三联书店，2014年，第2—3页。
[2] 如程章灿本《朱雀》序言第3页译注所言，这里薛爱华所使用 true 及 real 虽然都有"真实"之意，但区别也是很明显的。true 更多指真实的情况，与"虚假"相对应；real 则指客观的存在，与"无"相对应。

在《朱雀》中,"想象的诠释"法通过两种主要途径应用于对唐代南越物事及唐人态度的探讨上。一是在综合地理学、气象学、动植物学、矿物学、人类学等学科的相关知识和常识的基础上,直接推测并构想出唐时南越的大致情况,以及面对南越的唐代文人所可能怀抱的思想感受,并以充满文学性、想象力和情感色彩的语言描述出来。典型的例子如第七章中的"季节"一节中对南越雨季的描述。作者在这里首先通过对涂长望、黄士松的《中国夏季风之进退》,傅森(C. G. Fuson)的《广东地理》及马克恩(Shannon McCune)的《印度支那自然地理的多样性》等自然地理类著作的研读,推想出唐代南越夏季风和雨季的相关特点——包括雨季产生的气象学原因、雨季的持续时间、南越区域雨季的地带性差异等,并以简洁准确而包含大量事实与信息的语言描写出来。其后的一段文字则是关于唐代在南越的中原汉人对雨季的心理感受的,但却并没有援引任何古籍文献材料或现当代研究著作作为参证,无疑属于薛爱华在事实与理性指导下的想象与演绎:

  北方来客惊奇于这里四季的缺失,实际上是因为他们还不适应南方在一年中不甚分明的季节变化。这些移民很快了解到气候温和的桂州和北方,与炎热的安南及南方之间的显著差异……随后他就会认识到,夏季意味着大雨,冬季则意味着细雨,海边有恐怖的雷电,而山中则有致命的瘴气。[1]

---

[1] [美]薛爱华:《朱雀:唐代的南方意象》,程章灿、叶蕾蕾译,北京:生活·读书·新知三联书店,2014年,第254—255页。

第四章 《朱雀:唐代的南方意象》研究

这种独特的对唐人的心理分析与想象性描摹在《朱雀》中是很常见的,类似的例子还有在第十一章的"鸟类"一节中有关中原汉人面对种类繁多、色彩斑斓的热带鸟类所生发感想的揣测:

> 在唐代,一个敏感而又善于观察的北方人,绝不可能忽视南越季风雨林中这样的美景……还有卷尾伯劳、缝叶莺、棕扇尾莺,叽叽喳喳的画眉、绣眼、禾雀、织布鸟,以及巨嘴鸟……某些汉人必定领略过这一切,但他们并没有描述过,部分是因为他们尚未做好准备,来命名这些奇特而鲜艳的鸟类。[1]

少有古代文献的记载能够帮助我们了解当时中原汉人面对南方雨季或热带鸟类的想法或体验。薛爱华却通过采用合理想象的诠释方法,以可信的形式还原了"诸种可能为真的情况中的一种"(one among the several possible true ones)[2],超越了严肃文本考据研究的局限。

运用"想象的诠释"的第二种途径则与薛爱华对西方近现代博物学笔记或文学作品语段的征引有关。《朱雀》中对许多南越事物的研究,如矿物质、有毒植物、鸟类等,都面临着相关古籍文献资料稀缺的困境,这无疑影响了对唐代南越风土面貌的真实还原,也阻碍了对唐代人南越印象与感受的把握与细致描写工作。针对这一问题,薛爱华所采取的一种方法,则是在研究特定对象时,引用西方近现代文献,特别是

---

[1] [美]薛爱华:《朱雀:唐代的南方意象》,程章灿、叶蕾蕾译,北京:生活·读书·新知三联书店,2014年,第474—475页。
[2] Edward H. Schafer, *The Vermilion Bird: T'ang Images of the South*. Berkeley and Los Angeles: University of California Press, 1976, p.2.

19世纪法国人创作的有关印度支那殖民地自然与文化作品中的相关语段,来揭示研究对象的一些普遍特点,并借以发挥想象,拟构其在唐代的大致情形。例如,原书第211页(中文版第426页),在考察南越地区的蝴蝶时,薛爱华指出,虽然南越"也有属于自己的色彩斑斓的蝴蝶",但现有的唐代文献材料却无法找到相关的记载,很可能这些热带蝴蝶"并没有被南下的汉人注意到"[1]。然而,为了向读者呈现出唐时南越森林中各种蝴蝶缤纷艳丽的色彩及灵动飞舞的盛景,薛爱华专门引用了英国博物学者阿尔弗雷德·华莱士(Alfred R. Wallace)在《热带自然及有关论文》(*Tropical Nature and Other Essays*)中对印度尼西亚热带蝴蝶的细腻描绘,来弥补相关汉文古籍记载的缺失。鉴于现代印尼与唐代的南越在气候和蝴蝶类型上具有一定的相似性,这种别出心裁的引用法为进一步推想、拟构与描写唐代南越蝴蝶的相关情况提供了一种独辟蹊径的背景材料。又如,在谈及唐代南越的剧毒植物以及唐人对剧毒植物的认知和态度时,薛爱华就指出,尽管像《唐本草》一类的药典记载有部分南越地区的有毒植物(但数量比较少)的情况,但能体味当时人们围绕有毒植物生发的情绪和感受的文献资料却难以得见。针对这一情况,薛爱华引用了19世纪法国诗人布沃尔维勒(Albert de Pouvourville)的小说《绿色处女地》(*La vierge verte*)中主人公漫步在东京(Tonkin)[2]那遍布曼陀罗、马钱子碱、兰花等有毒植物的热带丛林时的不安独白,以大致类

---

[1] Edward H. Schafer, *The Vermilion Bird: T'ang Images of the South*. Berkeley and Los Angeles: University of California Press, 1976, p.211.

[2] 东京是殖民时代的法国人对以河内为中心的越南北部地区的称谓。

第四章 《朱雀：唐代的南方意象》研究

比推想出千余年前,同样作为陌生来客的中原汉人对有毒植物的认识与感受。[1] 引用19世纪法国人的越南书写作为研究唐代汉人的南越感受、情绪与想象的参考资料,无疑是颇具慧眼的。尽管相隔千余年,但19世纪的法国人与唐代的北方汉人所面对的是同样的南越大地,所怀抱着的是类似的高傲"殖民心态",亦曾在面对南越独特的自然风貌和人文风俗时产生了类似的感受或情绪。透过近现代西方人对热带事物的探察和感知之眼,那些曾出现在唐代南越,但却很少受到关注的同类事物以一种合情合理且接近真实的方式被呈现了出来,成了薛爱华进一步推想的素材和描写的基础,也充实了其对古代南越世界全景风貌的建构,并为《朱雀》这样严肃的学术研究作品带来了一种独特的文学色彩和抒情格调。

4.3 《朱雀：唐代的南方意象》征引性注释考析

诚如陈开科先生在《巴拉第的汉学研究》所说,西方汉学研究的一个重要特点在于"学者们的研究心血往往主要通过注释表现出来"[2]。一部优秀的海外学术著作,特别是像《朱雀》这样以百科全书式的信息体量著称的作品,其作者所具有之广博知识储备、跨学科的学术视野以及独特的研究方法往往于注释中体现得最为直观而明显。下文通过对《朱雀》注释的分析,从一个侧面观照剖析本书所体现的作者学

---

[1] Louis Malleret, *L'Exotisme indochinois dans la littérature française depuis 1860*, Paris: Larose, 1934, p.137.
[2] 陈开科:《巴拉第的汉学研究》,北京:学苑出版社,2007年,第65页。

术视阈的内在结构以及研究方法上的特色,进而对本书的学术价值以及薛爱华的个人造诣有更深入的认识。

《朱雀》的注释数量庞大,涵盖领域广泛,英文版原书每页便包括有3~4条注释,整部书有逾2000条注释,涉及中西文献共计398种。总的来看,《朱雀》注释可分为占比较高的文献征引类注释以及具有薛爱华个人治学特色的补充阐发类注释两大类。其中,文献征引类注释由于对书中出现的原始文献文本和重要的第三方观点都作了精确的文献来源和页码信息标注,无疑为我们探究薛爱华研究唐代南方地理文化的知识储备和学术资源提供了一个直观的窗口。同时,相比于《朱雀》附录中的参考文献目录(bibliography)所收书目的庞杂和面面俱到,相对精简的文献征引类注释与《朱雀》一书的内容之间无疑有着更紧密的联系,对前者的进一步分析使得我们可以从中窥见对薛爱华创作《朱雀》影响最大的那一部分核心作品是什么。

《朱雀》的文献征引类注释所涉及的文献共分为两大门类——古籍文献以及近现代学人的作品。对于古籍文献来说,可细分为以下几种。

1) 史志文献。由于《朱雀》对唐代南越的考察与探究具有天然的历史地理色彩,在具体论述中常出现征引古代史地文献的情况。其中,涉及的正史12部,即《史记》《汉书》《后汉书》《三国志》《晋书》《周书》《隋书》《旧唐书》《新唐书》《新五代史》《宋史》《金史》。其中《旧唐书》与《新唐书》最常被引用,《旧唐书》作为征引性注释条目共出现27次,《新唐书》则为115次。涉及别杂史类史书(别史,是相对正史而言的一类史书。宋陈振孙《直斋书录解题》首创"别史"类目,相对于以纪传体为特色的正史,别史的体制包括编年史、典制史、纪事本末体、纲目体、实录体、专史等。内容与正史没有太大区别,且相对于杂史来说,都是具有一定权威性和认可度的信史)7部,即《资治通鉴》《晋中兴书》《唐会要》《唐六典》《通志》《苏氏演义》《唐诗纪事》。其中,《资治通鉴》虽然成书于宋,但在《朱雀》中却有很高的征引率,它作为征引性注释条目共出现127次。地理类古籍12部,即《元和郡县图志》《太平寰宇记》《舆地纪胜》《扶南记》《元丰九域志》《南越志》《北户录》《南方草木状》《岭表录异》《桂林风土记》《番禺杂记》《汉唐地理书钞》。其中,《元和郡县图志》《北户录》《岭表录异》《太平寰宇记》四书作为征引性注释出现次数均在5次以上。

2)诗、文集。正如薛爱华在本书绪论中所说的,《朱雀》的写作目的不是让过去概念化(conceptualize),而是以一种生动活泼而且感性的方式,去了解过去,而且不必牺牲其精确性。[1]薛爱华对唐代南越地理人文的考察,并没有仅仅局限在传统史地文献的干瘪简要的叙述中,而是深入到了唐人所留下的有关南越风土人情的个人化作品里。薛爱华重视对现存唐代流南文人诗、文集的研读,通过这些浸润着想象力与情感热度的文字,早已消逝于历史长河的南越世界为现代的探寻者敞开了更具体和直观的感知之门。《朱雀》注释中大量征引诗、文集有关文句,涉及作品共12部,即《全唐诗》《全唐文》《王右丞集注》《九家集注杂诗》《樊南文集

---

[1] [美]薛爱华:《朱雀:唐代的南方意象》,程章灿、叶蕾蕾译,北京:生活·读书·新知三联书店,2014年,第2—3页。

详注》《刘梦得文集》《增广注释音辩唐柳先生集》《韩昌黎全集》《朱文公校昌黎先生集》《玉谿生诗详注》《李卫公会昌一品集》《甫里先生文集》。特别值得一提的是,总集《全唐诗》《全唐文》,别集《增广注释音辩唐柳先生集》《韩昌黎全集》并《朱文公校昌黎先生集》作为征引性注释均出现10次以上。其中,《全唐诗》出现172次,《增广注释音辩唐柳先生集》出现27次,《韩昌黎全集》并《朱文公校昌黎先生集》出现27次,《全唐文》则出现了25次。

3)小说类文献。《朱雀》中征引性注释涉及的小说类文献相对于史志类文献及诗文作品集来说无论是种类还是总引用量都略显逊色,但由于其提供了大量有关南越物事的琐闻、掌故、传说等信息,在第四章"蛮人"、第五章"女人"、第六章"神灵与信神者"中仍然时或可见征引。全书征引类注释中涉及的小说类文献共11部,包括《搜神记》《酉阳杂俎》《大唐新语》《明皇杂录》《朝野佥载》《稽神录》《纪闻》《常侍言旨》《清异录》《北梦琐言》《茅亭客话》。

此外,其他子部文献如《禽经》《茶经》《嘉祐本草》《广韵》《墉城集仙录》《陈藏器本草》《历代名画记》《唐朝名画录》、类书《太平御览》《白孔六帖》、丛书《杜阳杂编》《唐代丛书》也有少量出现在征引类注释中的情况。

从《朱雀》一书中所征引的古籍文献看,有以下几点应当引起我们关注。

1)《朱雀》所征引的古籍类文献种类繁多,共计150种,且涵盖面之广,举凡正史、别杂史、地志地理书籍、小说、类书、丛书、医书、佛道书、诗文集等门类靡所不包,无疑是薛爱华作为一个训练有素的语文学者重视研读原始资料,且精

第四章 《朱雀：唐代的南方意象》研究

熟于传统目录文献之学的确证。这一点对于国内治古典文史的学者来说是一门基本功，尚不足以专门谈及，但薛爱华作为一个美国汉学家，能在治古典学问过程中依靠原始古籍文献，并表现出高于许多同时代西方汉学家的自觉的文献学意识与渊博知识，可以说是难能可贵的。如果将薛爱华的作品与当时流行美国中国研究学术界的费正清学派一众学者的著作相对比，这一治学特色的特立之处和先进性便体现得更为明显。试以费正清中国研究代表作《美国与中国》[1]为例。《美国与中国》在第3章"孔孟之道"、第4章"异族统治与朝代的更迭"、第5章"政治传统"等部分涉及古代中国政治、文化、社会等诸多方面，与《朱雀》一样同为古代中国研究，但前书作者在论述过程中不仅失之笼统浮泛，错讹时出，而且体现了对中国传统古籍的漠视和文献研究素养的缺乏。这一方面是由于本书没有一般标准学术著作所应有的脚注或尾注系统以及参考文献目录，使得书中对相关史实的叙述以及现代学人著作中观点的引用令人不知所据为何。同时，在本书附录《文献选读》第一部分《关于中国传统文明的研究》所列举的作者认为对开展古代中国研究具有重要认识价值的作品全部为当时学者创作的研究型专著，如赖德烈的《中国人——他们的历史与文化》、宾板桥的《唐朝的建立》、赖肖尔的《圆仁的唐代中国游记》等，而不录更具有文献价值和史料意义的古代原始文籍，这不禁令人怀疑费正清《美国与中国》的写作很可能是避开了需要深厚汉语素养和文献知识的原典研究，而仅仅建立在对当代二手材料的参考与研

---

[1] 本文所参考版本为商务印书馆1971年孙瑞芹、陈泽宪译本。

读基础之上。同为以古代中国历史文化为重要研究对象的作品,《美国与中国》之与《朱雀》,两相比照,高下立判。

2)《朱雀》对古籍的征引并非盲目而为,而是依照深厚文献知识精心筛选的结果。这特别表现在对于文献来源时代的严格遴选上。全书所征引的古籍大都为唐代的作品、后人所辑录的唐代作品集(如《全唐诗》《全唐文》)或关涉唐代文献的总集、丛书及类书(如《太平广记》《太平御览》等),少有宋代及其后的原创性文献被征引的情况。正如薛爱华在本书《绪论》中所说:

> 我力图一概使用唐代人的史料,以避免因时代倒错而造成对某一特定时期的特征概括显得可笑……由于某一种习俗或传说在宋代已存在,进而推测其在唐代即已存在,这样做太过简单……我尽可能避免这样做,因为这样做有可能神不知鬼不觉地引入某些态度、倾向及选择,它们对宋代人来说很是顺理成章,但对于唐人而言却格格不入……[1]

薛爱华之所以强调征引文献的时代来源,在于其创作《朱雀》的目的:以一种精确可信的方式复活唐代的文化。这就要求将唐代人所生活的时空,看作一个实有的境界——这一"实有的境界"不仅仅是指唐代时空的物理性存在,也包含了生发于唐人感性生活和想象力之上的观念性存在。为了揭露这一"实有的境界",作者所能做的在于依据相关原始文献记载,通过细致的语文学工作和一定的想象性诠释

---

[1] [美]薛爱华:《朱雀:唐代的南方意象》,程章灿、叶蕾蕾译,北京:生活·读书·新知三联书店,2014年,第3页。

第四章 《朱雀：唐代的南方意象》研究

尽可能忠实地勾勒出这一实有境界的大致风貌,这就对参考文献的时代来源提出了严格要求——因为晚于唐代的文献在相关史实的记载上常出现偏差,并且很容易带有后代人的"态度、倾向及选择",会阻碍对唐人观念世界进行如实描摹与勾勒。

当然,少数唐代之后文献被征引的特例亦存在,宋人司马光所编《资治通鉴》便是其中突出的一个。正如上文提到的,《资治通鉴》作为征引性注释在《朱雀》中共出现127次,与《全唐诗》《全唐文》《岭表录异》等均为被征引次数最高的古代文献。这显然是由于薛爱华对《资治通鉴》在唐史研究方面的史料价值有着充分之认识和肯定。《资治通鉴》虽为通史体制,但《唐纪》部分便有八十一卷,占总卷数的百分之三十七,堪称鸿篇巨制。《唐纪》除据引正史,对唐代野史、笔记、碑碣、文集、行状、家传兼收并蓄,并将各类文献记载相互补充、订正,再结撰成篇——这无疑为薛爱华开展唐代南越研究提供了大量新鲜而独有的一手材料。第150页注释1、2征引《宋史》(开明书局本)两处史实是为了证明法国汉学家艾莫涅(Etienne Aymonier)在《占婆及其宗教》(Les Tchames et leurs religions)一书中所提出的在9、10世纪时占婆一带便有穆斯林活动的说法。[1] 第167页征引宋人黄休复《茅亭客话》是因为正文涉及了五代西蜀诗人欧阳炯的身世;第321页征引明人彭大翼《山堂肆考》中所记载的唐代宗时"容州海渚亦产珠,仍置官掌之"的史实是为薛爱华对

---

[1] Etienne Aymonier, Les Tchames et leurs religions, in *Revue de l'histoire des religions*, Vol.24(1891), p.206.

唐代合浦地区已设立官方珍珠管理机构的推测提供佐证,同时也是因为作者没有收集到有关的唐代史料,故无法提供来自唐代的文献证据;第359页征引陶穀《清异录》是因为作者参考了该书提到的在10世纪时海南出产的一种稀有而美味的短笋"平头笋"。综上,可以发现,薛爱华对唐代之后的原创文献之征引可谓审慎之至,且多为不得已而为之,绝少出现以后代记载佐证唐代事实的情况。

3)薛爱华在具体的征引文献过程中也体现了择优取用原则和自觉的史学意识——在涉及重大历史事件或人物事迹的历史事实上往往优先选择正史(主要是《旧唐书》和《新唐书》)或编年史(《资治通鉴》)这样的较权威的别史为史料来源,而在探讨有关唐代南越矿物、植物、动物等较为微观且正史少有涉足的问题时,薛爱华才选择以《北户录》《桂林风土记》《岭表录异》《清异录》《集异记》《林邑记》《扶南记》《南海异事》《广州记》等别杂史、笔记文献为主要文献参证来源。薛爱华在文献征引上的选择偏重无疑深得传统史家治史要旨,正如张之洞所言:"凡据古人事实,先以正史为凭,再及别史、杂史。"[1]

即便是具体到每一个细小的文献门类,薛爱华在征引中也多有选择和偏重。例如,就关于唐代的两部正史《旧唐书》《新唐书》而言,在《朱雀》一书中《新唐书》出现在征引性注释中的频率明显高于《旧唐书》。以包含较多历史叙述性内容的"蛮人"一章为例,《新唐书》作为征引条目出现42

---

[1] 〔清〕张之洞编撰,范希曾补正,孙文泱增订:《增订书目答问补正》,北京:中华书局,2011年,第622页。

次,《旧唐书》则为 7 次。同时,《朱雀》中极少单独征引《旧唐书》,常见的情况是将《旧唐书》与《新唐书》中记载同一史实的文句罗列出来,互相参证,合并作一条征引类注释。如原书第 62 页注释 141(中文版第 125 页注释 2)中,在论述631 年罗州窦州诸洞獠作乱情况时提到了冯盎的身世和相关业绩("冯盎有一半南越血统"至"这个家族在广州以西州郡势力很大"),其后的注释表明薛爱华在论述这一部分历史事实时同时参考了《旧唐书·卷一百八十四·列传第一百三十四》及《新唐书·卷一百一十·列传第三十五》对冯盎的有关记载。反观《新唐书》倒是常见被单独征引的情况,如原书第 44 页注释 156、157(中文版第 88 页注释 1、2)、原书第 149 页注释 106(中文版第 298 页注释 1)。薛爱华在征引文献上对《新唐书》与《旧唐书》的轻重有别无疑是经过深思熟虑的。我们知道,尽管都是了解唐代历史的基本原始材料,《旧唐书》在学界的评价却不及《新唐书》。这是因为《旧唐书》著录于五代乱世,资料获取上多有不便,且又成书于众人之手,故多有错讹之处。诚如北宋目录学者晁公武所言:因韦述旧史增损以成,繁略不均,较之实录,多所漏阙,又是非失实,其甚至以韩愈文章为大纰缪,故仁宗时删改,盖亦不得已焉。[1] 同时,《旧唐书》早在北宋《新唐书》面世后便黯然失色,"遂不甚行"[2]。因为不受学者所重,导致了《旧唐书》在历代传抄刊刻过程中产生了大量后出的讹误与

---

[1] [宋]晁公武撰,孙猛校证:《郡斋读书志校证》,上海:上海古籍出版社,2011年,第 193 页。
[2] [清]阮元:《重刻旧唐书序》,引自《揅经室集再续》卷 4,《续修四库全书》第 1479 册,第 612 页。

脱漏现象。尽管清代乾嘉学者对《旧唐书》进行过全面的校勘整理，但诸如《旧唐书考证》《旧唐书校勘记》等校勘成果仍未完全解决原书存在的讹误脱漏问题。[1] 考虑到上述情况，我们有理由认为，薛爱华在正史类文献征引上所体现的重《新唐书》而轻《旧唐书》的倾向很可能正是他对《旧唐书》作为史料来源的缺点有着充分认识，进而才会选择以《新唐书》的历史记载作为优先征引来源，并且尽量避免将《旧唐书》作为单独征引文本的情况出现。

当然，尽管《朱雀》所征引的古籍文献展现了薛爱华治学的独特风格与优势，囿于当时的治学条件和原始文献的相对短缺，《朱雀》的征引类注释也存在一定缺憾或问题，其中较为突出的一点在于本书对古籍的征引绝少标明其所据版本，而只包含题名、作者、卷数、页码信息。并且不仅是在注释里，书末参考文献所列出的古籍也同样出现了不注明版本的情况。究其原因，也许与薛爱华赖以开展汉学研究的伯克利东亚图书馆的汉文古籍书藏的局限性有关。我们知道，20世纪40年代末至50年代，图书馆学者伊丽莎白·胡芙（Elizabeth Huff）为伯克利带来了第一所专藏东方语言文献的图书馆。同时，在伯克利校委员会的专项基金的支持下，东亚图书馆通过向中国与日本派遣工作人员的方式大批量购置汉文古籍，建立了有一定规模的汉籍文库，但仍存在着一些问题，收录古籍种类不全面、多有偏重、版本单一的情况

---

[1] 牛继清：《清代扬州学者对〈旧唐书〉的整理研究》，原载于《宁夏师范学院学报（社会科学版）》2007年第9期，第77—81页。

便是其中较为突出者。[1]由于手边可获取古籍版本的局限,薛爱华很可能省去了对古籍版本的考量,而直接以东亚图书馆所藏版本为准。考虑到《朱雀》是公开发行,面对整个汉学学术圈的作品,而非像《薛爱华汉学论集》那样仅仅流传于伯克利师生间的私人出版物,对所引据文献版本的标注就显得颇为重要,薛爱华省略这一重要步骤的做法是值得商榷的。

《朱雀》征引类注释除了包含古典文献,亦牵涉大量近现代学人作品。其中包括有日本学者的10部作品,即青山定雄的《唐宋时代交通与地志地图研究》、中村久四郎的《唐代的广东》、和田久德的《唐代市舶司的设置》、平冈武夫的《李白的作品》、宫川尚志的《南中国的儒家化》、佐藤润平的《汉药的原植物》、白井光太郎的《国译本草纲目》、山田庆儿的《中古世代的自然观》、小尾郊一的《中国文学中所表现的自然与自然观》以及筱田统的《唐诗植物考》,涉及日本20世纪初叶到20世纪60年代有关中国古代文学、思想史、制度史、交通史、中医学等研究领域的代表性论著。此外,薛爱华也关注到了越南学术界的研究成果,越南著名古史学者阮文玄(Nguyen Van Huyen,1905—1975)的《东南亚吊脚楼民居研究导论》以及裴光松(Bui Quang Tung,1912—2001)的《安南大事年表》就曾出现在《朱雀》的正文脚注以及参考文献列表之中。尤其是裴光松的《安南大事年表》更是多次被征引。《安南大事年表》根据对《史记》《越史略》《大越史

---

[1] Donald H. Shively, Elizabeth Huff and the East Asiatic Library at the University of California, Berkeley, in *Journal of East Asian Libraries*, Volume 1986, Number 79, pp.20-24.

记》《历朝宪章类志》《皇越甲子年表》等中国与越南本国古史的比照、互证而编成,记录从瓯雒国初主安阳王到阮朝末年的两千余年历史人物与事件大要,具有很高的学术参考价值。[1]《安南大事年表》频繁出现在《朱雀》第三章"蛮人"的脚注中,薛爱华将其与《旧唐书》《新唐书》《资治通鉴》等古籍的相关记载进行列举和比较,作为考察和还原唐代安南政治环境、军事活动和民族冲突相关史实的重要参证,可以说是颇具学术慧眼的。

《朱雀》所征引的现当代学人作品中,亦包括了52部我国学者及美国华裔学者作品(其中中文文献共31部),涉及民国初年至20世纪60年代的中西交通史研究、考古学、文学研究、金石学、动植物研究、人类学与民族学研究等多个领域的论文或专著。值得留意的是,人类学与民族学研究论著在其中数量最多,高达25部,远高于动植物研究(7部)、交通史研究(5部)、文学研究(3部)及其他领域的文献,它们集中分布于原书第二章"华人"与第三章"蛮人"的脚注中。这些作品主要来源于薛爱华时代中国国内人类学研究的三大重镇:以民国时期中央研究院、中央大学、金陵大学为中心的南京地区,以中山大学、岭南大学为中心的广州地区,以及新中国成立后数十年间的台湾地区。[2] 例如,原书第三章对唐代"獠人"的考证就多次援引台湾"中研院"学者芮逸夫的《僚人考》以及《僚(獠)为仡佬(犵狫)试证》的相关材料

---

[1] *Bulletin de l'École française d'Extrême-Orient*, 51/1, pp.1-78.
[2] 关于民国时期以及新中国建立初期人类学与民族学研究的一般情况,可参阅黄淑娉:《中国人类学源流探溯》,原载于《梁钊韬与人类学》,中山大学出版社1991年版;宋蜀华:《中国民族学的回顾与前瞻》,原载于《中央民族大学学报(哲学社会科学版)》2003年第1期。

与结论来辅助对"僚"民族语言、人种、一般特征、生活习俗等情况的考察与描写;[1]而对唐代沿海"疍民"的历史来源、血缘、地理分布等问题的考察则涉及广州中山大学罗香林的《唐代疍族考》以及陈序经的《疍民的研究》两部文献的观点和推论。[2] 此外,一些新中国成立后我国内地学者的论著作品也得到了征引。如史学家张国淦的《中国古方志考》、唐代文学专家吴文治的《柳宗元评传》、农史学家石声汉的《齐民要术概论》、植物学家陈嵘的《中国树木分类学》、鸟类学家郑作新的《中国鸟类分布目录》等。薛爱华所征引的这些作品具有典范性,能够体现20世纪五六十年代我国内地人文科学与自然科学相关领域的科研水准,具有较高的参考价值与学术代表性。

从薛爱华对日本、越南及中国学者论文与专著的广泛征引我们可以看出,薛爱华作为一个成长于西方学术文化话语环境并深受美国博厄斯学派和卜弼德汉学学派影响的学者,却能跳脱出西方学术圈的窠臼以及固有偏见的限制,在研究中国问题、考证中国故实时,将学术视野由西文材料转向了用汉文、日文等东亚文字写成的研究文献,特别是在动植物学、人类学、民族学等需要依靠大量实地田野调查和原始材料的研究领域,薛爱华对东亚学者的独立研究成果给予了相当程度的系统关注和考察,且常常将相关材料引为支撑自己观点的首要依据。这一点在当时西方中心主义思潮盛行的

---

[1] [美]薛爱华:《朱雀:唐代的南方意象》,程章灿、叶蕾蕾译,北京:生活·读书·新知三联书店,2014年,第97—119页。
[2] [美]薛爱华:《朱雀:唐代的南方意象》,程章灿、叶蕾蕾译,北京:生活·读书·新知三联书店,2014年,第106—108页。

欧美学术圈中是较为少见的。[1]

值得一提的是,《朱雀》第三章在探讨伊斯兰教对安南南部地区的历史影响时,曾引用了9世纪著名的波斯学者伊本·胡尔答兹比赫(Ibn Khordadzbeh,820—912)的《道里郡国志》(*The Book of Roads and Provinces*)。作为一本旨在考察伊斯兰世界主要商业通路和贸易点的专著,《道里郡国志》亦包括许多对东亚和东南亚地区经济、文化情况的详细介绍,其中特别具有学术参考价值的便是其对伊斯兰世界与东亚地区间的商业交通相关事实的梳理与记录。[2] 这一点使得该书早在19世纪中叶便由法国东方学者梅纳德(Charles Barbier de Meynard,1826—1908)翻译引介到欧洲学术界,并成为法国内亚研究和古典汉学研究的重要参考书。[3] 在《爱文庐札记》中,卜弼德在谈及伊斯兰世界与中国的商贸交往时也多次引用《道里郡国志》的相关资料为佐证。[4] 薛爱华在《朱雀》中征引这部古代波斯文献,一方面可看出其学问的渊深广博及对中东地区语言文献的熟悉和掌握,另一方面也从征引文献的角度体现了薛爱华对其博士导师卜弼德将中国研究置于更为广大的亚洲语境的"国际汉

---

[1] 需要指出的是,薛爱华在《朱雀:唐代的南方意象》一书中所表现出来的对东亚近现代学术研究的尊重与关注并非一以贯之。在20世纪70年代,薛爱华汉学学术开始转向道教后,对中国学者研究成果的关注反而日渐稀少。至其最后一部专著《时间海上的蜃景:曹唐的道教诗歌》的注释和参考文献目录中已无中国或其他东亚国家现当代学者作品在列,只有古籍和西方学者的研究文献。

[2] Isabelle Bird, *Korea and Her Neighbors: A Narrative of Travel, with an Account of the Recent Vicissitudes and Present Position of the Country*, with a Preface by Sir Walter C. Hillier, pp.1-5.

[3] Le Livre des Routes et des Provinces, in *Journal Asiatique*, Sixieme Serie, Paris: A L'Imprimerie Imperiale, 1865.

[4] Peter A. Boodberg, *Berkeley Philological Workshop*, p.15, 67, 72.

第四章 《朱雀:唐代的南方意象》研究

学"研究范式之仿效与继承。

当然,在《朱雀》所征引的当代文献中,西方学者的作品仍占据了大多数,此类专著及论文共计有183种。这里特别要提及美国学者马斯顿·贝茨的《无冬之地:热带居民与自然研究》(以下简称《无冬之地》)。作为20世纪知名的生态学、人类学专家,马斯顿·贝茨倾心于热带地区动植物及民族文化研究,其长期于美国南佛罗里达地区、危地马拉及哥伦比亚的田野调查研究经历促成了《无冬之地》一书的写作。[1] 薛爱华由于早年所接受的系统人类学教育和对文化人类学、生态学、博物学一类书籍的熟悉,在着手对唐代南越热带地区的专题研究时,他近水楼台先得月,首先得以参考、利用贝茨这部在热带人类学、生态学研究领域鼎鼎大名的学术作品。尽管薛爱华并没有直接评价过该书,但在《朱雀》中,《无冬之地》作为征引类注释书目共出现22次,是征引注释中出现次数最多的现代作品,这从侧面反映了薛爱华对该书的肯定与重视。不仅如此,该书更是作为一种研究热带民族文化的成功案例和模式,深刻影响到了《朱雀》一书的创作主题和研究理路。在《无冬之地》一书第一章里,贝茨即开宗明义地宣称该书的研究主题是"探讨热带的人与环境"[2],强调历史研究与生态地理研究的融合。而同样聚焦于热带的《朱雀》一书也以对唐代南越各民族文化和地理生态的整体、综观研究为贯穿全书的主题,其中无疑也有着《无冬之地》的影响。在具体篇章的设置上,贝茨选择以一

---

[1] William G. Byron, *Review: Annals of the Association of American Geographers.* Vol, 42, No.2, p.193.
[2] Marston Bates, *Where Winter Never Comes*, New York: Charles Scribner's Sons, p.7.

系列相对独立而又互相关联的分支话题构成全书的大框架和展开论述的具体论点,这些话题包括西方人接触热带地区的历史、热带民族与文化的多样性、热带气候、疾病、食物、森林、海洋、资源、热带政治与政府、低纬度热带地区与世界其他地区的交往等。《朱雀》一书的篇章组织形式与《无冬之地》极为相近,这不仅仅是因为《朱雀》也采取了前后勾连的独立篇章结构,也因为在具体分支话题设置上,《朱雀》所讨论的话题亦包含了叙述史(第一章:南越)、民族(第三章:蛮人)、气候(第七章:天与气)、海洋(第八章:陆地与海洋)、森林(第十章:植物)等内容,其中学术理路、研究方法的影响与传承显而易见。薛爱华以开放而兼容并蓄的态度来吸纳处在古典汉学传统之外的其他学科学术经典及其治学方法,自然就能写出体大思精、包罗万象而又底蕴深厚的著作来。

《朱雀》征引文献中有数部有关中外交通领域研究的法国古典汉学著作,即鄂卢梭的《秦代初平南越考》(第一章注43、47,第三章注62,第六章注17,第九章注108)、费琅(Gabriel Ferrand,1864—1935)的《昆仑及南海古代航行考》(*Le k'ouen-Louen et les anciennes navigations interoceaniques dans les mers du sud*)(第一章注74,第八章注15)、伯希和的《交广印度两道考》(*Deux itinéraires de Chine en Inde à la fin du VIIIe siècle*)(第二章注63)及马伯乐的《唐安南都护府疆域考》(第二章注16、27,第三章注59,第六章注72)。这些作品作为以传统语文学为基本导向的研究专著,是法国汉学的典范作品,也作为参考、征引书目,多次出现在《朱雀》的注释中。这说明,薛爱华非常重视自19世纪末法国远东学

第四章 《朱雀:唐代的南方意象》研究

校设立以来法国学者对中国南部边疆的研究和东南亚研究,且对代表性的作品拥有很高的熟悉度。同时,应该注意到的是,《交广印度两道考》《唐安南都护府疆域考》等著作虽然具有古典汉学研究著作的一般特点,但在对中国南部边疆开展的汉学研究的大框架下,亦包含对该地区罗罗(倮倮)、傣、苗、瑶、纳西等民族开展的精细人类学式田野调查和实证分析方法,这种融合汉学传统和人类学研究方法的科研范式在《朱雀》征引注释中也可见一斑。毫无疑问的是,法国汉学家在研究中国南部边疆民族文化时所采用的独具特色的跨学科研究方法,对薛爱华创作《朱雀》有着颇为重要的影响。

另外,值得一提的是,《朱雀》中有着许多非学术性的文献征引情况,所引文献文段多为诗句、散文片段,涉及的大多数为英法近现代散文、诗歌或文集,包括希特维尔(Sacheverell Sitwell)的《行到时间尽头》(Journey to the Ends of Time)、鲁德亚德·吉卜林(Rudyard Kipling)的《麦克安德鲁的赞歌》(*McAndrew's Hymn*)、埃文斯(Harold Evans)的《热带居民:殖民文集》(*Men in the Tropics: A Colonial Anthology*)、伊拉斯莫斯·达尔文(Erasmus Darwin)的《植物园》(*Botanical Garden*)、马勒雷(Louis Malleret)的《1860年以来法国文学中的印度支那异国情调》(*L'Exotisme indochinois dans la littérature française depuis 1860*)等。除了显而易见地为自己的作品增添文学色彩和可读性,薛爱华在《朱雀》中引用这些作品的文段,往往是在将近现代西方知识分子及唐代文人墨客就特定热带事物的感知与认识互相比照,互为补充,以此凸显唐人眼里与笔下南方风物的特质,或借西方人对热带的描绘进一步揣摩想象存在于唐人精神思想领域的南方样貌。事实上,这种借征引西方文学作品来辅助对特定研究对象的认识和理解的方法,在薛爱华的大部分著作中都非常常见。在《步虚:唐人的星空探索》一书中,薛爱华曾专门谈到运用该方法的目的:

> 读者将会发现许多源自欧洲文学作品中的引语和文段。我希望,他不会将其简单地视作卖弄学问或者耍小聪明,而是接受它们,将其视为明快的衬托、不完全的反映或是令人称奇的类比——无论是通过正面映衬还是对比,这些引语或文段存在的目的都是阐明中古中国意象的独特性(或称奇异性)。在偶然情况下,来自西班牙、希腊或古英格兰的作家曾准确地捕捉到了这些意象的内在风韵。[1]

通过借用西方作家描绘热带风物的文句为想象的跳板,来揣摩、勾勒、畅想唐代文人眼中的南越世界及其意象,在《朱雀》中很常见。这里试举一例:原书第130页注释52(中文版第260页注释3)引埃文斯《热带居民:殖民文集》中查尔斯·戈登(Charles A. Gordon)《黄金海岸的生活》(*Life on the Golden Coast*)中对刚果盆地潮湿的"有毒气体"之记载:

> 这里的中部峡谷密不通风,不管从哪个方向风都吹不进来,加上潮湿的空气,更加速了热带动植物的腐烂,而潮湿的空气像云层般笼罩在固定的地点,还有很多有毒的气体,也都是因此而产生的。当地居民十分清楚这

---

[1] Edward H. Schafer, *Pacing the Void: T'ang Approaches to the Stars*, Berkeley and Los Angeles: University of California Press, 1977, p.7.

第四章 《朱雀:唐代的南方意象》研究　　185

些气体的毒性,因此家家都紧闭门窗,以隔绝陆地吹来的微风。[1]

所谓"有毒气体",其实与赤道热带雨林地区盛行蒸腾作用,水汽受热上升而雾化的自然现象有关。戈登笔下的这种刚果盆地的"有毒气体",与中古时代中国文学作品中南方不毛之地的"瘴气""瘴疠""毒雾"等具有很大的相似性,它们都植根于文明发达地区在观看南方热带丛林地区所保持的偏见、误解、讹传与无知之中,且都与潮湿多雨的气候、繁杂郁闭的森林环境及致命的疾病相关,以戈登的描述来推想、比照唐代文人对瘴气的感受和认知,无疑是合理且有助益的。

此外,西方文学作品语段也常被他引用来和唐代文学作品中的类似语句做对比,以此来凸显唐人南方意象的特有品质。例如原书第 234 页(中文版第 473—474 页)引埃文斯《热带居民:殖民文集》中雷利(Sir Walter Raleigh)《圭亚那之发现》及汤姆林森(H. M. Tomlinson)《海洋与热带丛林》两书中对雨林鸟类艳丽缤纷色彩的描绘,除却为读者创设了一幅充满诗意的明艳热带情境外,也提供了一种比较中西方文人对热带鸟类感知与认识的方式。在薛爱华看来,"一个敏感而又善于观察的北方人,绝不可能忽视南越季风雨林中这样的美景"[2]。然而,从唐代诗歌、散文作品中却很少看到对热带鸟类的具体描述,这是因为,在唐代,"身处南越的

---

[1] [美]薛爱华:《朱雀:唐代的南方意象》,程章灿、叶蕾蕾译,北京:生活·读书·新知三联书店,2014 年,第 260 页。
[2] [美]薛爱华:《朱雀:唐代的南方意象》,程章灿、叶蕾蕾译,北京:生活·读书·新知三联书店,2014 年,第 474 页。

迁客们更关心那里所缺乏的,而不是已经存在的"[1]。是故李明远《送韦觐谪潘州》便有"北鸟飞不到"之句,而即便是那些关注到南方鸟类的诗人,他们的作品也往往流于刻板印象和表面的象征。正如沈佺期在《从驩州廨宅移住山间水亭赠苏使君》中书写其山居生活的诗句:

愿陪鹦鹉乐,希并鹧鸪留。

"鹦鹉""鹧鸪"是唐诗中常见的南方鸟类意象。在沈诗中,这两者作为一种烂熟化的习语,指代了穿梭鸣叫于南方山野中的各种缤纷鸟类。事实上,除却"鹦鹉""鹧鸪",还有所指更为笼统的"越鸟"一词,也在唐诗中被频繁使用,唐代文人们以这一高度概括性的语词指代所有栖息于南国的鸟类,并巧妙地规避了辨识不知名鸟类的麻烦。这一情况导致了南越地区常见的太阳鸟、山椒鸟、绶带鸟、咬鹃等鸟类极少出现在唐代的文学作品中。同时,近现代西方作家所倾心的热带鸟类颜色光泽与形态之美也被忽视,因为它们并非唐代文人们所关心的重点所在。这正如薛爱华所说,唐代大多数在南方的文人"尽管经常见到鸟类,却不观察自然,而只依赖与鸟类有关的传统比喻和寓言,读者对此能够立即辨认和领会"[2]。在对热带鸟类的感知和书写上,唐代文人与近现代西方作家的差别确实如同天壤,薛爱华在此以征引注释的方式揭示这一存在的问题,引导读者在中西比较的框架下去深入思考与理解唐代文人的热带观念、所使用的热带意象和

---

[1] Edward H. Schafer, *The Vermilion Bird: T' ang Images of the South*. Berkeley and Los Angeles:University of California Press,1976,p.235.

[2] Edward H. Schafer, *The Vermilion Bird: T' ang Images of the South*. Berkeley and Los Angeles:University of California Press,1976,p.274.

文学思维方式的特质,是非常巧妙的。

无法讳言的是,《朱雀》一书对现当代文献的征引也存在着少数不准确或不恰当的问题,试举例如下:

原书第27页注释56(中文版第57页注释4)有值得商榷之处——多重征引方法的使用。在考察唐代灵渠疏通修缮的基本史实时,薛爱华同时征引两部古籍《新唐书》《太平寰宇记》及一篇现代西方汉学论文——伯克利东语系学生罗伊(G. W. Roy)的《隋唐运河系统对交通与交流之重要性》(The Importance of Sui and T'ang Canal System with Regard to Transportation and Communication)。这种在考证、还原基本事实时同时征引原始文献及现当代研究性论著的方法在《朱雀》中非常常见,但却略显多余。因为尽管薛爱华参考的现代文献多为在具体研究领域具有权威性或重要参考价值的作品,但它们所提供的信息与历史事实本身也是根植于对古籍的梳理与考证中的,因此不应将这些现代作品放到与原始古籍文献相当的高度,作为佐证史实的参证材料。

原书第117页注释12(中文版第235页注释1)引用了柳宗元《小石城山记》"自西山道口径北"至"是二者,余未信之"文段,来进一步探讨贬谪时期的柳宗元对"造物者"[1]这一概念的认知和诠释,但其征引所依据的文献版本却是英国翻译家翟理斯《古文选珍》(Gems of Chinese Literature)一书中的英译版《小石城山记》(Record of the Little Stone Citadel),而非年代更早且可信度更高的《柳河东集》中所收录的中文

---

[1] 有关薛爱华对唐代知识阶层"自然""造化""造物者"等概念的梳理、总结与评析,参看其发表于《东西哲学》(Philosophy East and West)1965年第2期的论文《论唐代文献中的"造化者"概念》(The Idea of Created Nature in T'ang Literature)。

版《小石城山记》——这种做法借用了现成的英译汉籍文段,省却对原文精确语意和语境特点的翻译学考量,在以追求语文学式字斟句酌的文本考据研究和实证精神的薛爱华作品中是极少见的,但仍有必要在此点明。

尽管有着细小的缺憾,我们也应当看到,薛爱华为了撰写这一有关唐代南越史地的鸿篇巨制参考了总计多达398种汉语与西洋语言文献。其中的古典文献涵盖大量史志、小说、诗文集作品,现当代学术著作则横跨语言学、文学、历史学、考古学、生物学、哲学、地质学等众多领域,真正做到了傅斯年所提倡的资料收集"上穷碧落下黄泉"[1],做到了征引文献的古今中外靡所不包,大致把他那个时代所有和研究唐代南越地区地理人文有关的文献尽数囊括,而又凭借其深厚的中西文献学功底有所取舍倚重。事实上,在美国汉学家群体中,薛爱华素以学问渊综广博、治学必穷竭研读相关材料而闻名,这种学风无疑是值得推重的。当我们探讨一个问题时,广泛地收集资料,尽可能地穷尽相关原始文献以及前贤的研究成果,无疑是打开学术之门的唯一钥匙。而薛爱华在文献上所倾注的心血与热情无疑是其汉学研究的出彩之处。

4.4　勘　误

《朱雀》毫无疑问是一部体大思精的学术杰作,薛爱华在本书的写作中也非常强调语文学上的准确性,但西方学者

---

[1]　傅斯年:《史学方法导论》,北京:中国画报出版社,2010年,第4页。

第四章 《朱雀:唐代的南方意象》研究

的汉学写作有着天然的难度,既要面对中国文化与西方文化的文化间性,又要依赖文本的准确翻译,所以舛误之处几乎是无法避免的。本书在此综合程章灿、叶蕾蕾中译版《朱雀》的译注以及笔者自身在研读原书时所发现的问题,对《朱雀》一书的舛误之处予以罗列和指明。这些舛误主要表现在引文、名物解释、典故意义和翻译等方面。

1)引文舛误

原书第31页(中文版第65页)错以"司马"为邕州官员吕仁之姓。事实上,这里的"司马"并非姓氏,而是同"别驾""长史"等一样,都是唐代州一级的五品职官名。[1] 吕仁事迹见《旧唐书·地理志》《新唐书·地理志》《大清一统志·名宦》等文献的记载。

原书第31页(中文版第65页)一处引文错误,误将《太平御览》所引《十道志》中"鬼门关,十人去,九不还"之"九不还"翻译为"九人还"(Nine men return)。

原书第213页注释第68(中文版第429页注释4),对所引刘恂《岭表录异》中南越沿海地区巨型海鳝"吞舟之说,固非谬也"理解有误,刘恂在原文中并没有"信心满满地否认它们大可吞舟"(denies with confidence that they swallow ships)。

原书第255页注释第57(中文版第514页注释5)细节错误,误将所引《新唐书》文段中关于骠国(今缅甸)大匏笙的规格写成"长八英尺多"(more than eight feet long),而《新唐书·卷二百二十二·列传第一百四十七下》原文则称骠国

---

[1] 张国刚:《唐代官制》,西安:三秦出版社,1987年,第121—122页。

大管"长四尺八寸五分"。

2) 释名舛误

包括地名的误读和名物解释上的错误。

地名有误：

原书第44页(中文版第87页)：误将柳宗元《登柳州峨山》中"西北是融州"之"融州"当作柳州东南方向的容州(Jung-chou)。

原书第137页注释7(中文版第276页注释2)中，作者认为尽管伯希和在《马可·波罗行记诠释》(Notes on Marco Polo)中曾经尝试探讨马可·波罗所谓Khaynam(海南)名称的来源与流变，[1]并举出了司马光《资治通鉴》中所出现的"海南""海南獠"等用法，但宣称目前仍未有充分证据能够证实"海南"一词在唐代已经存在。这是值得商榷的。根据《北史》《隋书》的相关记载，早在南梁时期，便有以"海南"之名称呼海南岛的案例存在。隋唐时期，"海南"一名尽管所指相对模糊，但也常见用其指代海南岛的情况。[2]

名物解释有误：

原书第133页(中文版第268页)：错误地将陈藏器《本草拾遗》中提到的"厕筹"误认为是用纸张制成——他将其称为toilet paper(厕纸)。事实上，根据相关考古发现和文献记载，所谓"厕筹"应是在元明之前曾为古人广泛使用于拭秽的竹简或木简之谓(参见王志轩：《厕筹杂考》，《华夏考古》2010年第1期，第133—135、152页)。

---

[1] 伯希和对此并未得出最终结论，参见Paul Pelliot, *Notes on Marco Polo*, Vol.1, Paris: Adrien-Maisonneuve, 1959, p.243。
[2] 刘剑三：《海南地名及其变迁研究》，海口：海南出版社，2008年，第18页。

第四章 《朱雀:唐代的南方意象》研究　　191

原书第180页(中文版第362页):李贺《罗浮山人与葛篇》所赞美的罗浮山隐士的精美手工品并非"葛纸"(kudzu paper),而是葛布。

原书第195页(中文版第393页):《汉书》所记载南越王赵陀献给汉廷的并非腌制桂皮(cassia preserve),而是"桂蠹一器",即将桂树蛀虫用蜂蜜浸泡而制成的美食。[1]

原书第212页(中文版第428—429页):介绍南方鱼类和蛙类时提及南方有盐腌制鱼"鲊",具有类似于现代越南特产鱼露的浓烈味道。但在其后第十二章"南方的滋味"(Southern Flavors)一节中却没有专辟文段介绍这一颇具南越风情的美食的相关情况。这不能不说是一个细小的缺漏。

3)典故意义的误读。

原书第43页(中文版第86页):对柳宗元《夏昼偶作》中"隐几熟眠开北牖"之"北牖"理解有误。该词并非一种"有关他失去家园的象征性意象"(a symbolic image of his lost homeland),而是一种描写南越真实风物的常见意象,因为南越很多地区人们的门户和北方面南不同,大都朝向北方。《资治通鉴解文·卷三·日南》即云:日南者,在日之南,开北户,以向日。武帝平南越以置日南郡。[2]

原文第44页(中文版第89页):对《北梦琐言》所引李德裕致段成式书信《李太尉致段少常书》中语句"今且作祝鸡翁耳"之"祝鸡翁"理解有误。该词为典故,出自刘向《列

---

[1] 徐珂:《清稗类钞》第四十二册,北京:中华书局,1986年,第217页。
[2] 参见书同文古籍数据库所藏《四部丛刊·史部卷三》。查询地址:http://61.175.198.136:8083/rwt/270/https/M74XV4JPPWYGT4DBNZYGG55NF3SXP/Web#/book/SBCK/appsearch?key=北户&page=1&gl=true,查询时间:2019年2月16日。

仙传》，本是指洛阳一位养鸡的神仙："祝鸡翁者，洛人也。居尸乡北山下，养鸡百余年。鸡有千余头，皆立名字。暮栖树上，昼放散之。欲引，呼名，即依呼而至。卖鸡及子，得千余万，辄置钱去。之吴，作养鱼池。后升吴山，白鹤孔雀数百，常止其傍云。"而非薛爱华所认为的"向鸡祈祷的老者"（an old man praying to chickens）之义。

与此相关，一些史实的细节也欠准确。如原书第88页（中文版第176页）述及"张道陵则是东汉时代伟大的福音运动'黄巾起义'的领袖"。薛爱华认为太平道的领袖是张道陵，这显然是错误的。事实上，黄巾起义源自河北张角兄弟之"太平道"，与兴起于四川、汉中的"天师道"或"正一道"并无关系。张道陵、张衡和张鲁传承的天师道，在汉末称为"五斗米道"，影响也很大，逐渐后来居上。《后汉书·张鲁传》《三国志·张鲁传》等书对此记述颇详。

值得一提的是，笔者通过论文检索发现，在20世纪西方学者的作品里，将张道陵错误地与太平道相联系的看法颇为常见。比较著名的例子出现在马克斯·韦伯《儒教与道教》一书中。该书将张道陵错误认作是太平道的先驱，并且认为太平道曾在四川地区建立"教会政权"，作为与汉王朝相抗衡的力量。韦伯这里很可能是将五斗米道在汉中所建立的政教合一政权错误移植到了太平道，进而构成了迥异于史实的叙事。[1] 此外，与薛爱华写作《朱雀》时代接近的霍华德·李维（Howard S. Levy）在《汉末黄巾宗教与叛乱》

---

[1] [德]马克斯·韦伯：《儒教与道教》，王容芬译，北京：商务印书馆，1995年，第243—244页。

(Yellow Turban Religion and Rebellion at the End of Han, 1956)一文中也误将张道陵的后代张鲁看作太平道黄巾运动的一个领袖;[1]保罗·米肖德(Paul Michaud)的《黄巾军》(The Yellow Turbans, 1958)在追溯太平道的渊源时也出现了同样的错误,将张道陵看作太平道创始人的先祖。[2]事实上,这一时期西方关于太平道和黄巾运动的研究很多都出现了类似的错误,以至于高友功在《方腊动乱资料考》(Source Materials on The Fang La Rebellion)中专门在注释中指出"据《三国志》,张陵(即张道陵)应是张鲁的祖父,而不是张角的祖父"[3]。笔者推测,薛爱华很可能是在撰写《朱雀》这一部分关于道教的内容时参考了马克斯·韦伯或其他学者对太平道的研究成果,并进一步将张道陵直接误当作"黄巾起义的领袖",而又未与《后汉书》《三国志》等原典加以核对。这种无心之失在强调立足文献文本考据而开展研究工作的薛爱华作品中是颇为少见的。

又如原书第93页(中文版第186页):所谓韶州宝林寺"惠能的精美雕像"(the fine statue of Hui-neng)的说法不够准确,因为该"雕像"本来便是惠能真身。

原书第222页(中文版第448页):文中所指出的"东方"动物驯化过程存在争议。按照当代汉学家谢和耐在针对《朱雀》所作的书评中的看法,最早驯化动物的动力可能是

---

[1] Howard S. Levy, Yellow Turban Religion and Rebellion at the End of Han, in *American Oriental Society*, 1956. pp.76-121.
[2] Paul Michaud, The Yellow Turbans, in *Monumenta Serica*, Vol.XVII, 1958, pp.47-121.
[3] Howard S. Levy, *Source Materials on The Fang La Rebellion*, p.216.

来源于宗教崇拜和仪式需要,而不是出于更为实用的目的。[1]

另外,专就翻译来说,尽管薛爱华对相关唐代诗文作品的英译大多准确而雅洁优美,体现了很高的翻译质量,但依然存在少数讹误或不恰当的地方。试举例如下:

1)原书第 47 页(中文版第 94 页)将刘禹锡《读张曲江集作(并引)》中"身出于遐陬,一失意而不能堪"译作 When he himself was sent to a far-off retreat, once his expectations are lost, he could not bear it(字对字回译:在他自己被遣送到遥远的隐退之所时,一旦他的期望落空,他无法承受它)。这显然是薛爱华对原文"出于"理解有偏差,考虑到张九龄本身便出生在广东韶关边远之地,此"出于"应是"出自""来自"之义。

2)原书第 56 页(中文版第 116 页)将《新唐书·李德裕传》"蜀人多鬻女为人妾"译作 A majority of the men of Shu sell their daughters to become men's concubines(字对字回译:大多数的蜀人贩卖他们的女儿来成为男人们的妾)。这里有两处不当之处。其一"蜀人多鬻女"至多仅仅表示该现象较为常见,并不意味着蜀人中多数人都会这么做,此处用 a majority of 来翻译"多"似不妥;其二是用 sell their daughters to become men's concubines 翻译"鬻女为人妾"显生硬,如译作 sell their daughters as concubines 则更为妥帖。

3)原书第 82 页(中文版第 164 页)将房千里《投荒杂

---

[1] Jacques Garnet, Review: The Vermilion Bird: T'ang Images of the South by E. H. Schafer, in *American Oriental Society*, Vol.89, No.3, 1969, p.649.

录》中"俚民争婚聘者相语曰:我女裁袍补袄,即灼然不会,若修治水蛇黄鳝,即一条必胜一条矣"翻译作 If one of the Li folk, disputing a marriage arrangement, should speak to another thus: My daughter tailors robes and prepares jackets! Then obviously there would be no union. But if she had cultivated the preparation of water snakes and yellow eels, that single thing would surely win over any other item(字对字回译:如果俚民中的一个为婚约有了争议,他会这么对其他人说:我的女儿裁剪袍子,备好袄子!如此当然不会有联姻。不过若她耕耘于水蛇和黄鳝的准备工作,这一件事就肯定会胜过其他事物)。从回译文本看,存在有几个问题:①原文之"俚民"即岭南当地居民之谓,并非指某个专门的民族或人群,将其译为 the Li folk 有欠妥当,如以 the natives 或 the local people 等相替代则似更妥帖。②原文"俚民争婚聘者"并非特指某个具体的人,薛爱华将其当作了一个因婚姻问题而起疑议的个体 one of the Li folk,理解有误。③原文"灼然不会"之"不会"同现代汉语中该词意义,应当是说话者说自己女儿不通缝纫之事,薛爱华却将其翻译为 no union,理解有误。

4)原书第 92 页(中文版第 183 页)将《投荒杂录》"土人以女配僧,呼之为师郎"之"师郎"翻译为 Mistress Teacher,并在注释中解释自己在翻译中将"师郎"之"郎"替换成了"娘"。这一改动可能并非必要之举。因为"郎"在唐代已被用在女子身上,唐人对年轻美好的女子就有"女郎"之谓,如张籍《寒食》"女郎相唤摆阶"、刘禹锡《杂曲歌辞·踏歌行》"堤上女郎联袂行"。故即便"师郎"指女方,也是说得通的。

5)原书第 113 页(中文版第 226 页)将《广异记》"于大

树空中作巢"翻译作 they make their nests in the great trees out in the open（字对字回译：他们在大树外空的地方作巢），以 out in the open 翻译"空中"表明作者这里错解了文意，若将其改为 they make their nests in the hollows of great trees（字对字回译：他们在大树中空的地方作巢）似更为妥帖。

第五章
《时间海上的蜃景:曹唐的道教诗歌》研究

5.1 写作背景与动因

5.1.1 薛爱华汉学研究的转向和道教研究的深入

《时间海上的蜃景:曹唐的道教诗歌》[1]是薛爱华最后一部学术性专著,也是凝聚其后半生学术志趣与专攻领域——唐代道教与道教文学研究的一部精粹之作。然而,值得一提的是,从薛爱华早年的求学经历和学术研究出产看,他对于道教与道教文学研究的兴趣并非滋长于其师卜弼德的学术影响中,也并非其早期学术研究的主题和重心。薛爱华在20世纪五六十年代出版的如《闽国:10世纪的中国南方王国》《撒马尔罕的金桃:唐代舶来品研究》等专著显示,在学术生涯的早期,薛爱华无疑是将四裔之学与名物考证放在了工作的重点,而并没有对道教产生过多的关注与研究。这一点在薛爱华于1958年的《致〈美国东方学会会刊〉编辑部通讯稿》(Communications to the Editor)一文中也可得到佐证。在该文中,薛爱华宣称自己"对中古中国文献,特别是有

---
[1] 以下简称《曹唐的道教诗歌》。

关物质文化的内容颇为感兴趣"(with a particular interest in medieval Chinese literature relating to material culture)[1]。

那么,薛爱华对于道教与道教文学研究的学术志趣是如何萌生与发展的?有关这个问题,现存的资料大都语焉不详,而在20世纪四五十年代[2]薛爱华的学术专著与论文作品中,也无法找到以道教问题做专题研究的篇目,甚至在这一时期的薛爱华文章注释与参考资料里都难以寻觅道教文献。但有一篇和道教文献及道家思想有关的文章(这里需要指出的是,1954年出版的《闽国:10世纪的中国南方王国》一书的第六章《宗教》部分包括一节介绍闽国道教发展情况的短文,而薛爱华同年刊登于日本京都大学人文科学研究所《创立廿五周年纪念论文文集》的文章《南汉国史》亦包含对南汉国道教的概要介绍,但由于这两篇文章完全依赖于《资治通鉴》及《五代史》的相关记载,并在此基础上展开历史性描述和叙事,缺少学术性和问题意识,且未涉及道教自身的文献,故不将此文带入对薛爱华道教研究起源的探讨中),这就是1953年薛爱华于《东方》(Oriens)杂志发表的名为《李纲〈榕木赋〉翻译与注评》的论文。作为薛爱华存世作品里最早以文学作品作为专门翻译与分析对象的文章,该文对清《御定历代赋汇》所录宋李纲《榕木赋》进行了全文英译,并通过对《榕木赋》文本的详细注释,指出李纲在文中大量使用了道家文献中的常见名物典故与词汇。而该赋所蕴含的思想也有着鲜明道家色彩,即可追溯到《庄子·逍遥游》

---

[1] Edward H. Schafer, Communications to the Editor, in *American Oriental Society*, 1958(64), p.125.
[2] 薛爱华于1947年毕业后,旋即入职于伯克利东语系,担任讲师一职。

的"无用而全身远害"观念。用薛爱华自己的话讲,该作品可以看作是"有韵体道家寓言"(rhymed taoist apologue)。这篇发表于1953年的文章显示了薛爱华对《老子》《庄子》等道家文献在开始研究生涯之初便有所涉猎。考虑到沙畹、马伯乐以来的西方古典汉学家历来将"道教""道家"混同为一进行研究,并不做严格区分,从西方汉学史自身的语境和逻辑而言,可以认为薛爱华这篇文章标志着其道教研究的萌芽。但从严格意义上来讲,道家作为一种传统哲学流派,与包含信仰崇拜和科仪活动、宫观丛林制度的道教具有鲜明的区别,而真正反映薛爱华开始涉足道教文献及道教文学作品的文章,则是在《李纲〈榕木赋〉翻译与注评》一文发表十年之后。

1963年,薛爱华曾在《泰东》(Asia Major)杂志上发表过一篇名为《贯休游仙诗中的矿物意象》(Mineral Imagery in the Paradise Poetry of Kuan-hsiu)的文章,该文以词对词(word for word)翻译、平实(plain)翻译、自由体(freestyle)翻译等翻译模式将晚唐五代名诗人贯休《梦游仙四首》译成了英文,指出贯休诗歌中所使用的矿物意象并非孤立的隐喻,而是一整套玄想道教仙境的诗歌意象系统中的元素和组成物。另外,本文还详细分析了出现在贯休诗歌中的"仙""仙境""金银""龙"等具有显著道教色彩的意象之内涵与特征。而注释与参考资料部分出现的《穆天子传》、《神异经》、《列仙传》、李白《题随州紫阳先生壁》、曹唐《仙子洞中有怀刘阮》等道教或深受道教文化影响的文本也从侧面反映出薛爱华对道教渐趋浓厚的兴趣。《贯休游仙诗中的矿物意象》在综观薛爱华研究历程时颇为重要,因为它标志着薛爱华好奇与探究的目光开始转向道教研究和具有道教色彩的文学作品研究,也预示了其后来贯通宗教与文学,注重探讨诗歌中宗教性意象的研究范式之建立。

从20世纪70年代初叶开始,薛爱华的学术探索开始明显向道教研究领域倾斜。道教的神秘主义特色和道教文学瑰丽玄怪的想象世界与天性"偏爱异域情调与浪漫气息事物"[1]的薛爱华产生了共鸣,激发了后者逐渐深入于道教文献的丛林中。薛爱华这一学术转向造就了在学界享有盛誉的《步虚:唐人的星空探索》《唐代的茅山》两部著作,并陆续有《说天河》《月之旅》《太玄玉女》《吴筠〈步虚词〉》《说太霞》等论文发表。这些作品显示,薛爱华此时不再经由传统史志文献及文学作品迂曲认识道教,而是开始直接涉猎与研习道教自身的文献,例如《上清大洞真经》《登真隐诀》《黄庭内景经》《真诰》等。同时,薛爱华对于中古道教上清派教理、典籍及游仙文学研究的独特偏好也在此时形成,而一些具体性的道教专题研究亦频繁出现,构成了薛爱华学术生涯中后期的重要关注点,也是《曹唐的道教诗歌》中主要的研究议题,它们是:1)对中古道教上清派存思术等修仙方术之研究。代表作《太玄玉女》《月之旅》《洞天福地:唐代道教文学二记》《观看月宫的诸种方式》。2)对唐代道教名物典故与道教人物的研究。代表作《道教琐记二则:姹女意象之变迁》《仙药琅玕英》《说太霞》《玉真公主》《说毛仙翁》。3)对中晚唐道教游仙诗词的研究。代表作《吴筠〈步虚词〉》

---

[1] Phyllis Brooks, Discovering a Religion, in *Phi Theta Papers*, Berkeley: Students Union of the Department of Oriental Languages and Literature, 1984, pp.15-17.

《吴筠〈游仙诗〉》《咏仙词〈巫山一段云〉》等。对这些专项课题的关注与探索使得薛爱华积累了相关领域丰富的知识，也为他着手研究深受上清派思想影响的晚唐诗人——曹唐及其游仙诗提供了必要的知识和文献储备，他于 1982 年开始撰写《曹唐的道教诗歌》就显得颇为水到渠成。

5.1.2 《曹唐的道教诗歌》的创作目的

《曹唐的道教诗歌》的写作是薛爱华学术研究中后期发展自身逻辑的成果，亦受到鲜明主观目的之驱动：即对汉学研究界长期存在的对道教偏见的反拨和对重要道教文学作品和作者的再认识与价值评估。薛爱华曾在该书引言部分提到：

> 直到目前为止，绝大多数西方人对道教持有一种传统和非常造作的看法：它很大程度上根源于在 16 世纪到 20 世纪统治中国的满洲人对被他们所征服的民众间流传的所谓"危险的迷信"(dangerous superstition)的厌恶和反感。他们刻意抹黑了这一中国本土宗教，举凡道教神祇、道士、斋醮科仪、戒律及道教丰富的文献作品都遭到贬低和排斥。即便是在最近，也很少有东西方学者愿意花费自己的时间与精力去研究这一伟大的总集[1]，他们大都信服自大的满洲统治者看法，即《道藏》是一纸无甚重要意义的空文。[2]

对薛爱华观点的理解涉及对西方道教研究总体情况的准确认识与评价。下文将简要概述西方道教研究几个世纪

---

[1] 指《道藏》。
[2] Edward H. Schafer, *Mirages on the Sea of Time: Taoist Poetry of Ts'ao T'ang*, Berkeley and Los Angeles: University of California Press, 1984, p.2.

以来的发展历史：

　　道教研究在西方古典汉学研究史中属于后来者。正如法国道教学者索安（Anna Seidel, 1938—1991）在其遗作《西方道教研究编年史, 1950—1990》（Chronicle of Taoist Studies in the West, 1950—1990）所指出的，"作为中国文化传统中的诸要素之一，道教在西方是最后被发现和研究的"[1]。尽管在16、17世纪的天主教来华传教士的日志、书信与著作中就已经出现了有关道教神仙信仰、斋醮科仪、道士道观、服食导引之术等方面的只言片语，但多关注的是现象和直观层面的宗教现象，且频出常识性的错误，不能称为真正的学术。例如德国学者阿塔纳修斯·基歇尔《中国图说》第三部分第一章"中国的偶像崇拜"中对道教的肤浅记录，其中对无知与偏见的论述随处可见。如称主持祈禳驱治仪式的道士用黑墨水在黄纸上画出可怕魔鬼的形象……然后再在屋子内发出刺耳的叫喊声，以致他们自己似乎也成了魔鬼。[2] 这类记述仅凭表面的感性观察，不仅暴露出道教科仪常识的不足，亦匮乏对异文化的基本尊重。19世纪，在儒家思想、汉传佛教研究起步数百年之后，道教才开始得到法国巴黎学派沙畹、儒莲、伯希和、马伯乐等学人的重视，其中马伯乐成了开拓西方汉学界全面而专业道教研究阶段的先驱。[3] 然而，西方道教研究的发展仍旧缓慢，而这一发展迟滞情况在

---

[1] Anna Seidel, Chronicle of Taoist Studies in the West, 1950-1990, in *Cahiers d'Extrême-Asie*, Vol.5, 1989, p.226.
[2] [德]阿塔纳修斯·基歇尔：《中国图说》，张西平、杨慧玲、孟宪谟译，郑州：大象出版社，2010年，第249—259页。
[3] [法]索安：《西方道教研究编年史》，吕鹏志、陈平等译，北京：中华书局，2008年，第1—2页。

美国汉学界尤为突出。在19世纪中晚期至20世纪上半叶早期美国汉学研究的巨擘卫三畏、夏德、劳费尔等人的学术论著中,几难寻觅道教研究课题和征引道教文献的案例。唯有加州大学博士生约翰生(Obed Simon Johnson)于1928年出版的《中国炼丹术考》(The Study of Chinese Alchemy)(该书汉文译本由著名科学家、翻译家黄素封先生译出,并于1936年在上海商务印书馆出版)、哈佛燕京学社第一位研究生魏鲁男(James Roland Ware, 1901—1977)的《〈魏书〉和〈隋书〉谈道教》(A Discourse on Daoism Based on the Chronicle of the Wei and the Chronicle of the Sui)和《公元320年的中国炼丹术、医学和宗教:葛洪〈抱朴子内篇〉》(Chinese Alchemy, Medicine, and Religions in 320 AD: Ge Hong's Inner Book of the Man Who Embraces Simplicity)、顾立雅的《中国文化史:道教及其他科研课题》(Daoism and Other Studies of the History of Chinese Culture)等有可观之处。[1]

迟至二战结束,随着中华人民共和国的成立和朝鲜战争的爆发,美国中国研究学术界受到政治、外交领域了解社会主义中国的实际需要和《国防教育法案》及福特、洛克菲勒等财团教育基金的刺激,才逐渐发展出专业性的道教研究。当然,得益于雄厚的科研经费支撑和大量留美的华裔、日本裔、欧洲裔研究人才的助力,较晚起步的道教研究跟随美国中国研究整体突飞猛进的步伐发展较快,至20世纪70年代便已成为该领域独立于日本、法国的重要科研中心。在薛爱华开始步入道教研究领域前后,美国数位具有影响力的学者

---

[1] 李养正主编:《当代道教》,北京:东方出版社,2000年,第483—485页。

开始在以下多个领域拓展着道教研究的疆界:20世纪五六十年代最具代表性的道教学者威尔奇(Holmes Welch, 1924—1981)发表的《早期道教中的混合主义》(Syncretism in Early Daoism)、《道之分歧:老子与道教》(Split of Dao: Laozi and Daoism)等文章着重于对《道德经》及道教早期历史的讨论;苏海涵(Michael Saso,1930—)则对道教斋醮科仪研究尤精,他所编撰的《庄林续道藏》(Chuang-Lin Hsu Tao-tsang: A Collection of Daoist Manuals)、《道教秘诀整合》(Integration of Taoist Secret Formula)结合其在台湾进行的社会学与人类学式实地考察,对台湾新竹等地流传的道教科仪文本及实践活动进行了整理和探讨;[1]得法国汉学家石泰安(Rolf Alfred Stein,1911—1999)真传的司马虚(Michel Strickman,1942—1994)在《茅山降经:道教与贵族》(The Mao Shan Revelations: Daoism and the Aristocracy)、《论陶弘景的炼丹术》(Tao Hongjing's Alchemy)、《上清启示:道教茅山宗》(The Revelation of the Highest Clarity Tradition: the Mao Shan Sect)等论著中深入探讨了六朝时期的道教史、道教思想和经典,特别倾力于这一时期茅山上清派道教发展的情况上;麻省理工学院的席文(Nathan Sivin,1931—)则贡献了《中国炼丹术:初步研究》(Chinese Alchemy: Preliminary Studies)、《中国炼丹术与时间操纵》(Chinese Alchemy and the Manipulation of Time)等关注于道教外丹黄白术的研究成果。

然而,尽管有着发展中的成果,道教研究毕竟属于古典

---

[1] 卢睿蓉:《美国的中国道教研究之管窥》,原载于《宗教学研究》2011年第2期,第38页。

汉学研究界的一个新兴领域,且在薛爱华的时代,许多较为保守的学者仍然对道教研究心怀偏见。以《曹唐的道教诗歌》一书在发表后所获得的书评为例,虽然白安妮[1]、特伦斯·卢梭[2]、惠特克(K. P. Whitaker)[3]等汉学报刊评论员对该书都给出了颇为中肯和积极的评价,但研究传统的物质史和中西交通史的美国学者张国平却认为,相比于薛爱华早期的《撒马尔罕的金桃:唐代舶来品研究》《朱雀:唐代的南方意象》等著作,《曹唐的道教诗歌》由于关注的是"没有什么现实基础的想象世界",考察的是"知识圈的神秘主义者(literate mystics)的虚构体验,而不是诸如拔汗那(Ferghana)的马匹、安南的檀木或夜空的星座那样的实在的事物意象",故而该书虽然作为薛爱华探索道教超验世界的尝试,富有想象力,却也"令人不甚满意"[4]。张国平将道教所内涵的丰富的意象与文化底蕴降格为"没有什么现实基础的想象世界""虚构体验",其对道教的偏见可见一斑。《通报》书评家布兰金斯基(A. G. Blankestijn)则将批评矛头指向道教诗歌本身,认为道教诗歌多为"穿着缥缈仙服,隐藏于道教面纱之下的世俗情诗",且"一如文艺复兴时以古典时代神祇狂欢聚饮(frolic)为主题的诗歌,常常有文词夸饰工巧之

---

[1] Anne Birell, Review: Mirages on the sea of time: the Taoist poetry of Ts'ao T'ang by Edward H. Schafer, in *The Journal of the Royal Asiatic Society of Great Britain and Ireland*, Vol.119, No.2, pp.159-161.
[2] Russell, Terence C., Schafer's Clam Castles, in *Cahiers d'Extrême-Asie*, Vol. 2, 1986, pp.265-267.
[3] *Bulletin of the School of Oriental and African Studies*, University of London, Vol.50, No.2(1987), p.408.
[4] Michael R. Drompp, Review, in *Journal of Asian History*, Vol.21, No.1(1987), p.91.

弊"[1],质疑这类文学作品是否有着进行专门学术研讨的价值。针对当时学术界存在的对道教研究的偏见,T. C. 罗素曾一针见血地指出:

> 尽管道教受到越来越多的严肃性学术关注,我们对这一宗教体系的理解仍然是远远不够的。再者,在文献研究领域,许多学者依然对道教和道教研究心存偏见。这些学者似乎把更多时间花在了评估欧洲最新的文艺理论,而不是追求对中古中国宗教信念的基本认识上。[2]

此外,从西方道教研究自身看,一些具体的研究课题也长期呈现少人问津的萧条局面,其中便有上文提及的道教文学作品研究。作为道教思想和道教文化的感性文字载体,道教文学作品无疑是深入认识道教的世界观、思维方式、教理教义的重要途径,学术界却长期对此缺乏基本的重视。[3]以学术期刊为例,20世纪70年代的美国《美国东方学会会刊》《亚洲研究》、荷兰《通报》、法国《远东杂志》等刊物几难寻觅以道教文学研究为主题的论文,少数特例多为薛爱华自己或其弟子所发表的论文,如薛爱华的《吴筠〈步虚词〉》(1981)及《词牌〈巫山一段云〉》(1982)、柯慕白(薛爱华弟子)的《唐代诗歌中的司马承祯》(Szu-ma Ch'eng-chenm in

---

[1] *T'oung Pao*, Second Series, Vol.74, Livr. 4/5(1988), pp.308-309.
[2] T. C. Russell, Schafer's Clam Castle, in *Cahiers d'Extrême-Asie*, Vol.2, 1986, p.265.
[3] 当然,依然存在极少特殊情况,例如李白研究。20世纪50年代,英国汉学界亚瑟·韦利就曾探讨李白诗歌的道教意蕴。但总体而言,道教文学作品研究作为一个独特的研究领域,在薛爱华之前并没有演化成为一门专门的和系统性的学术。

T'ang Verse)(1978)、柯素芝(薛爱华弟子)的《中古中国文学中的西王母意象》(The Image of the Goddess Hsi Wang Mu in Medieval Chinese Literature)(1982)。其实,正是由于有着薛爱华及其弟子的努力,西方汉学界才开始真正重视道教文学作品,对道教文学的研究才正式步入学术殿堂,进入专业化与学院化的轨道。

通过以上的回顾与梳理,可知薛爱华在《曹唐的道教诗歌》序言部分有关西方道教研究状况的言论无疑是犀利而具有洞见的。在该文中,薛爱华针对西方学者普遍对道教研究的轻视给出了自己的看法,即认为西方学者普遍受到了有清一代统治阶层对道教的消极态度和抑制政策的影响,对道教存有偏见。这应该说是有一定道理的。道教在明代就已开始走下坡路,但清代官方在宗教和文化政策上对道教的态度加速了道教的没落,这多少影响了清人及域外学者对道教的重视程度。我们知道,清代统治者由于其少数民族的特殊身份和维护统治的需要,奉行尊崇儒教与藏传佛教的政策,而视道教为汉人宗教,对其采取不信不扶的冷淡态度。[1] 而约束和压制道教的具体政策与措施亦时见于相关史籍中。其中,有对道教领袖权威和地位的打压,如乾隆时道教正一派嗣教真人品阶被从正三品降至正五品,且被取消了进京朝见的权利。[2] 也有对大范围的道教活动的严格管控。如《清朝续文献通考》卷八九载"乾隆四年,议奏:嗣后真人差委法员往各省开坛传度,一概永行禁止。如有法员潜往各省

---

[1] 祁美琴:《清代宗教与国家关系简论》,原载于《中国人民大学学报》2014年第6期,第150页。
[2] 孔令宏编著:《道教概论》,杭州:浙江大学出版社,2013年,第212页。

选道士,受箓传徒者,一经发觉,将法员治罪,该真人一并议处"[1]。而与道教具有水乳交融般联系的民间各色道门教派更被统一视为威胁清朝统治的"邪教",遭到无情镇压和清剿。[2] 清朝对道教的抑制政策也影响了知识界对道教的态度。有清一代,不只道士的地位一落千丈,道教文献和具有道教色彩的文学作品也常受到漠视与低估。这一情况也影响到了西方学者对道教的看法。[3]

当然,西方学者长期以来对道教的不重视也与西方早期汉学以传教士为主导力量的事实有关。早期来华的传教士,如罗明坚、利玛窦、卜弥格、裨治文、苏慧廉、丁韪良等人皆倾力于对儒家思想文献的考察与研究。在他们看来,以《论语》《孟子》《中庸》等经典所代表的儒家哲学具有理性主义和自然神学色彩,有着进步意义,也是中国文化的核心和最重要品质,值得深入研习和向西方学术界介绍。而道教思想、典籍、信仰崇拜、科仪、神系、造像艺术等在西方传教士眼中具有过于疏异的特征,接近于基督教话语中的"迷信思想和偶像崇拜",这自然严重阻碍了针对道教的严肃科研活

---

[1] 刘锦藻:《清朝续文献通考》卷89,杭州:浙江古籍出版社,1988年影印版,第8494页。
[2] 范成忠:《清代康雍乾时期的宗教政策研究》,新疆师范大学硕士论文,2009年,第36—37页。
[3] Anne Birrell, Review: Mirages on the Sea of Time: The Taoist Poetry of Ts'ao T'ang by Edward H. Schafer, in *The Journal of the Royal Asiatic Society of Great Britain and Ireland*, No.1(1987), p.159.

动的开展。[1]

此外,从道教本身来看,其具有的复杂高深与内向性特点无疑让众多西方学者望而却步。在《西方道教研究概述》一文中,美国汉学家迈克尔·A.迪马科宣称,道教在西方学术界长期受到的冷落与偏见"可能更多地归因于道教自身固有的使人难以捉摸的特色",他认为道士"往往隐藏在秘密的帘幕后,使人感到迷惑",而道教的教义与教规也"只是一代一代地由师父传给合适的弟子",这种情形"使得外人在认识和考察道教时如同雾里看花,很难准确把握其理论本质和具体形式"[2]。

迪马科的看法触及影响和限制西方道教研究发展的一个不容忽视的关键问题:作为学术研究对象的道教是一个由浩如烟海的道经、彼此充满差异与分歧的道派与修行法门、纷繁多样的科仪制度等因素构成的复杂文化现象,它深植于中国民间宗教和风俗信仰的土壤之中,对于西方学者来说,要了解和研究道教无疑是比政治史研究、社会研究、文学研究、中西交通研究等更为困难的考验。此外,不同于西方基督教的积极传教政策和干预社会事务的倾向,道教有着内向

---

[1] 英国传教士苏慧廉(William Edward Soothill)的看法就非常具有代表性。在《中国传教事业》一书中,苏断言:"道教作为一种超自然的思想体系,它为中国过去和现在的迷信代言,它不管是对自己的专业人士,或是对儒教和佛教教派都没有正面的影响。"(William Edward Soothill, *A Mission in China*, London: Oliphant, Anderson & Ferrier, 1907, pp.255-256.)另一位传教士丁韪良亦认为道教是一种多神敬拜和偶像崇拜,道教教徒"是最不理性的人"(W.A.P. Martin, *A Lore of Cathay or the Intellect of China*, New York, Chicago and Toronto: Fleming H. Revell Company, pp.165-166.)

[2] [美]迈克尔·A.迪马科:《西方道教研究概述》,原载于《中国道教》1982年第1期,第58页。

性的特点,它通过一整套面向道门子弟的经戒法箓制度,形成了一个相对封闭的知识与文化传播生态。道教知识依照道教品阶制度进行严格的教内传授,且很多都为不见诸纸端的口传心授,而将道法轻传教外人士的行为则会遭到严厉惩罚和报应。《无上秘要》卷三十三《轻传受罚品》就列举了关于轻易传教的种种处罚办法,其中引《九真中经》曰:"传授之法皆师及弟子相授,以崇玄秘。授非其人,不违法度,为泄宣天宝,漏慢违誓,死为下鬼,及七祖受风火之罪。自非同契,宁当闭口。"[1]对于一个未入道门的西方道教研究学者来说,最主要的研究途径便是依靠语文文献学方法,挖掘与解读依附于现存《道藏》文字中的学术文化信息,来开展对道教教理、历史、科仪等领域的研究活动。然而,囿于中西文化的差异和道经自身的繁杂难解,这种解读常出现偏差与谬误。此外,西方道教研究者多缺乏教内人士的指引,也没有更多认识与深入理解这一复杂宗教历史与现状的研究途径。可以肯定的是,道教自身的封闭内向性令人望而却步,也阻滞了相关研究的发展和深化。

以上谈到的西方道教研究的不受重视以及发展迟滞状态,正是美国学者迪马科所谓的匮乏高素质学者以及杰出研究成果的道教研究"初级阶段",是薛爱华由中西交通研究转向道教的宏观学术文化生态,也是激发薛爱华写作《曹唐的道教诗歌》的一个主要诱因。同时,向汉学研究界揭示道教文学作品所蕴含的学术价值和文学价值,进而改变西方学

---

[1]《道藏》(第25册),北京:文物出版社,上海:上海书店,天津:天津古籍出版社,1988年,第112页。

者对道教与道教文学研究的整体态度,无疑正是薛爱华写作《曹唐的道教诗歌》所希望达成的最主要学术目标。

为了达成这一目标,薛爱华选择以典型个案研究的方式,将曹唐的游仙诗歌作为研究对象,无疑是经过深思熟虑的。晚唐时代的著名诗人曹唐(797?—866?),字尧宾,桂州(今广西桂林)人。曹唐早年有修道经历,工文赋诗。[1]《全唐诗》辑其诗为二卷,共一百六十一首,其中七律《大游仙诗》十七首,七绝《小游仙诗》九十八首,是创作游仙诗数量最多的唐代诗人,且将游仙诗推向了新的艺术高度,其题材的新颖,意象构思的瑰奇,语词的清丽均令人赞叹。事实上,在唐宋诗坛上,曹唐诗歌便广为流行,"杰出于时,可歌可诵","二曹公(指曹唐、曹邺两位晚唐诗人)诗,在唐、宋时尝显矣"[2]。此外,曹唐道教气息浓郁的游仙诗对后世游仙诗的创作也有很大影响,以至于成了艺术典范。清代诗人厉鹗便声称自己"效颦郭璞,学步曹唐,前后所为,数凡三百"[3]。

然而,曹唐其人其诗,在20世纪80年代之前的东西方学术界却很少有人关注,得不到相应的重视。在国内学界,程千帆先生在1949年曾有《郭景纯、曹尧宾〈游仙〉诗辨异》一文,但直到20世纪80年代才有少数几篇专论曹唐及其诗歌的文章,如陈继明先生的《曹唐诗歌略论》(1986),梁超然先生的《晚唐桂林诗人曹唐考略》(1989)。西方学界对曹唐

---

[1] [元]辛文房:《唐才子传》,上海:古典文学出版社,1957年,第142页。
[2] [明]蒋冕:《二曹诗·又跋》,引自梁超然、毛水清注《曹邺诗注》,上海:上海古籍出版社,1982年,第74页。
[3] [清]厉鹗:《樊榭山房集》(上),上海:商务印书馆,1936年,第69页。

诗歌的忽视与偏见更为严重,他的作品常常被汉学研究者认为具有"迷信色彩"(superstitious)并且微不足道(trivial)。这一情况直到薛爱华的时代才有所改观。通过以 Ts'ao T'ang[1]及 Cao Tang 为关键词,对 Google Scholar 学术搜索引擎,以及收录西方社科过刊文献较全的 Jstor 数据库和 Taylor & Francis 数据库进行目录检索,我们发现,西方第一个对曹唐诗歌怀抱严肃学术兴趣,并将思考成果形诸笔端的学者,正是薛爱华。早在其分别于 1963 年、1981 年发表的《贯休游仙诗中的矿物意象》《吴筠〈步虚词〉》两篇论文中,薛爱华便曾站在比较的视角上探讨曹唐游仙诗与贯休、吴筠的相关诗作在格调、意象、辞藻等方面的异同点。[2] 而 1985 年出版的《曹唐的道教诗歌》更是成为西方第一部以曹唐及其诗歌为主要研究对象的学术专著,成为西方学者深入了解曹唐其人其诗,以及其背后所蕴含的道教想象世界的媒介。而正是通过对曹唐诗歌学术价值与艺术之美的正名与昭示,薛爱华也在向整个西方古典汉学研究界展现道教与道教文学研究的价值与意义所在。

5.2 《曹唐的道教诗歌》内容与体制

《时间海上的蜃景:曹唐的道教诗歌》(*Mirages on the Sea*

---

[1] "曹唐"的威妥玛式拼法。这是由英国学者威妥玛(Thomas Francis Wade)创造、翟理斯(Herbert A. Giles)修改完善的汉语拼音方案。威妥玛汉字拉丁化拼音方案是西方中国研究界最广泛使用的拼音系统。

[2] 参阅薛爱华刊载于《泰东》(*Asia Major*)1963 年第 10 期的论文 Mineral Imagery in the Paradise Poetry of Kuan-hsiu,以及刊登于《哈佛亚洲研究杂志》1981 年第 2 期的 Wu Yun's "Canton on Pacing the Void"。

第五章 《时间海上的蜃景：曹唐的道教诗歌》研究   213

of Time: *The Taoist Poetry of Ts'ao T'ang*)写作时间为1982—1984年。1985年,本书由美国加利福尼亚大学出版社(University of California Press)在伯克利、洛杉矶及英国伦敦的三个分社出版,共153页。另外,在2008年11月,由美国康涅狄格州林奇费尔德郡沃伦镇(Warren Town, Litchfield County, Connecticut)专营有关亚洲艺术、历史类学术著作出版业务的出版公司浮世书局(Floating World Editions)在对原版本进行详细校勘基础上再版,凡164页。

目录：
(参考版本：加州大学出版社1985年版)
导言(Introduction)1
　　道教茅山派概况(Mao Shan)2—6
　　唐代道教诗人(Taoist Poets of T'ang)7—10
　　道教诗歌的体裁(Poetic Forms with Taoist Content)11—15
　　名词解释和英文对应词(Terminology)16—25
　　曹唐诗英译的指导思想(Translations)26—30
　第一部分　曹唐及其游仙诗(Ts'ao T'ang and His Elysian Encounters)31—47
　第二部分　海上仙乡：道教的想象世界(Principalities of the Sea)48—122
　　蓬莱(P'eng-lai)51—60
　　中空的世界(The Hollow Worlols)61—65
　　玉妃与仙装(Jade Consorts and Pelagic Costumes)66—79

蜃楼与复杂蜃景(Clam Castles and the Fata Morgana)80—89

麻姑(Miss Hemp)90—102

扶桑(Fu-sang)103—107

青童与方诸宫(Blue Lad and the Fang-chu Palace)108—122

注释(Notes)123—136

参考书目(Bibliographies)137—142

术语表(Glossaries)143—146

索引(Index)147—153

作为西方中国研究界首部贯通道教与文学研究的专著,《曹唐的道教诗歌》从道教茅山派历史语境与修道思想中解读与理解曹唐的游仙诗篇,通过翻译、注评、名词训释、名物典故考释等形式揭示曹诗所蕴含的独特道教文化内蕴,并以其为主要参考文本,探讨广泛存在于唐代人精神与想象领域的道教超验世界的内涵与特点。

鉴于本书尚未有汉语译本,我们首先按原英文版逐章介绍大概内容。本书分为三个主要部分:第一部分为导言。由于本书所预设的受众群是从事中国研究的西方学者[1],对于唐代道教和道教文学基本情况的介绍和对相关专有概念的解析就成了进一步释读和评价曹唐诗歌的基础,这也是导言部分的要义所在——以微缩的"胶囊形式"(capsule form)

---

[1] 事实上,薛爱华作品的生动可读,常常吸引大量普通读者的阅读兴趣,参见 Doris Sze Chun, The Agassiz Professorship and the Development of Chinese Studies at the University of California, Berkeley, 1872-1985. San Francisco University Doctoral Dissertation, 1986, pp.459-492.

第五章 《时间海上的蜃景：曹唐的道教诗歌》研究

对相关背景知识提供一个概览性的介绍和说明。

导言部分的内容包括：对道教上清派的发展历史和修道思想的探讨，对唐代的道教诗人和道教文学作品体裁的介绍，对相关道教术语及对应英译词的解释，以及对曹诗英译指导思想与原则的申明。

导言作为全书的开篇部分，首先勾勒出了西方学界道教研究的总体情况，探讨了道教研究发展所面临的学术界的漠视与偏见问题，也指出当时的西方道教研究在服气、服日月之华等修道法术、道教科仪的程序与意义、魏晋道教僧侣制度等领域取得的进展。在此基础上，本节为道教上清派的历史与修道理论提供了颇为精简的梗概性介绍和评析，但也具体而微地体现出了薛爱华对唐代道教生态和上清派传统上识见之全面，对具体问题思考之透辟。

第一部分曹唐及其游仙诗，首先介绍了曹唐及其游仙诗作品的基本情况，包括曹唐的生卒年与交游情况、仕宦经历、有关其去世时的传说故事，存世游仙诗的数量、类型、主题、母题、情节线索、诗歌的道教文化因素等内容。进而对曹唐游仙诗中经常出现与道教有关的传说或现实人物、神仙，包括穆天子、汉武帝、东方朔、安期生、王子晋、萧史、青童、西王母、上元夫人、玉女等进行了梳理与考证。在此基础上，对曹唐游仙诗的人神遇合母题进行了专题研究，详细考察了其发生的背景语况、地点环境、隐喻意味、人神遇合的双方身份等问题，进而探讨了贯穿曹诗的"时间与变化"主题，并总结出曹唐诗的主要特色——披着轻薄戏谑外衣的对人事（包括

仙界事物在内)脆弱、腐败、衰朽的揭示和哀叹。[1] 末尾的文段集中反映了薛爱华对曹唐游仙诗创作动因及诗歌主旨的看法:

>在他的诗作中,曹唐所要应对的,是一种内向型(inner-directed)的信仰——它以个人救赎为目标,且带有浓烈的精英主义特点。很有可能的是,在步入喧嚣凡尘之后,他依旧对道教的宇宙秩序深信不疑,依旧相信那为有道之人预留的仙境圣所的存在。令人颇感可叹之处在于,这些诗歌(指曹唐的游仙诗)所要表达的,正是对重树这一遗失信心的吁求。[2]

第二部分海上仙乡,下分有7个小节,包括蓬莱、中空的世界、玉妃与仙装、蜃楼与复杂蜃景、麻姑、扶桑、青童与方诸宫。这7个小节可称作"仙境考证学",因为它们都遵循着类似的研究进路,依靠对包括曹唐大、小游仙诗在内的唐人道教诗的细致梳理与分析,来对属于唐代道教徒想象世界领域的东海仙国风物进行名物考证式的描写与研究。其中,"蓬莱"小节与"中空的世界"小节可看作一部分,因为都是以蓬莱仙岛为一实体,作为考证对象。具体而言,两小节存在着一些明显区别。"蓬莱"小节主要着眼于对蓬莱的文献史、"蓬莱"的词源学研究、蓬莱仙岛的地理位置、蓬莱仙岛的山川地理、仙宫、仙草、仙人等问题的考证,而"中空的世界"小节则主要探讨蓬莱仙境的内在属性及其与道教葫芦文

---

[1] Edward H. Schafer, *Mirages on the Sea of Time: Taoist Poetry of Ts'ao T'ang*, Berkeley and Los Angeles: University of California Press, 1984, p.44.

[2] Edward H. Schafer, *Mirages on the Sea of Time: Taoist Poetry of Ts'ao T'ang*, Berkeley and Los Angeles: University of California Press, 1984, p.47.

化的联系,并考察了其起源与本质结构,揭示了蓬莱的水属性及其与道教洞天、壶天、葫芦、河流、海洋等事物的内在关联性。"玉妃与仙装"小节探讨了唐代游仙诗歌中的仙装意象的特点,分析了与仙装有关的语词与炼丹术的关联,并考察了道教"玉妃"意象及与"玉妃"有关的仙装意象在唐代道教与诗歌作品中的表现、特点。"蜃楼与复杂蜃景"小节重点探讨了东海"蜃楼"作为一种意象的特点及其在唐诗中的诸种表征。"麻姑"一节则通过曹唐的游仙诗作,考察了道教女仙麻姑的生平、外貌特征、在中古文献中的表现、麻姑崇拜等问题,并指出麻姑在唐代常被作为宇宙时间的人格化形式,用来表征漫长的时间流逝和沧海桑田的变迁。"扶桑"小节探讨了道教仙岛扶桑的地理位置、地表植被特征、仙宫等情况,并对扶桑清元宫和清元宫大君"太微东霞扶桑丹林大帝上道君"进行了介绍,分析了其与"东王公"(或"东王父")及西王母的内在关联性。"青童与方诸宫"一节考察的内容包括道教仙境方诸的地理位置、方诸宫的规模与形制、方诸的山川地理及居住其上的众仙人的情况,并对方诸宫主人"青童"的道教文化内涵及其作为一种神仙意象在曹唐大、小游仙诗作中的表现和特征进行了分析。

5.3 母题研究与曹唐游仙诗的内涵与主题

《曹唐的道教诗歌》第一部分以对曹唐身世与作品的简单介绍开篇,其后的内容则转向了对曹唐大、小游仙诗思想主题的探讨。只不过,与经典的语文学研究围绕翻译-注释研究范式展开文本解读与评论的路径大不相同,薛爱华在此吸纳了英美新批评的诗歌解读法,以对母题的探讨导入对曹唐诗内容与思想特点的分析,这也体现了其学术生涯后期在汉学研究方法论上的兼容并蓄和推陈出新。

那么,何谓母题?母题(motif)是起源于现代西方通俗叙事文学研究的概念,它在文艺学、比较文学、神话学、民俗学等领域都被广泛应用,且各学科学者对这一词汇的理解都有所不同,并无统一定义,是当代神话民俗学者陈建宪先生所称的万能"海绵词"[1]。例如,俄国形式主义文艺学家鲍里斯·托马舍夫斯基(Борис Томашевский,1890—1957)即认为母题是文艺作品中的元叙事单元,"一种不能再分解的部分","实际上,每个句子都有自己的母题"。比较文学学者恩斯特·罗伯特·柯蒂斯将母题看作史诗和戏剧领域概念,它是一种客观因素,在推动情节发展的同时也将情节联系起来。[2] 更具有影响力的解释来自美国学者、民俗文学研究专家史蒂斯·汤普森(Stith Thompson,1885—1976),他从叙事文学角度,将母题定义为故事中的最小且具有可传承性的因素,包括故事主角、情节背景中的某些事项、事件三种具体类型。国内学者陈建宪则认为,母题是"民间叙事作品(包括神话、传说、民间故事、叙事诗歌等)中最小的情节元素……它在民间叙事中反复出现,在历史传承中具有独立存在能力和顽强的继承性"[3]。

---

[1] 陈建宪:《神祇与英雄——中国古代神话的母题》,北京:生活·读书·新知三联书店,1994年,第10页。
[2] [美]哈利·列文:《主题学与文学批评》,原载于乐黛云《〈比较文学原理〉附录》,长沙:湖南文艺出版社,1989年,第272页。
[3] 陈建宪:《神祇与英雄——中国古代神话的母题》,北京:生活·读书·新知三联书店,1994年,第11页。

第五章 《时间海上的蜃景:曹唐的道教诗歌》研究

对于母题概念的具体解读虽然千差万别,但仍然有一些基本特点得到了绝大多数学者的共识,即母题是一种"类型化的结构"或"程序化的言说形态"。[1] 作为一种相对恒定的结构形式或言说模式,母题常常反复出现于不同文本之中。要之,母题的本质特征包括:1)基础性与核心性。母题是叙事文学作品中的一种最为基本而核心的结构或语言要素,这可以是人物、行为或情节背景要素。2)跨文本性。母题作为一种基本结构,常常在许多文本中反复出现。在历时性的角度看则具有传承特点。3)意义指向性。母题起到支撑起作品情节和主题之框架与梁栋的作用,因此作为一种结构形式,母题往往也具备内容意义,与主题相关。因此,母题的理论与研究方法对于深入探究一部作品的结构形式与思想内容有着很重要的价值。

那么,作为叙事文学研究概念的母题是如何被薛爱华引介入对曹唐游仙诗歌主题思想分析中的呢?我们知道,曹唐的大、小游仙诗虽不属于严格叙事文学作品范畴,但多与古代神话传说和道教故事有关,有些篇章蕴含有相对完整的故事情节,甚至篇章间也具有情节线索的连续性,例如与刘辰、阮肇天台山游仙事有关的《刘辰阮肇游天台》《刘阮洞中遇仙子》《仙子送刘阮出洞》《仙子洞中有怀刘阮》。即便篇幅较短的九十八首《小游仙诗》也多于片言只语中寓含叙事要素,如其中《小游仙诗·其四》"真王未许久从容"诗写游仙活动即将告一段落时作者的行为活动和心理状态,《小游仙

---

[1] 孙文宪:《作为结构形式的母题分析——语言批评方法论之二》,原载于《华中师范大学学报》2001年第6期。

诗·其五》则写作者骑白龙游仙界不遇,在金殿、丹田都未见到期待中的仙人,退之不及。二诗都包括了人物、情节、行动等叙事要素。可以说,取材于传说故事的曹唐游仙诗具有浓郁的叙事性特征,而薛爱华正是注意到了这一点,才将母题概念和研究方法引入到对曹唐诗的分析中,将曹唐诗中基本的、重复出现而对理解主题具有重要意义的意象或情节要素挖掘出来,作为母题来理解,并通过对母题的分析来考察贯穿曹唐大、小游仙诗的共同主题。正如薛爱华自己所说:"一些与曹唐游仙诗更大主题特别相关的母题元素不能被忽视。它们包含一些人物、地点、情境与概念,并一起建构了曹唐想象中的金宫玉阙,以及其中宴饮、游嬉、愚行和遗憾的种种情景。"[1]在这里,薛爱华同时列举出许多曹唐游仙诗中的母题,以下列举几例:

1) 玉女的职品（The hierarchy of Jade Women）

2) 神祇与得道者仙装玉服的等级意义（The hieratic significance of high fashion among gods and illuminati）

3) 作为想象外在世界模式的炼丹术（Alchemy as a mode of imaging the external world）

4) 金丹玉液:神祇的食粮（The diets of Taoist overlords: mineral ambrosias and crystalline nectars）

5) 作为魅惑场所的仙界花园（Astral gardens as sites for seduction）

6) 云雾缭绕的缥缈海岛（The clouded and evanescent sea-

---

[1] Edward H. Schafer, *Mirages on the Sea of Time: Taoist Poetry of Ts'ao T'ang*, Berkeley and Los Angeles: University of California Press, 1984, p.35.

isles)

7) 人神相恋(Divine Love)

在这些条目里,最值得关注的是"作为魅惑场所的仙界花园"以及"人神相恋"等具有密切关联性的母题。在探讨"人神相恋"母题时,薛爱华分析了曹唐诗花园空间中人神恋神祇一方的身份特点与本质:

> 期待或达成神交(mystic union)的佳偶中有神祇化的人类(stellated humans),亦有作为炼丹药剂的人格化形式(personifications of chemical reagents),代表了阴阳二气的永恒存在。[1]

"神祇化的人类"指仍然保有浓厚人情味和近乎常人外貌妆容的神祇。如《仙子洞中有怀刘阮》中思念返回人间而杳无音信情郎的仙女,《萼绿华将归九嶷留别许真人》中满怀款款情意辞别"人间许侍中"的萼绿华,凡人与"神祇化的人类"的恋情也是曹唐游仙诗人神恋中最常见的模式。至于薛爱华所谓"炼丹药剂的人格化形式"当与其在1981年发表的文章《道教琐记二则:姹女意象之变迁》(Two Taoist Bagatelles:the Mutations of Mercurial Maid)中对"姹女"的探讨有关。"姹女"字面意义为美好的女子,该词在深层语义面具有光泽闪烁的水属性及与河水、银河、月亮、水银等事物的关联性。姹女在古代最早指"河间姹女",即黄河的河神,受到人们的尊崇与奉祀。东汉时期开始,"姹女"在道教术语中开始指代水银。这一炼丹术名词之后也被上清派应用

---

[1] Edward H. Schafer, *Mirages on the Sea of Time:Taoist Poetry of Ts'ao T'ang*, Berkeley and Los Angeles:University of California Press,1984,p.36.

于存思修道术中,等同于唐代上清派道教徒修炼存思术中的存想对象"玉女",即《上清明堂元真经诀》所谓"太玄上玄丹霞玉女",而其与水银的联系亦被保持,也常被用作道教金液还丹术药物的隐名。[1] 而无论是"姹女"还是"玉女",在上清派道教相关文献中的记载均具有一定抽象意味,介绍存思日月术的道经《上清明堂元真经诀》虽然有对其身世、外貌与妆容的简单描述,但更多是将其作为一种修道者服食日月二景精华的神秘媒介,是玄真内映之气"积感结精"的外化和具现,不具有"神祇化的人类"那种鲜明的人格属性,也没有与之相关的民间传说或道教故事作衬托。[2] 在曹唐游仙诗中,作为"炼丹药剂人格化形式"的"姹女"或"玉女"在人仙遇合情节中出场的概率远低于"神祇化的人类",仅有《九天天路入云长》《云鹤冥冥去不分》《采女平明受事回》等少数篇章涉及。

尽管如此,所谓"神祇化的人类"在曹唐诗中的真实身份也值得深究。在薛爱华看来,她们在表层的名号与服饰妆容下,蕴含着共同的抽象本质。仙境花园中发生的人仙之恋也并非像诗句中那样具有具体的细节和叙事性,而是上清存思术中人神交合神秘过程的具象化表征,无论是杜兰香、萼绿华、织女还是天台山仙子,尽管她们看似有血有肉,除了长生和具有神力外不异于人,但本质上"都类同幻觉、假象,是为了存思法术应验而预备辨明身份的面具。在美丽的面容、

---

[1] Edward H. Schafer, Two Taoist Bagatelles, in *Society for the Study of Chinese Religions Bulletin*, 9:1, pp.9-18.
[2] Edward H. Schafer, The Jade Woman of Greatest Mystery, in *History of Religions*, Vol.17, No.3/4, pp.387-396.

第五章 《时间海上的蜃景：曹唐的道教诗歌》研究　　223

优雅的发髻、繁复华丽的服装后，是一种无机化的存在形式"[1]。这种抽象而具有神力的实体，等同于薛爱华所说的"炼丹药剂的人格化形式"，即上清派学徒修炼存思法时昼夜思想的女神"姹女"或"玉女"。薛爱华认为，曹唐游仙诗中对民间传说和道教故事中人仙遇合故事的引用和演绎，并非由于这些故事本身引人入胜或出于抒情的考量，也不是为了影射现实生活中男女的爱恨聚散，而在于将其作为上清派道教徒进入存想凝思，与神沟通的神秘体验和过程的间接隐喻。"为学之基，以存思为主"[2]，考虑到存思法是唐代上清派道教各种修行法门的基础，而且贯穿道士修道实践的方方面面，且存思法中，以与"玉女""姹女"进行人神双修进而存服日月真气的法术也是魏晋以来的道门主流修炼术，而曹唐早年又曾有玄门出家的经历[3]，无疑受到过专门的存思训练，在可以自由驰骋主观想象的游仙诗中以隐喻方式抒写凝思存想时与神冥合的心理过程和精神体验可以说是自然而然的了。

此外，薛爱华也分析了"作为魅惑场所的仙界花园"母题的特点。花园一词[4]并非专指附属于建筑园艺空间中供人游息消遣的特定公私区域，而是取 gardens 一词的广义解

---

[1] Edward H. Schafer, *Mirages on the Sea of Time: Taoist Poetry of Ts'ao T'ang*, Berkeley and Los Angeles: University of California Press, 1984, p.36.
[2] 《老君存思图十八篇》，录于宋张君房辑《云笈七签》卷四十三，北京：中华书局，2018年，第951页。
[3] 〔宋〕计有功：《唐诗纪事》，北京：中华书局，1965年，第890页。
[4] 原文为英语词汇 gardens。

释,即泛指"一片种植花草树木的地方"或"草木丰美之地"[1]。在薛爱华看来,"仙界花园"可以是仙宫玉林,可以是种植有"琪花"与"草药"的园圃,可以是海山仙岛中的古山柏林,亦可以仅仅指溪流边的桃花树。尽管在曹唐诗中,这些形态各异的"花园"很少以其完整而丰富的空间形象出现,而更多表现为只言片语中的零碎意象,全景中的一个角落或细节,留待读者用想象力去填补缺失的空白。

"仙界花园"作为指代道教仙乡乐土意象而频繁出现于曹唐游仙诗歌中,值得注意的是,"仙界花园"是作为一种诱惑与招引的隐蔽空间,一种人神遇合与相恋的独特场所而出现的,并且经常承载着一定的情节要素,这一情节要素常常以恋爱的其中一方对另一方的寻觅和相思的形式显现,其感情的基调充满了世俗爱恋的离别、分隔与失落之情,如《仙女洞中有怀刘阮》。正如薛爱华所说,"那有关懵懂爱情与春日胜景的孤独场所,也往往关乎凋零的爱和飘落的黄叶"[2]。

在魏晋以来盛行的道教"洞天福地"的人间仙境思想的影响下,最为常见的"仙界花园"形式无疑是处在名山岩穴中的"洞室"[3],作为山中仙人的居所,其作为一种出现在曹唐游仙诗中的意象具有颇为复杂的特点和语义内涵。薛爱

---

[1] 参见美语词典 Merriam-Webster Dictionary 网页版 garden 词条释义 1a: a plot of ground where herbs, fruits, flowers, or vegetables are cultivated. 1b: a well cultivated region. 查询网络地址: https://www.merriam-webster.com/dictionary/garden。
[2] Edward H. Schafer, *Mirages on the Sea of Time: Taoist Poetry of Ts' ao T' ang*, Berkeley and Los Angeles: University of California Press, 1984, p.41.
[3] 即薛爱华原书中所谓 grotto。

华称其为"与转变、新生、实现以及摒弃行为有关的地方"[1]。洞室内的烟霞、玉沙、红树、瑶草在其间熠熠生辉，有着与凡俗尘世迥然不同的特殊风貌，是僻静而隐世的仙人所在，亦超然于人间往复的衰老、腐朽与死亡。然而，洞室作为主要的"仙界花园"形式，却承载了人神相恋中的情节元素：遇合、别离、分隔与相思，其中最为典型的是引用刘辰、阮肇游仙窟事的诗篇。刘辰、阮肇游仙窟事典出刘义庆《幽明录·卷一·刘辰阮肇》，该文记述汉明帝时人刘辰、阮肇入天台山迷失道路，在机缘巧合下入仙境与仙女结为伉俪。后刘阮因思念家乡而辞别仙女，最终离开天台山仙境重返尘世。《幽明录》文本最后以刘阮"忽复去，不知何所"[2]而告终。该结局在唐五代诗词中被添加上了重寻仙境情节，但以寻而不获作结：刘辰、阮肇与仙女的恋情以分离和永恒的隔绝与思念告终。刘阮故事在曹唐之前便已成为文学作品的素材，"前度刘郎今又来"（刘禹锡）、"深洞莺啼恨阮郎"（裴铏）都灵活运用了这个事典，而其故事的情感基调也得到了曹唐的偏爱，在其许多诗篇中，刘阮与仙女失落的恋情被不断复现，其别离之后的情感心理活动也被曹唐以想象性的笔触填充，如《小游仙诗·其二十六》：

偷来洞口访刘君，缓步轻抬玉线裙。

细擘桃花逐流水，更无言语倚彤云。

对于曹唐而言，仙人洞室的洞口常常被作为神仙境界与

---

[1] Edward H. Schafer, *Mirages on the Sea of Time: Taoist Poetry of Ts'ao T'ang*, Berkeley and Los Angeles: University of California Press, 1984, p.42.
[2] 〔南朝宋〕刘义庆撰，郑晚晴辑注：《幽明录》，北京：文化艺术出版社，1988年，第2页。

凡尘俗世分界线的征象。在该诗中,仙女来到洞口,凝望洞外的人间。她对"刘君"的深切苦思在"缓步""细擎""倚"等动词的叠用中被描绘得入木三分。"桃花"不仅是天台山仙洞的标志物,也是刘阮与仙女恋情的常见象征,是仙女期望通过流向洞外的溪水向"刘君"所传达的相思讯息。

而在《仙子洞中有怀刘阮》里,仙女对"刘君"复归的期望为彻底的失落和幻灭感所替代:

不将清瑟理霓裳,尘梦哪知鹤梦长。
洞里有天春寂寂,人间无路月茫茫。
玉沙瑶草连溪碧,流水桃花满涧香。
晓露风灯零落尽,此生无处访刘郎。

在这首诗中,本该作为永恒与极乐之所的"仙界花园"因为"刘郎"的离别而涂抹上了人间寂寞深闺的凄清色彩,响彻洞室的鼓瑟声已沉寂,虽然春天常在,却令身处其中的仙女倍感落寞,想要寻访旧人却又无路可去,唯有月色茫茫。"玉沙""瑶草""桃花"的意象是仙界永恒胜景的剪影,但却奇特地与"晓露""风灯"这样象征着短促和流逝时间的意象毗邻。诗句中充斥着张力因素:仙界的常在和人类生命的短促,繁盛的春景与仙女的愁思,曾经的欢好与当下的永别。而其中萦绕的对沧桑变化的思考与感慨不仅是该诗的核心元素,同时也是包含"仙境花园"母题的其他诗歌如《萼绿华将归九嶷留别许真人》《织女怀牵牛》《张硕重寄杜兰香》等的主题特色,是贯穿曹唐游仙诗篇的情感线索和普遍思想。薛爱华进而从母题分析延展到对曹唐游仙诗主题的讨论,点明了曹唐游仙诗的创作意旨——即对变化与衰朽的思考:

(曹唐诗中)所有真实的降神事件以及神仙的恩惠

第五章 《时间海上的蜃景:曹唐的道教诗歌》研究

无疑都具有偶发性。这便是为何这些诗篇充斥着对失约、断绝的音信以及各种失望之情的暗指之原因……仙人也无法避免的虚弱、腐朽、衰败主题,尽管有着轻薄随性(frivolity and lightheartedness)的语调作面纱而半遮半掩,但却是曹唐作品的主要品格所在。[1]

同时,薛爱华认为,曹唐对变化和衰朽的关注与思考虽然是贯穿其大、小游仙诗篇的主题与基调,但却并非以一种严肃庄重的笔调表现出来的。曹唐笔下的仙人妆容服饰精致奢华、聚会宴饮极尽声色,描绘仙人生活的辞藻亦错彩镂金。而在这一娱人眼目的表象下,则是贯穿始终的关于变化与衰朽的主题,豪华的宴会不免曲终人散的落寞,人仙之间缠绵悱恻的恋情也常以别离和永诀作结,"即便是神仙,在其圆满普照的面庞背后,依旧只是一具微笑的骷髅"[2]。曹唐诗形式上的轻浮风格与主题的严肃性构成了"语调上的模糊性"(ambiguity of tone),其所要传达的信息却是一种对世人的警示与劝诫。

那么,为什么曾受过道箓,且深受上清道教文化浸染的曹唐会在游仙诗作中表现出对俗世沧桑的深切思考和戏谑讽刺风格呢?薛爱华认为其原因在于曹唐坎坷的身世。曹唐早年虽入玄门,后举进士第,在桂管等地方幕府做从事官,职位卑微,郁郁而不得志。出山后的遭逢际遇大负曹唐平生的志向,无疑让他颇感后悔,而所目睹的世俗粗鄙混乱也令

---

[1] Edward H. Schafer, *Mirages on the Sea of Time: Taoist Poetry of Ts'ao T'ang*, Berkeley and Los Angeles: University of California Press, 1984, p.44.

[2] Edward H. Schafer, *Mirages on the Sea of Time: Taoist Poetry of Ts'ao T'ang*, Berkeley and Los Angeles: University of California Press, 1984, p.46.

他更加怀想道教那个未经污染的仙界净土。大、小游仙诗篇正是在这样的情况下诞生的。至于诗篇中蕴含的对生死的思考、对仙境中衰朽与腐败的表现,所有看似矛盾的张力结构,以及奢华戏谑的语言风格,都是曹唐内心冲突与不确定感的表征。一方面,他鄙弃现实世界,渴求"天地不曾秋"的仙境净土;另一方面,对尘世沧桑变化和时间的思考与恐惧也被带入到曹唐对仙境的玄想之中。正如薛爱华在《曹唐的道教诗歌》第一章结尾时所说的:

> 很有可能的是,在进入世俗社会后,他(曹唐)仍愿去相信道教的宇宙秩序以及为得道者准备的仙乡乐土的存在。也许,令人感叹的,这些诗歌所要传达的正是作者对失落信念的呼求。他以诗歌篇章重塑了道教信仰,并裹之以半人神话的外衣,造就了近乎肆意而不协调的由高度的神学理念和宫廷式轻浮格调混合的作品——其中,他的不确定感表征为字里行间的冷嘲热讽。[1]

可以看出,薛爱华对曹唐游仙诗创作背景与思想主旨的论断与国内学界的相关研究可谓大相径庭。薛爱华对曹唐诗歌的分析,起于对其中蕴含的上清派修道文化,特别是存思方术的辨识和探究。在他看来,上清派的世界观、仙境观、神仙谱系,以及强调凝神冥思和默想神灵的修道术是曹唐创作游仙诗的主要文化背景。由于曹唐并非纯粹的玄门羽士,且仕途偃蹇,郁郁不得志,其作品在驰骋想象畅游仙乡乐土

---

[1] Edward H. Schafer, *Mirages on the Sea of Time: Taoist Poetry of Ts'ao T'ang*, Berkeley and Los Angeles: University of California Press, 1984, p.47.

之际,深刻浸染了对沧桑变化和生命局限性的思考。在具体处理与表现有关时间与变化的严肃主题之际,曹唐所采用的是以戏谑华丽的辞采形式来作为讽喻意图的修饰性外衣。

然而,国内曹唐研究领域的学者对此却有着截然不同的看法。国内首开系统研究曹唐先河的程千帆先生在《郭景纯、曹尧宾〈游仙〉诗辨异》[1]一文中即认为,曹唐大、小游仙诗中所描写的虽然都是想象世界中虚无缥缈的物事,却"凡君臣、朝廷、夫妇、友朋、尊卑、贵贱之序,车骑、服饰、宫室、饮食、婚媾、游燕之事,悲欢、离合、死生、得丧、爱恋、愁恨之怀,虽云天上,不异人间……尧宾乃天人情感之咏歌"[2],明确指出曹唐的游仙诗在缥缈超然的表象下,本质上是人间世俗生活方方面面的反映。而在其中,最主要的正是男女之间的恋情。程千帆先生认为曹唐以古代神话传说中的男女恋情故事入诗,实际上却是以当时女冠生活为影本。曹唐正是借对"天人情感之咏歌",来迎合当时社会的普遍心理。这里程千帆先生的观点可能与其对唐代"仙妓合流"现象的省察有关。中晚唐以来,道教逐渐向社会普罗大众和俗文化层面渗透,一些女冠也身在道观,心在凡间,女冠与文人士子欢爱交好乃是一时风气。一些文人也习惯于将这些多情的女冠乃至妓女称为"仙"。[3] 这为"仙"这一语词染上了一层艳情的色彩,反映了此时道教神仙观的色情化

---

[1] 程千帆:《郭景纯、曹尧宾〈游仙〉诗辨异》,原载于《古诗考索》,上海:上海古籍出版社,1984年,第296页。
[2] 程千帆:《郭景纯、曹尧宾〈游仙〉诗辨异》,原载于《古诗考索》,上海:上海古籍出版社,1984年,第300—307页。
[3] 张振谦:《曹唐游仙诗恋情倾向探析》,原载于《中南大学学报(社会科学版)》2009年第2期,第271页。

倾向。正如陈寅恪先生所指出的:"至于唐代,仙之一名,遂多用作妖艳妇人,或风流放诞之女道士之代称,亦竟有以之目娼妓者。"[1]同时,曹唐早年又曾入道门,对当时道教世俗化、艳情化的情况也有着切身的感受和体悟。故程千帆先生认为曹唐诗歌咏天人感情,本质上是以当时女冠生活为影本,确非无根之谈。程千帆先生之后,陈继明《曹唐诗歌略论》、李乃龙《论曹唐小游仙诗的文学意义》及《论唐代艳情游仙诗》、赵洪奎《曹唐诗歌简论》、陆文军《从游仙到遇艳——小论曹唐及其大游仙诗》等论文在论及曹唐诗思想内容特点时大都承袭了程千帆的观点,从晚唐现实社会和道教艳情化倾向等因素去分析解读。

程千帆等国内学者与薛爱华对曹唐游仙诗思想内容领域认识上的差别主要表现在:

1) 对曹唐游仙诗创作背景的理解。在程千帆、李乃龙、赵洪奎等学者看来,曹唐的游仙诗创作深受晚唐崇尚奢靡艳情的世风和道教世俗化的影响,其诗表面上是写虚无缥缈的仙境,其本质却仍是一个君臣吏民、男女老幼俱全的等级世界,颇近曹唐生活的现实社会,是一种"人间化的仙界"[2],以虚写实,是对当时社会百态和日常生活的折射。薛爱华则认为,曹唐游仙诗根植于唐代道教上清派的历史语境中,上清派的世界观、仙境观、神仙谱系和修道术构成了曹唐诗歌的创作背景。

2) 对曹唐游仙诗恋情因素的解读。人与神的恋情是曹

---

[1] 陈寅恪:《元白诗笺证稿》,上海:上海古籍出版社,1978年,第107页。
[2] 李乃龙:《论曹唐小游仙诗的文学意义》,原载于《广西社会科学》1998年第6期,第101页。

唐众多诗作的主题,对其特点与本质的认识影响了对整个曹唐游仙诗作的理解。在国内学者眼中,曹唐笔下的人神恋实际上是对现实中士子与女冠(甚或是放荡妇人、风流妓女)欢好恋情的投影。薛爱华虽然也注意到曹唐诗歌中男女恋情因素的存在,并将其作为"人神相恋"母题来处理,但却更多的是将这种恋情因素归功于上清派的存思方术,没有考虑到其中是否含有现实因素。

3)对曹唐游仙诗创作意旨的看法。国内学者多认为,曹唐用瑰丽华美的辞藻和想象性意象是借古代传说与道教故事中"悲欢离合之要",并且"假借天人情感之咏歌,以迎合当日社会之心理"。薛爱华则认为曹唐创作游仙诗,在于通过驰骋仙界的烂漫想象抒发对时间与人世变化的愁思,并且通过内容的严肃性和形式上的轻浮华丽间的张力来达到讽刺与警世的功效。

那么,薛爱华的观点为何会与国内学者有这么大的区别?为什么薛爱华没有将曹唐生活的晚唐时代世风与其他社会现实因素纳入对其游仙诗思想的探讨,却转而从上清派自身的信仰与理论体系中寻找答案?笔者认为以下几个因素或许可以帮助我们更好地检视此类问题:

1)薛爱华对曹唐游仙诗的分析与解读,仍然采取的是一种典型的语文学研究进路。作为一种绵延古典汉学研究数百年的传统和治学方法,语文学以语言研究和文本研究为核心和基础,并将其看作解读纷繁复杂的人类文化各层面的通用手段。具体到薛爱华对曹唐诗的解读,其语文学特点之表现就是一种完全以曹唐大、小游仙诗文本的翻译、注释与分析为中心的研究进路,薛爱华格外关注于曹唐诗作中的人名、地名、事物名以及独特的用词方法,并常不厌其烦地对其作追根溯源的语源学和语用学考察。在扎实的字句考释基础上,薛爱华关注于曹唐诗歌中共同的故事与情节、母题、张力结构、矛盾、辞藻风格等因素,并将对它们的分析看作准确与全面理解曹唐诗歌思想内涵的基础和门径。这一方法相对忽略的是对曹唐诗歌创作的现实社会环境与文化语境——即文学作品与社会之关系的把握。这一点说明薛爱华很可能对中国古代诗论传统相对陌生——这一传统认为诗歌来源于创作者对自身生活遭际和所处社会环境的反映。因此"知人论世",即对诗歌创作者的生平事迹以及具体社会文化语境的研究是解读古诗的重要环节,而这正是程千帆、陈继明、李乃龙等国内研究曹唐的学者更为重视的方面。

2)薛爱华自20世纪70年代对唐代道教历史与理论研究的着力,使其在分析解读曹唐游仙诗时倾向于从唐代最具影响力的道教教派上清派的理论与实践语境解读曹唐诗,而多年在此领域的学术积累也为这种研究进路提供了必要的知识储备。自创作《贯休游仙诗的矿物意象》起,薛爱华的学术跋涉便开始深入唐代道教文献丛林,对唐代上清派道教文化的考察与研究逐渐占据了薛爱华科研生活的中心。其中,《太玄玉女》(1978)关注上清派存思方术,《茅山鹤》(1983)考察上清派道教诗歌意象,《女冠子》(1978)、《吴筠〈步虚词〉》(1981)等文章以上清派理论和典故解释道教诗歌意象,预演了其后对曹唐诗的分析。而薛爱华的专著《唐代的茅山》(1980)更是对唐代上清派祖庭与宗教中心——句曲茅山的自然人文风貌进行了全方位的考察和细致梳理。唐代上清派研究领域的浸淫使得薛爱华对曹唐诗中广泛使用的道教炼丹术语、名物典故与仙界意象具有敏锐的把握和理解力,很自然地会对曹唐诗的道教基因及其与主题思想的联系作深入挖掘,而以存思法看曹唐游仙诗中的恋情因素也具有新意,是道教研究影响薛爱华开展文本分析的典型例子。

3)薛爱华对曹唐游仙诗歌风格寓庄于谐的看法,其灵感很可能来源于他对18世纪晚期英国著名学者、自然主义者、诗人伊拉斯谟斯·达尔文(Erasmus Darwin,1731—1802)组诗《植物园》(*Botanical Garden*)的熟悉和理解感悟。作为英国近代的著名诗篇,《植物园》是薛爱华颇为喜爱的一部作品,该书也经常出现在其汉学论著的引注书目里。《植物园》自有一种独特的风格,它将宣传科学与知识、启迪民智的严肃旨趣与诗歌的体裁、幽默诙谐的辞藻结合了起来,在种种矛盾因素的融合中体现了一种"语调上的模糊性"。对于这一特点,伊拉斯谟斯·达尔文研究专家唐纳德·哈斯勒(Donald M. Hassler)所言一语中的:

> (达尔文诗蕴含的严肃观点)正如任何神秘性的宗教所保有的永恒秘密一样,常常难以被庸俗、自满与狭隘的大众所理解与接受。(为了适应大众)这些真理往往要隐藏于滑稽可笑与不甚严肃的语调中……使人去相信其观点,但却并没有使用严肃的形式。[1]

曹唐诗在这方面和达尔文的作品具有非常近似的特点。正如前文提到的,曹唐也关注生命、时间、变化等带有普遍性

---

[1] Donald Hassler, *Erasmus Darwin*, Woodbridge (U.S): Twayne Publishers, 1973, p.38.

的严肃命题,在表达风格上,又"以轻佻、游戏式的语调和精练的幽默感"[1]抛光打磨全诗,形成了类同《植物园》的寓庄于谐特色。考虑到薛爱华对《植物园》的熟悉与喜爱程度,其对曹唐诗歌风格的评论受到了后者的影响是极有可能的。

尽管薛爱华对曹唐诗思想内容方面的认识看起来如此"异质",如此与国内学界迥然不同,但我们应该知道,薛爱华是站在一个西方学术语境中,以语文学、宗教思想及文本细读的方法解读曹唐诗,所以自然会有不同的视角与关注点。此外,从客观角度看,薛爱华观点本身仍有许多足以为我们学习与借鉴的闪光之处,例如对上清派存思法与曹唐诗歌恋情因素联系的揭露。这一观点触及了长期以来为国内学界所忽略的问题:唐代上清派修道术与诗歌等文艺作品内在的联系。该问题也是在近十余年间才得到了国内学界一定程度的关注,出现了数篇讨论相关问题的文章:如李小荣、王镇宝《取象与存思:李白诗歌与上清派关系略探》(2007)、蒋艳萍《论道教"存思"与古代文艺创作想象》(2008)、徐翠先《道教"存思"思维对唐传奇创作想象力的刺激》(2010)等。这些文章多从存思法的图像思维特征与文学想象的联系出发,从存思的各种具体实施方法(如通过神仙画卷冥想沉思、存想身内神、存想日月神或玉女等)对文学想象空间的拓展和意象的新添等问题着眼,但具体到曹唐诗歌与上清派存思法的联系,笔者目前尚未找到专论此问题的论文或著

---

[1] Edward H. Schafer, *Mirages on the Sea of Time: Taoist Poetry of Ts'ao T'ang*, Berkeley and Los Angeles: University of California Press, 1984, p.45.

作,唯有李乃龙《道教上清派与晚唐游仙诗》有片言只语论及存思术观念对曹唐的影响,但该文触及的只是存思法身神观念对曹唐修仙观的笼统影响,且将所引用的例证《小游仙诗·其五》"玉郎并不赏丹田"中"丹田"释为身神中的一位,应当存疑。[1]《小游仙诗·其五》原诗如下:

> 金殿无人锁绛烟,玉郎并不赏丹田。
> 白龙踯躅难回跋,争下红绡碧玉鞭。

此首诗写游仙不遇。意指诗歌主人公骑"白龙"来到仙境,但见"金殿""丹田"已无仙人居住,方知寻仙之旅徒劳无功,退之不及。按照诗意,"丹田"在该诗语境中与前句"金殿"相当,很可能是陈继明《曹唐诗注》中所认为的道教仙宫"丹田宫"[2],而非李乃龙所谓"身神"中的一位。

那么,我们究竟该如何理解与评价薛爱华对曹唐诗歌恋情因素与存思法存在联系的论断?回答这一问题,首先需要从存思的含义及其与文学创作的联系入手。存思,即存想身物,端一不离之谓。[3] 唐代著名道士与文学家司马承祯解释这一词时说:"存,谓存我之神;想,谓想我之身。"[4] 其实存想的对象不仅仅包括自我之"神""身",按照《上清大洞真经》《黄庭经》《真灵位业图》等道教文献记载,自天地星宿山川草木,乃至人身器官五脏六腑,皆有神存在。例如《黄庭经》就系统地列举了许多不同的存思法门,除却存思"身中

---

[1] 李乃龙:《道教上清派与晚唐游仙诗》,原载于《陕西师范大学学报(哲学社会科学版)》1999年第4期,第132—138页。
[2] [唐]曹唐撰,陈继明注:《曹唐诗注》,上海:上海古籍出版社,1996年,第114—115页。
[3] 傅勤家:《中国道教史》,北京:东方出版社,2008年,第107页。
[4]《道藏》(第21册),第700页。

神"外,又分为存思"内景"与存思"外景"两部分。"内景"建立在"三部八景二十四真"神真系统之上,包括人体内的五脏六腑、穴位、经络等;[1]"外景"则包括"日月星辰云霞之象"[2],存思外景就是存思类似日月、星辰、五气、云雨、烟霞这样的身外之象。可见,上清派存思结想的对象实际上颇为广泛。实践存思需要道教徒处在安静的环境中,屏气凝神,依靠一定图像化的程序来玄想神的形象(包括姓名、身长、服饰、居所、随从等)。[3] 通过这种方式,道教徒认为可以达成与神精神上的交会。正如葛兆光先生所说:道教存想能令人神思飞动,浮想联翩,道教要信仰者处处见鬼,在在遇神。[4] 毫无疑问的是,存思的图像思维方法可以大大激发人的想象能力,对天地鬼神具体形象的玄想为着重于想象仙人与仙境的游仙诗歌的创作提供了灵感与意象的源泉。同时,一些记载存思技法与程序的道教文籍采用了大量富有技巧的表现手法,如拟人、比喻、对比、夸张、移情等来表现存思对象以及存思的主体感受,已经类同于文学创作,如《黄庭经》描写太一真君形象时说"左手把北斗七星之柄,右手把北辰之纲","光声闻于十万里"[5],用极富想象与夸张的手法凸显太一真君的大能与神异。富含类似写作技巧的道经对熟悉道教经典的诗人而言是一座巨大的宝藏。

---

[1]《黄庭经注译·太乙金华宗旨注译》,北京:中国社会科学出版社,2004年,第80页。
[2] 同上,第80页。
[3] 蒋艳萍:《论道教"存思"与古代文艺创作想象》,原载于《广州大学学报(社会科学版)》2008年第2期,第75—79页。
[4] 葛兆光:《中国宗教与文学论集》,北京:清华大学出版社,1998年,第39页。
[5] [宋]张君房辑:《云笈七签》,北京:中华书局,2003年,第250—251页。

第五章 《时间海上的蜃景：曹唐的道教诗歌》研究

正如前文所提及的，存思法在唐代大为盛行，成为道教各种修行法门的基础，有"为学之基，以存思为首""修身济物，要在存思"[1]之说法。我们认为，早年曾为羽士的曹唐无疑也了解存思之法，有很大可能阅读过上清派的经典作品《黄庭经》《上清大洞真经》等记载存思术的道经，并且由于唐代存思修炼的广泛盛行，很可能有过存神玄想的实际训练与心理体验。这一宗教生活经历在很大程度上给曹唐的游仙诗带来了独具个性的内容与艺术特色。例如，曹唐在诗作中再现了大量道教传说中的仙人形象，其中对于王母、嫦娥、麻姑、玉妃等道教女仙来说，曹唐往往对其出场时的服装首饰格外注意，在诗中加以点明。如《小游仙诗·其二十》"东妃闲着翠霞裙"，以及《小游仙诗·其三十》"青锦缝裳绿玉珰，满身新带五云香"，而有时除却服饰外，曹唐还会注意到仙人骑乘的神兽或其他超现实的交通工具，如《小游仙诗·其二十七》中的"西汉夫人下太虚，九霞裙幅五云舆"，或《小游仙诗·其三十五》中的"紫羽麾幢下玉京，却邀真母入三清"。而我们知道，存思术极讲究倾心凝神玄想真灵的重要性，因此发展出了一套极尽想象之能事的华辞丽藻来描写存思对象的庄严、尊贵与美妙。其中往往包括对存思真灵服饰、车骑、随从等的描绘。例如《三九素语玉精真诀存思法》对东方青帝少阳九灵真人的描写：

> 身长九寸，头戴九元之冠，衣单青飞裙，手执青精玉板，乘青云飞舆，从青桂玉女十二人，从天清阳宫中来

---

[1] 〔宋〕张君房辑：《云笈七签》，北京：中华书局，2003年，第302页。

下,以青云冠覆我身。[1]

很难认为曹唐诗中对仙人衣着、妆容、车骑、随从等的细致描绘没有存思术潜移默化的影响。此外,存思修炼以通神为目标,这通常有两种实现方式:一种是修炼者在凝神玄想中主动地游仙寻仙;一种则是修炼者以自身之精诚感神,使神灵下降,度化自己。例如《甄命授》云:

> 昔在庞伯微,汉时人也,少时好长生道,常以日入时正西北向闭目握固,想见昆仑,积二十一年……当复十许年后,闭目乃奄见昆仑,存之不止,遂见仙人,授以金汋之方,遂以得道。[2]

存思这两种通达神明的修炼形式,恰恰是曹唐游仙诗歌"人神遇合"母题的两种重要达成方式,即主动的"游仙遇仙"与精诚感神的"降真"。《小游仙诗·其二十二》"九天天路入云长,燕使何由到上方"及《小游仙诗·其八十二》"绛树彤云户半开,守花童子怪人来。青牛卧地吃琼草,知道先生朝未回"等诗是第一种主动寻仙形式的典型例子,而《小游仙诗·其二十七》"西汉夫人下太虚,九霞裙幅五云舆。欲将碧字相教示,自解盘囊出素书"及《小游仙诗·其三十七》"夜降西坛宴已终,花残月榭雾朦胧。谁游八海门前过,空洞一声风雨中"等诗则描绘了神灵感应下降的场面,与存思的修炼方法相映成趣。通过上文的分析,我们认为薛爱华在探讨曹唐诗歌思想内涵时引入存思术的概念是非常合理且富有创见的。

---

[1] 〔宋〕张君房辑:《云笈七签》,北京:中华书局,2018年,第998—999页。
[2] 《传世藏书·子部·道典》,海口:海南国际新闻出版中心,1996年,第269页。

第五章 《时间海上的蜃景：曹唐的道教诗歌》研究　239

　　在存思术中，有一种具体的修行方法，即"存日月之法"——这也是薛爱华格外关注的法门。事实上，薛爱华认为曹唐诗歌中的各种恋情因素推其根源都与这种修行法有关。[1] "存日月之法"以凝神观想日月在自己身内，或服食日月之精华来祛灾辟邪，降神登仙。[2] 在这一过程中，"玉女"（全名为太玄上玄丹霞玉女）的存在起到了重要的中介和引导作用。根据记载存日月方术的道经《上清明堂元真经诀》所述，"玉女"为"日月夫人之女"，可借由修道者精诚"感化成形"[3]，以显现、嘴对嘴喂服津液、寝息等形式接引道教徒完成存思修炼，从中不难看出存想"玉女"的方法所蕴含的情爱乃至色情因素。存思修行中期盼与玉女结合的心理过程和情感体验，在曹唐的诗作中也有反映。他的大、小游仙诗频繁出现"玉女""姹女"[4]的意象，且常作为与凡人遇合、相恋的对象，在外貌、服饰乃至作为登仙媒介与接引的功能上与《上清明堂元真经诀》中的"玉女"都非常近似，可见薛爱华以存思玉女术看曹唐诗的恋情因素有其合理性。而薛爱华的局限在于将曹唐诗中人神相恋关系中神一方的身份，无论是西王母、萼绿华、织女、真妃、玉妃、天台山仙子，都看作是"玉女"这一本体的不同具象化表征。[5] 这很可能与当时图书馆学者、汉学家伊丽莎白·胡夫（Elizabeth

---

[1] Edward H. Schafer, *Mirages on the Sea of Time: Taoist Poetry of Ts'ao T'ang*, Berkeley and Los Angeles: University of California Press, 1984, p.36.
[2] 张崇富：《上清派修道思想研究》，成都：巴蜀书社，2004年，第88—90页。
[3] 《上清明堂元真经诀》，翰堂典藏数据库，查询日期2018年9月22日，查询地址：http://61.175.198.136:8083/rwt/192/http/P75YPLUIQF4HK5UHF3SXP/。
[4] 即前文所提到的玉女的另一称谓。
[5] Edward H. Schafer, *Mirages on the Sea of Time: Taoist Poetry of Ts'ao T'ang*, Berkeley and Los Angeles: University of California Press, 1984, p.36.

Huff，1912—1988）主持的伯克利东亚图书馆还没有建立丰富的道教书藏有关。这一点导致薛爱华手头并没有太多上清派道经可供参考借鉴，故而认为存思术只有存思玉女一法门，遂将曹唐诗中所有人神恋模式都归根于存思玉女术的影响。研究资料欠缺带来的观点局限在西方汉学研究界颇为常见，我们也不应当求全责备，而是应当将重点放在薛爱华通过引入存思的概念而将道教研究与文学研究作深入联结的尝试和创见上来。

此外，薛爱华对曹唐与吴筠两位诗人诗作思想意蕴的比较分析、对曹唐诗歌变化与时间主题的揭露、对曹唐《小游仙诗》数篇代表作的细致翻译与解读，均独出机杼，富有识见，即便在今天看来依然有参考性和学术价值。

5.4 道教仙境考证学

在《曹唐的道教诗歌》第二部分海上仙乡（Principalities of the Sea）中，薛爱华将研究视野转向了出现在曹唐游仙诗歌中的神仙世界，关注于道教东海灵洲仙岛信仰体系中的蓬莱、扶桑和方诸[1]，以及仙人玉妃、麻姑和青童。具体的研究策略则体现了薛爱华一贯的文本中心主义以及道教与文学研究相辅相成的思路：曹唐的大、小游仙诗并道教经典《真诰》《黄庭经》等文献成了薛爱华勾勒东海蓬莱、扶桑、方诸仙境以及相关神祇属性与特征的重要参考材料。同时，通

---

[1] "蓬莱""扶桑""方诸"作为道教仙境的概念均起源于六朝。"蓬莱""扶桑"出现在王灵期等上清道士所作《海内十洲记》中的"十洲三岛"仙境系统里，而最早有关方诸仙境的详细介绍则出自陶弘景《真诰》。

过对道教仙乡乐土的研究,作者也将我们对那存在于曹唐诗歌以及整个晚唐人们想象中的道教神仙世界之认识推向了一个新的层次。

那么,薛爱华对仙境以及仙人的研究,具体是怎样展开的,又涉及了哪些具体的研究方法与手段,具有怎样的学术特色?同时,我们又该怎样评价这种研究形式的优点与局限?通过本书之前所做的详细梳理和归纳,我们发现,薛爱华对不同仙境(包括蜃楼)和仙人的考察普遍遵循着语文学式文本考证的研究进路,且都结合语源学、语用学、自然与人文地理研究、诗歌批评等具体方法展开论述。故而下文以从个案窥见整体的研究进路,将薛爱华在本部分着墨较多的"蓬莱研究"作为具体研究对象,在详细梳理其研究理路与方法的过程中尝试回答上述几个问题。

在道教所信仰的东海诸仙境中,"蓬莱"(又称蓬莱山、蓬丘、蓬壶)的历史最为悠久,在古早时代的传说故事里,在浩瀚无垠的东海翻腾的鲸波和蒸腾的蜃气的掩映中,蓬莱仙岛便真切而又缥缈地存在着。据《史记·秦始皇本纪》记载,齐人徐市等上书秦王,"言海中有三神山,名曰蓬莱、方丈、瀛洲,仙人居之"[1]。如果司马迁的记载确实,这一材料证明迟至战国时代有关蓬莱仙境的传说便已在中国东部沿海地区流传。疑成书于魏晋时期的《列子》则保留了最早对蓬莱仙境给予详细描绘的文本,在《汤问篇》中,作者借夏革之口状蓬莱山川地理品物,构建出一幅浸润着浓厚想象色彩的奇幻国度景象。此后,《海内十洲记》《洞天福地岳渎名山

---

[1] 〔汉〕司马迁:《史记》,北京:中华书局,1959年,第247页。

记》等道教文献更是对蓬莱仙境信仰进行了系统的改造,尤重对蓬莱仙人、仙药、仙宫玉阙等要素的描绘,赋予了蓬莱浓厚的宗教色彩和象征意味,蓬莱仙境也逐渐从古代的民间传说发展为道教"十洲三岛"仙境信仰体系[1]的重要一环,成为高悬道教想象世界之天穹的一颗明星。

在《曹唐的道教诗歌》中,薛爱华对"蓬莱仙境"的考察研究分为两个小节,即第二部分的"蓬莱"和"中空的世界"。在第一节中,作者着眼于对相关语词的语言学考索,以及对"蓬莱"外在物理空间特点的考证,以《史记》《汉书》《海内十洲记》《神仙传》《天地宫府图》等文献为本,依次具体而微地探讨了蓬莱仙人安期生的形象以及作为曹唐《小游仙诗》诗歌意象的特点,分析了历代古籍所记载的蓬莱地理位置以及与中国大陆的距离、蓬莱所在海域的名称(包括对溟海、东海、沧海、碧海、渤海几个语词语义的分析),阐述了蓬莱之"蓬"的语言学特色、神龟意象、蓬莱山川河流及矿物、水果、仙宫和蓬莱神仙,以及"蓬莱"一词在唐五代以后的使用。

由于以上内容大多是单纯地对事物和属性的描述勾勒,本书在此不一一列举,只将关注点放在其中最引人关注,能够反映薛爱华治学特色且联系紧密的两个重点议题上:即作者对蓬莱仙境相关语词所展开的文字学、音韵学分析,以及对蓬莱仙境与神龟意象联系的探讨。

正如前文所述,在《〈神女〉与中西文化的融合——以薛

---

[1] "十洲三岛"说约生成于东晋以后,《海内十洲记》最早记载并阐释这一仙境体系。

爱华对中古音和唐诗的理解为中心》一文中,作者章琦提出,薛爱华由于其具有汉语言文字学的坚实功底,故能常于研究中以古代文字音韵作为阐释文化现象的依据。该作者同时以《神女:唐代文学中的龙女与雨女》中"娲""蜗""涡""窝""娃""洼""蛙"等词族的意义分析及对其中文化人类学内涵的阐发为例[1],详细论述了这种贯通语言学研究与文化研究的方法之特色。而在《时间海上的蜃景:曹唐的道教诗歌》一书中,薛爱华对蓬莱仙岛的地理环境及特征考察依旧以文字学与音韵学研究为切入点。

首先,薛爱华通过对《海内十洲记》《拾遗记》《天地宫府图》等文献资料记载的爬梳整理,列举了从汉至唐以来文献中对蓬莱仙岛所在海域的不同指称:东海、冥海、沧海、碧海及渤海(即文中所谓 Po-hai)。薛爱华指出,除却单纯指示方位的"东海"外,"冥海""沧海""碧海"的命名与蓬莱仙岛所在海域的海水颜色有关。在此薛爱华基于对《说文解字》《玉篇》《康熙字典》等字书的细致研读,对以上三词的词义进行了细致分析,并给出了恰当的英语对译词,用以彰显其义:"冥海"之"冥"即"幽冥"之意,同时亦含有颜色上的"正黑"之意。[2] 薛爱华将"冥"译为 stygian,而根据美语权威词典《韦氏大词典》的定义,stygian 为希腊神话中 Styx(冥河)的形容词形式,亦代指冥界。同时可用来形容漆黑、灰

---

[1] 章琦:《〈神女〉与中西文化的融合——以薛爱华对中古音和唐诗的理解为中心》,原载于《中国韵文学刊》2012 年第 10 期,第 107 页。
[2] 〔东汉〕许慎原著,汤可敬撰:《说文解字今释》,长沙:岳麓书社,1997 年,第 925 页。

暗之物。[1] 薛爱华这里的英译反映了他对"冥"字的含义有较为准确的把握。相类似的,"沧海"之"沧"[2]同"苍"字,在古汉语中指清苍色,薛爱华认为"沧海"之名指示了蓬莱海域海水具有灰绿(gray-green)或铁蓝(iron-blue)的颜色特征,无疑是准确的;"碧海"之"碧"即青碧之色,薛爱华以英词indigo(靛蓝色)及cyan(青色)来译"碧",亦显得颇为传神。而无论是"冥海""沧海"抑或"碧海"之名,都为读者带来了有关古人想象中蓬莱仙岛周边海域海水色彩特征的直观讯息。

另一常见词"渤海"之"渤"则指示了蓬莱所在海域海水的动态特征。薛爱华这里对该词的分析则沿用了其在《神女:唐代文学中的龙女与雨女》中多次使用的形义相近字列举比照研究方法,通过将"渤海"之"渤"与"勃星"之"勃"、"麻勃"之"勃"、"蓬勃"之"勃"、"蓬渤"之"渤"的对比分析,指出"渤海"之"渤"在语义上近于"勃",都有着"勃发、蓬勃"之意,通常用来形容"蒸腾的气体、元气,以及涌动的云气"[3]。不过,相对而言"勃"亦可用来形容膨胀的固态体,如"麻勃"(大麻所开之花),而"渤"则可用来形容涌起的水波,正如"蓬渤""渤海"中"渤"的用法那样。因此"渤海"即"蓬起之海"(Puffing Sea)或"涨海"(Bulging Sea),这一名称暗示了蓬莱仙岛海域风高浪大的特点。

---

[1] 依据《韦氏大词典》网络版对stygian一词的定义。网址:https://www.merriam-webster.com/dictionary/stygian。
[2] 薛爱华使用稀见英语词watchet译出。
[3] Edward H. Schafer, *Mirages on the Sea of Time:Taoist Poetry of Ts'ao T'ang*, Berkeley and Los Angeles:University of California Press,1984,p.55.

第五章 《时间海上的蜃景:曹唐的道教诗歌》研究

在探究了蓬莱海域的四个名称"冥海""沧海""碧海""渤海"之语义的基础上,薛爱华将目光转向"蓬莱"二字本身,通过分别考证、分析"蓬""莱"的含义来深入对蓬莱仙境的认识。"蓬"字有两个意义与"蓬莱仙境"有密不可分的联系:一是"蓬勃"意,这里"蓬"与"勃""渤"一样,也有着"涨大、涌起、旺盛"的语义,这一含义与部分道教地理志书将"蓬莱"视为海中浮涌而出的岛屿的观点相称;[1]二是取其本意,指一种广泛分布于我国北方地区的二年生草本植物,中心黄色,叶似柳叶,花呈红紫或白色,子实有冠毛——即常见于古文献中的飞蓬。薛爱华分析称,"蓬"在这一定义下同时内含了"蓬乱、缠结的球状体"以及"随风浮荡"的语义。应用"蓬"的这一定义来看"蓬莱"一词,就可以理解为何在一些文本中蓬莱会被描述为"漂浮"在海平面上,或像《格列佛游记》中的飞岛勒皮他(Laputa)一样,以一种"悬浮"的方式临于海上。[2]

对于"莱"字,薛爱华并未直接解释字义,而是举王嘉《拾遗记·蓬莱山》中蓬莱的另一称谓"云来",指出"莱"应与"来"相同,有"从彼处到此处"之意,"云来"即谓蓬莱仙岛"如云朵般飘荡而至"(it comes [drifting like a]cloud),故而"蓬莱"应有"如飞蓬(或浮萍)般飘来"(coming [like a windblown]tumbleweed or pond nuphar)之意。[3] 薛爱华在

---

[1] Edward H. Schafer, *Mirages on the Sea of Time:Taoist Poetry of Ts'ao T'ang*, Berkeley and Los Angeles:University of California Press,1984,p.56.

[2] Edward H. Schafer, *Mirages on the Sea of Time:Taoist Poetry of Ts'ao T'ang*, Berkeley and Los Angeles:University of California Press,1984,p.56.

[3] Edward H. Schafer, *Mirages on the Sea of Time:Taoist Poetry of Ts'ao T'ang*, Berkeley and Los Angeles:University of California Press,1984,p.56.

提及这一说法时并没有援引《说文解字》《古文字诂林》《玉篇》《康熙字典》等字书对"莱"字的解释,仅凭经验、语感与学术联想解释"云来"之"来"与"蓬莱"之"莱",并非根据确凿。但他对"云来"之"来"意义的把握却很准确。因为在中古时代的文献中常见"云来"一词,其中"云"字都有"从彼处到此处"之意。例如张籍《和韦开州盛山十二首·宿云亭》中"卷帘无俗客,应只见云来"之"云来",刘长卿《酬秦系》"鹤书犹未至,那出白云来"之"云来",皆与薛爱华的理解相合。然而,薛爱华通过音近词联想法而认为"蓬莱"之"莱"与"云来"之"来"相同的看法则缺乏有力证据,有待商榷,特别是考虑到尚存在着其他对"蓬莱"之"莱"含义的合理解释。根据《说文解字》释义,"莱"字本义即"蔓华",《玉篇》解作"藜草",两书的释义同指中国常见的蔓生草本植物。[1]"莱"字在这一意义上,与"蓬"之本义(蓬草)相对应。由于古汉语常见将代表同类事物的汉字并列成词的现象,不排除"蓬莱"之"莱"即指其原始义的可能性;此外,《康熙字典》引《尚书·禹贡》"莱夷作牧"及《国语·齐语》"通齐国之鱼盐于东莱",指出"莱"亦可指地名(或国名)"东莱"[2]。[3]东莱作为国家是商周时期九夷所建之诸侯国,其统治区域大致在今胶莱平原一带,后为规避齐国的威胁而迁至胶东半岛东部黄县沿海地区。[4]尽管莱国在战国初期为齐国所吞并,但莱国依旧留下了可观的遗产,其中就有许多与其有关

---

[1] 参阅内府本《康熙字典·申集上》第 515 页。
[2] 或称莱国、东莱国、莱子国、莱夷。
[3] 参阅内府本《康熙字典·申集上》第 515 页。
[4] 王锡平主编,烟台市文物管理委员会、烟台市博物馆编:《胶东考古研究文集》,济南:齐鲁社,2004 年,第 378 页。

第五章 《时间海上的蜃景:曹唐的道教诗歌》研究　　247

的山川事物之名称。例如胶东半岛与内陆分界之胶莱河、莱河的入海口莱州湾、位于今烟台市的莱山,以及之莱山、浮来山等。考虑到莱国毗邻东海,是个与海洋有着密切联系的国家,且离《海内十洲记》《拾遗记》等文献中所记载的蓬莱仙岛在地理上最为迫近,将"蓬莱"之"莱"看作是取"莱国"或"莱州"之"莱"意,也是说得通的。当然,尽管薛爱华在理解"莱"的字义上略失学术严谨,但从整体上看,薛爱华对古文字的考释仍然是颇为成功的,其采用音韵文字学的切入点来研究文化事项的方法可圈可点。有两点应予以特别指出:

　　一是这种研究方法体现了语文学研究的核心理念和原则,也是语文学开展文学文本研究的一种常见模式。正如薛爱华的博士导师卜弼德所言,语文学研究工作者"相信语言即是大道(the Word),是人类思想的塑造者和真理的承载者"[1]。卜弼德这里所谓的语言主要是指古代文献作品中的文本语言。语文学研究者不仅看重文本研究在整个人文研究的基础价值,更将文本中所出现的各类专有名词、形容词看作是开展研究的重要对象。[2] 薛爱华无疑深受这种观点的影响。在他的研究作品中,我们可以轻而易举地发现他对音韵文字学研究的偏好,其背后所隐藏的逻辑在于,通过了解包含有特定语音成分、意义、意象与美感的字词在特定文本语境中的内涵意义,研究者可以深化对字词与语段指涉

---

[1] David B. Honey, *Incense at the Altar: Pioneering Sinologists and the Development of Classical Chinese Philology*. New Haven: American Oriental Society, 2001, pp.305-306.

[2] Students Union of the Oriental Department of UBC, *Phi Theta Papers: Publication of the Oriental Languages Students Association*, Berkeley, University of California, p.7.

的文化事项之理解与体认。[1] 而薛爱华在上文中对与蓬莱仙岛相关的多个字词的考察,无疑是对这一研究理念的忠实贯彻。

二是薛爱华在探讨"冥""沧""渤""蓬""莱"等字义时,主要运用了两种不同的考证手法:通过对《说文解字》等古代字书的查检来直接确定语义,以及通过形音相近词的列举与比照推出语义。第一种方法根据确凿,亦能显示薛爱华的音韵文字学功底。在运用这一方法对特定单字进行考察的过程中,薛爱华会对其在《说文解字》《玉篇》《类篇》《古文字诂林》《字林考逸》《康熙字典》等古籍中的每一义项进行逐条分析,并从中检出与该字所在的文本语境相契合的一种或多种意义进行细致分析,典型例子如上文所述薛爱华对"蓬"字的考察;相比之下,形音相近词比照研究法虽然能够体现薛爱华丰沛的想象力和学术灵气,但较强的主观性也使得讹误或争议之处时有出现。例如薛爱华在《神女:唐代文学中的龙女与雨女》中建立在对"娲""蜗""涡""窝""娃""洼""蛙"等字中古读音错误分析基础上的文化阐释[2],以及前文中所提及的薛爱华将"蓬莱"之"莱"与"云来"之"来"直接等同的做法,均存在着一定的问题。

通过对与蓬莱仙岛有关的数个字词进行音韵文字学研究,薛爱华揭示了蓬莱海域海水的独特色彩以及风急浪大的

---

[1] Doris Sze Chun, The Agassiz Professorship and the Development of Chinese Studies at the University of California, Berkeley, 1872 - 1985. San Francisco University Doctoral Dissertation, 1986, p.405.
[2] 章琦:《〈神女〉与中西文化的融合——以薛爱华对中古音和唐诗的理解为中心》,原载于《中国韵文学刊》2012年第10期,第107页。

第五章 《时间海上的蜃景:曹唐的道教诗歌》研究 249

属性,并认为蓬莱有着如同蓬草般飘摇浮荡的动态特征。那么,蓬莱仙岛又具有什么样的具象物质形态呢? 关于这个问题,薛爱华充分发挥了其对于上清派道教文献的精深了解和创造力,首先从道教神祇西王母与龟灵的联系作为切入点,来深入对此问题的考察。龟寿命较长,具有生长于水土中的特点,从古早时代以来,龟便被看作是具有灵性的生物和通神的媒介,对龟的神化和信仰崇拜曾长期流行于长江流域和黄河流域部分地区。[1] 在《曹唐的道教诗歌》中,薛爱华认为龟灵作为一种独特的道教意象,在一定程度上是西王母的化身和象征,在中古时期的文本中常常与蓬莱仙境意象紧密相关。为了说明这一论点,他举了李白《送纪秀才游越》"即知蓬莱石,却是巨鳌簪"之句,认为该诗所谓"巨鳌"可能便是指代西王母,其理由是《墉城集仙录》《上清后圣道君列纪》等唐代文献中西王母常被冠以"龟山金母""龟母"等名号,表明了神龟崇拜与西王母之间具有某种联系。薛爱华的这一观点无疑是有道理的。神龟与西王母结合或等同的观点约产生于中国中古时代早期,最早可追溯到东晋葛洪《神仙传·茅君》,该文记载上清始祖大茅君茅盈随西城王君往龟山拜谒西王母事,从中可见西王母在当时的观念中被认为治理一座名为"龟山"的神山,该山与传统的神龟崇拜文化有着密不可分的联系。而稍晚的刘超《上清高上龟山玄箓》则详细敷演西王母[2]受封龟山为其治所的故事:早在获得

---

[1] 程自信:《论中国龟崇拜的历史演变》,原载于《安徽大学学报(社会科学版)》1995年第1期,第43页。
[2] 《道藏》(第34册),北京:文物出版社,天津:天津古籍出版社,1988年,第177页。

司命神格之前，西王母曾在龟山静斋，通过"心想上真"的存思法修炼，而达到"妙感玄觉，丹心表明"的理想境界，在元始天尊的敕命下，西王母终于受封为"西元九灵上真仙母"并受封西龟之岳（即龟山），这也是其首先获得的正式治所。此时的上清道经中也屡见以"西龟王母""龟台金母""龟母"等指称西王母的案例，如《上清大洞真经》用"西元龟山九灵真仙母青金丹皇君"、《真灵位业图》用"紫薇元灵白玉龟台九灵太真元君"称西王母。这些材料表明在上清派的观念里，西王母与龟灵崇拜很早便产生了联系。薛爱华将唐代文献中的巨鳌、神龟等意象看作西王母的化身或代称的观点有其合理性。

神龟意象与蓬莱又有着怎样的关系？最早将这二者相联系的文献是约成书于汉魏间的《列仙传》，其中记载："有巨灵之鳌，背负蓬莱之山而抃舞，戏沧海之中。"[1]稍晚的《列子》亦有对这一背负蓬莱巨鳌的记载，只不过更为详细，且更富有故事性，解释了巨鳌戴山的原因："有五山焉：一曰岱舆，二曰员峤，三曰方壶，四曰瀛洲，五曰蓬莱……五山之根无所连著，常随潮波上下往还，不得暂峙焉。仙圣毒之，诉之于帝……使巨鳌十五举首而戴之。迭为三番，六万岁一交焉，五山始峙而不动。"[2]这些文献表明，神龟（鳌）背负蓬莱的故事很早便已深入人心——这一点薛爱华也明确指出，不过，薛爱华是从相关唐诗诗句，如李白《送纪秀才游越》的"即知蓬莱石，却是巨鳌簪"、曹唐《小游仙诗·其六十八》的

---

[1] （景印）《文渊阁四库全书》集部一，台北：台北商务印书馆股份有限公司，1986年，第1062册，第28页。
[2] 杨伯峻：《列子集释》，北京：中华书局，1985年，第151—153页。

"金鳌头上蓬莱殿,唯有人间炼骨人"等推出龟灵和蓬莱的联系的。同时,薛爱华认为,由于神龟在许多方面可以看成西王母的化身或象征,可以认为背负蓬莱岛的正是西王母本人。[1] 此外,关于该神龟的真实身份,薛爱华提出了三种可能的解释:一是印度舶来说;二是该神龟来源于民间神话传说对中国沿海海域普通海龟品种的夸张演绎;三是以一种生活在太平洋海域中上层的龟类棱皮龟为原型的想象。在这三种说法中,第一种说法显示了薛爱华喜从中西比较中解码中国文化事象的倾向:此种说法认为《列仙传》中提到的神龟很可能根源于古印度吠陀史诗《摩诃婆罗多》(Mahabharata)中的"俱摩神龟"(或称为库尔玛),作为至尊神毗湿奴(Visnu)的化身而承担着背负曼荼罗山沉海而为诸天(众神)与非天(众魔鬼)搅拌乳海的工具。事实上,民国时期学者苏雪林在《天问正简》中便已提出过极为肖似的看法,她认为源出《天问》的"鳌戴山抃"事与印度"搅旋大乳海"中毗湿奴化身神龟的故事有着密切联系,很可能是渊源更为悠久的古印度神话影响中国文化的又一例证。[2] 苏先生与薛爱华从比较神话学角度生发的观点颇为新颖,但通过一些表明的相似点而将中国民间信仰和道教传说的"神龟"和古印度神话的俱摩神龟画等号仍嫌证据不充分。更重要的问题在于,对龟的神圣化和信仰崇拜并非舶自印度,而是在古早便扎根于中国长江流域和黄河流域部分地区的文化现象,这一点上文已有所提及。而"龟负蓬莱""鳌戴山抃"等故事不排除是自发

---

[1] Edward H. Schafer, *Mirages on the Sea of Time: Taoist Poetry of Ts'ao T'ang*, Berkeley and Los Angeles: University of California Press, 1984, p.57.
[2] 苏雪林:《天问正简》,武汉:武汉大学出版社,2007年,第169页。

产生于中国土壤中的。同时,古印度第一部详细记录俱摩神龟故事的《毗湿奴往事书》约成书于公元前400—前300年间[1],并未明显早于记载"鳌戴山抃"的《天问》[2]的写作时间,难以断定是否存在影响的关系,故薛、苏的观点仍应存疑。

薛爱华有关神龟身份的第二、三种说法将神龟和实际存在的物种联系在一起,可以归为一类,也体现了薛爱华对自然科学和博物学的熟识。其中提到的棱皮龟(Dermochelys coriacea)是神龟的原型一说值得一提。棱皮龟是存在于中国海域的海龟品种,体型庞大,个别体重可达700公斤以上。[3] 自南海到渤海的广大海域都有分布。棱皮龟的龟甲形态颇为特殊,具有类似南瓜籽般的外形,其背甲软骨上分列有5—7个脊骨,使得其从横面观看时龟甲颇似堆叠隆起的高山。加上棱皮龟水生化程度高,具有远涉大洋的能力,不排除古代渔人、方士、采珠者等在大海中远望见成年棱皮龟的巨大龟壳而生出"鳌戴山抃""龟负蓬莱"联想的可能性。

《曹唐的道教诗歌》第二部分的第二小节"中空的世界"在"蓬莱"一节对蓬莱仙境的相关语言学和外在物理空间的考察的基础上,将视点转向了对蓬莱内在属性的分析和揭示上。在本节开篇薛爱华即宣称:

> 如同所有名山一样,蓬莱仙山在其满眼银屋金阙意

---

[1] Ludo Rocher, *A History of Indian Literature: The Puranas*, Wiesbaden: Otto Harrassowitz, 1986, pp.52-53.
[2] 成书于楚怀王时期,屈原被放汉北云梦之后,约公元前302年左右。参见陈子展《〈天问〉解题》,原载于《复旦学报》1980年第5期。
[3] 李令华:《棱皮龟的奥秘》,原载于《海洋世界》1994年第9期,第15页。

第五章 《时间海上的蜃景：曹唐的道教诗歌》研究

象的掩映下,也有一个秘密的或"真实的"形式。这一神秘形式在该岛的一个常用名称"蓬壶"(Tumbleweed Pot)上得到了恰当表达。[1]

薛爱华认为,"蓬壶"作为蓬莱仙岛的名称指示了后者的内在属性:这是由于"蓬壶"之"壶"指明了其与古人饮酒用葫芦的密切联系。酒葫芦也是道士、仙人所喜爱的随身携带之物,其内部空间常常被看作一种微型的世界(miniaturized world)或小宇宙(microcosm)——一种缩小版的洞天福地仙境。薛爱华将葫芦与神仙居住的仙境相联系的看法不无道理,这是因为道教本身便有崇壶文化传统,葫芦常与仙人、仙境等相联系。[2] 相关典籍的记载也提供了佐证:如汉代刘向《列仙传》就称西王母曾居石室中,其内焕若神宫,状如壶形。晋代王嘉《拾遗记》更是直接认为蓬莱仙境有着葫芦的形态：

> 三壶,则海中三山也。一曰方壶,则方丈也;二曰蓬壶,则蓬莱也;三曰瀛壶,则瀛洲也。形如壶。[3]

葫芦既作为蓬莱仙境的一种属性,对出现在唐代文献中的"蓬壶"意象的分析无疑可以加深对蓬莱仙境特点的认识。"蓬壶"在其形态上由两个相对的圆锥体构成,象征着阴与阳、天与地等相反相成因素的对立统一,也象征了天地

---

[1] Edward H. Schafer, *Mirages on the Sea of Time: Taoist Poetry of Ts'ao T'ang*, Berkeley and Los Angeles: University of California Press, 1984, p.61.
[2] 李永平、高慧:《晚唐曹唐游仙诗中的仙洞原型——兼及历史演进中的乌托邦定势》,原载于《宁夏社会科学》2006年第3期,第24页。
[3] 〔晋〕王嘉撰,孟庆祥、商嫦姝译注:《拾遗记译注》,哈尔滨:黑龙江人民出版社,1989年,第23页。

未开前宇宙模糊混沌的状态,蕴含了道教深邃的宇宙意识。[1]

薛爱华进而探讨蓬莱仙境的起源与构成元素。按照其观点,由于蓬莱仙境内在属性上是一种葫芦仙境(或"壶天"),而葫芦又象征着道教教义中的阴阳、混沌等本体论因子,故它在本质上与道教理论中所提到的世界的本源具有同一性,应当是世界尚处于混沌元气的阶段诞生的。[2] 这里薛爱华的讨论涉及的宇宙生成哲学,无疑是基于其在1978年出版的《步虚:唐人的星空探索》一书第三章"天地演化论"(Cosmognomy)中对古代中国人创世观的认识和具体阶段的划分。在该书中,薛爱华将道教的创世观划分为两种主要类型:其一是以"造化"或"造物者"(Fashioner)为中心和基点的观点,这一观点具有神学属性,它相信万物生成和演变全仰赖于造物者的"鬼斧神工",造物者拥有凌驾一切的主宰能力和超越性,其具体程序和机制是难以预测和洞悉的(关于"造物者"为中心的创世论,参见薛爱华于1965年发表在《东西哲学》杂志第2期的文章《论唐代文献中的"造化者"概念》);其二是带有更为浓厚哲学色彩的看法——万物通过一套包含着数个互相区别阶段的持续性进程而逐步塑造成型。薛爱华特别划分了这一进程中的具体阶段:

1)元气阶段(Primal Pneuma)(未有天地之鸿蒙)

2)太易阶段(Grand Interchangeability)(天地未分,谓之太易)

---

[1] Edward H. Schafer, *Mirages on the Sea of Time: Taoist Poetry of Ts'ao T'ang*, Berkeley and Los Angeles: University of California Press, 1984, p.62.
[2] Ibid, p.63.

3) 太初阶段(Grand Antecedence)(太初者气之始)
4) 太始阶段(Grand Initiation)(太始者形之始)
5) 太素阶段(Grand Simplicity)(太素者质之始)
6) 太极阶段(Grand Culmination)(质形已具,谓之太极)[1]

以上薛爱华对宇宙创生的阶段划分很可能是参考了《太平御览·天部一》的创世阶段说。[2] 其中,元气阶段即是天地开辟之前的混沌状态,这一状态中万物不存在任何形式上的差别,都为鸿蒙元气所笼罩。至"太易""太初""太始"阶段起,随着道气的运作而产生了万物的形与质,天地开辟,阴阳分割,世界才产生了种种差别性,才有了事物方圆刚柔静躁的性质之别。之所以认为蓬莱仙境产生于元气阶段,是宇宙元气的凝结,在于其本身与道教"壶天"的联系使其具有不同于充满差异的经验世界的超越性。在其表面形态上,蓬莱是一座位于中国遥远之东,为巨浪与烟霞所笼罩而缥缈不定的海岛,在其实质上,蓬莱,以及诸壶天、洞天等仙境,都是道教世界观中超越变化、腐朽乃至阴与阳矛盾对立的本体存在——元气的直接凝结和象征,正所谓"有形必朽,有端必穷,茫茫元气,谁知其终"[3],蓬莱作为元气直接生成的不朽不穷存在,其创生时间很可能也是在阴阳未分、鸿蒙未辟的

―――――――
[1] Edward H. Schafer, *Pacing the Void: T'ang Approaches to the Stars*, Berkeley and Los Angeles:University of California Press,1984,p.25.
[2] 李昉:《太平御览·天部一》,北京:中华书局,1960 年,第 1—4 页。
[3] 〔魏〕曹植《七启》,引自〔宋〕李昉:《太平御览·天部一》,北京:中华书局,1960 年,第 2 页。

元气阶段。[1]

那么,蓬莱是由什么样的元素所构成的? 薛爱华认为蓬莱虽然在道教哲学中是产生于元气的凝结,但其外在的物理元素很可能是水的汽化形式——蒸气与云雾。在"中空的世界"一节中,薛爱华并没有对蓬莱的水汽属性作进一步的考察,反而是在其后的"蜃楼与复杂蜃景"一节中深入探讨了这一问题。在该节中,薛爱华依据对包含有蓬莱意象的唐诗文本的分析指出,虽然蓬莱在道教哲学中是产生于元气的凝结,但在中古中国时代人们的眼中,蓬莱仙境和水影、地镜、蜃楼等通过空气折射而形成的光学现象有着很大的共同性,它们都具有缥缈变动而空无实体的特质:在这些人的笔下,蓬莱虽然有着金银宫阙、琼芝瑶草的瑰丽景观,但其本质往往呈现为一种深海中的复杂蜃景[2](Fata Morgana),一种由水的汽化形式蒸气与云雾组成的海市蜃楼。为了论证这一点,薛爱华举了李商隐《郑州献从叔舍人褒》"蓬岛烟霞阆苑钟"等诗句作为例证。薛爱华的这一看法把握住了唐代文献中蓬莱仙境意象的本质特征。但事实上,古代对蓬莱由水汽所构成这一事实的认知并不是唐人的专利,它最早可以追溯到《史记·封禅书》对蓬莱的记载:

> 其物禽兽尽白,而黄金银为宫阙。未至,望之如

---

[1] Edward H. Schafer, *Mirages on the Sea of Time: Taoist Poetry of Ts'ao T'ang*, Berkeley and Los Angeles: University of California Press, 1984, pp.62-63.
[2] 复杂蜃景,是一种不常见且形式复杂的海市蜃楼之称谓。它的词源来自亚瑟王女术士的意大利语名称 Morgan le Fay。这一词汇最早特指墨西拿海峡的蜃楼现象,后来被泛指包括"上蜃景"(superior mirage)和"下蜃景"(inferior mirage)在内的复杂蜃景现象(维基百科)。

云……临之,风辄引去,终莫能至云。[1]

这表明,迟至秦代,人们眼中的蓬莱便具有了海上蜃楼的特点:远远眺望,它如云雾般缥缈,引得人好奇就近察看,而一旦接近,如梦似幻的美景便会轻易在风中消散。蓬莱仙岛在他们看来并非物质性的存在,而更接近于水汽的凝结物,空灵而善变,令人难以捉摸。自此后,云霞般蒸腾变化的蓬莱便成为道教典籍和相关文学作品中经常出现的意象。

在分析了"蓬莱"与"中空的世界"两节内容后,我们发现,薛爱华对道教仙境蓬莱的整体考察研究方法,在根本上与他早期在《朱雀:唐代的南方意象》及《珠崖:12 世纪之前的海南岛》对唐代南越的研究方法如出一辙:即依靠对相关古籍文献的精细梳理与考证,对特定地理区域内的自然与文化事项作全面而综合的探讨与描写——尽管蓬莱只是道教传说中的海上仙境,薛爱华还是将其当作和南越地区类似的现实地理区域,去考察蓬莱在东海的位置、与大陆的距离、岛上的山川地理、动植物、居民、起源、本质属性、构成物等问题。事实上,这种可以被称为"仙境考证学"的研究范式是《时间海上的蜃景:曹唐的道教诗歌》第二部分"海上仙乡"的核心与灵魂所在,它贯穿了所有小节的写作:在"蜃楼与复杂蜃景"中,薛爱华亦曾详细考察作为文化意象的蜃楼的地理位置、唐诗中所见蜃楼意象的特征、蜃楼的气体属性等问题;在"玉妃与仙装"一节中,薛爱华充分发挥了其广博的文献学知识储备和梳理、分析材料的能力,对东海仙境中的重要神祇玉妃的原型、职品、妆容、本质属性等问题作了精细

---

[1] 〔汉〕司马迁:《史记》,北京:中华书局,1959 年,第 1370 页。

的考证；而在"麻姑"小节里，薛爱华亦曾根据曹唐大、小游仙诗对麻姑的外表、妆容、属性、象征性等问题详加考析；而"扶桑"与"青童与方诸宫"两节围绕东海另外两个道教仙境"扶桑"与"方诸"展开的考察更是几乎原样照搬了"蓬莱"与"中空的世界"对蓬莱仙境展开的文化地理学系统研究方法，综合了对地理区位、山川名物、动植物群落、矿物质、居民等因素的考证与描写。

然而，部分学者对这种围绕道教仙境所开展的考证研究之价值存有质疑。美国当代汉学家张国平颇具代表性，他认为薛爱华对东海仙境的研究虽然颇有想象力，却难以令人满意：

> （对仙境展开的考证工作）是在尝试去探究一个并不曾真实存在的想象世界。它所呈现的是持神秘主义态度的文人的虚幻想象，而不是诸如费尔干纳[1]（Ferghana）的马匹、安南的檀木或夜空的星座那样的实在的事物意象。具体而言，本书以一种个人化的散漫方式探讨了曹唐诗歌的神秘意象，如同一部有关诗歌想象性事物的目录，而没有承载关于唐代道教的有重要文化价值的信息。[2]

持有类同于张国平看法的学者，往往是欧美研究中西交通、物质文化等领域的学者，对他们而言，薛爱华偏离边疆名物考证道路而选择"没有太大实际意义"的道教研究并不可

---

[1] 费尔干纳平原，或称费尔干纳盆地，大部位于今乌兹别克斯坦境内，是中亚著名的农牧业中心和传说中的"大宛马"的产地。

[2] Michael R. Drompp, Review: Mirages on the Sea of Time: The Taoist Poetry of Ts'ao Tang by Edward H. Schafer, in *Journal of Asian History*, Vol. 21, No. 1 (1987), pp.90-91.

取,且多以重视实际与证据真实性的史学视角估量"仙境考证学"的价值。事实上,薛爱华对道教品物、人物所开展的考证研究,并不能说是用一种科学形式揭示这些事物的客观特点和本质,因为薛爱华本来便并不看重这种考据本身的科学性与真实性。事实上,这种看似捕风捉影的研究所达成的目标仅仅是揭示作为唐代诗歌意象的人与事物的特点。从本质而言,薛爱华所进行的"仙境考证学"研究可看作是一种对存在于唐代中国人(特别是道教徒)想象世界领域的神仙境界及其所包含的丰富细节的一种尝试性勾勒与还原。对于这一特点及其所带来的学术价值,法国学者泰伦斯·卢梭曾有过精辟总结:

> 如果我们不去将对宗教的理解与将自己的信仰诉诸宗教的人们之意识与世界观联系起来,理解宗教的意义便大打折扣。相比于说教性的宗教经典(宗教),文学作品常常提供了有关一个群体之信仰与期盼的更为真实的图景。通过高举学术之镜,薛爱华如实映照出了9世纪道教诗人曹唐诗歌中所透露的世界,并赋予了其丰满的生命力与奇迹,为我们在整体上感知中古中国人的心智思想作出了重大贡献。[1]

5.5 订 正

金无足赤,一部经典的学术著作亦不能免于瑕疵的出

---

[1] Russell, Terence C., Schafer's Clam Castles, in *Cahiers d' Extrême-Asie*, Vol.2, 1986, pp.265-267.

现。《曹唐的道教诗歌》的美中不足之处多表征为细小的疏漏和少数误读情况,它们大都源于相关资料的缺失、文化语境的差异以及无心之失,虽然不足以撼动本书的价值与学术意义,但仍应该予以必要关注。这里笔者谨将研读《曹唐的道教诗歌》时发现的缺憾之处列举如下,以方便研究者:

1)作者对西方道教研究现状的学术史性质回顾与评价(见第4页)显得有些笼统,缺乏事例的支撑,没有精确到具体的学者和著作。

2)和引用上清派道经的情况形成鲜明对比的是,作者在引用曹唐诗句作为例证时没有相应地给出诗句确切的文献来源,缺少版本、出版方、年份、页码等讯息。

3)在书末的参考文献目录中,除却一些较为经典的史籍与道书外,缺少部分在当时中西方道教与古代文学研究界具有代表性的作品,国内如最早系统研究道教经典和内外丹术的民国学者傅勤家所编《道教史概论》(1947)、开现代曹唐研究先河的程千帆《郭景纯、曹尧宾〈游仙〉诗辨异》(1949),西方汉学界如英国道教研究学者鲁惟一(Michael Loewe, 1922—)的《仙乡之路:中国人对长生的探求》(*Ways to Paradise: The Chinese Quest for Immortality*, 1982)(该书中有对道教"方壶"文化、"十洲三岛"信仰等问题的细致论述)、德国汉学家沃夫冈·鲍尔(Wolfgang Bauer)探讨"洞天福地"信仰的《中国与幸福之寻觅:中国思想史中的仙境与理想国》(*China and the Exploration of Happiness—Heaven and the Ideal State in the Chinese History of Ideology*, 1978)、宇文所安唐诗研究代表作《初唐诗》(1977)和《盛唐诗》(1981)等。这从一个侧面显示出薛爱华道教研究的特点:它偏离了法国

第五章 《时间海上的蜃景:曹唐的道教诗歌》研究

巴黎学派一脉相承的古典汉学研究传统,不再依赖前代汉学家的研究材料和成果,转而将全部重心放在了对原始道教古籍文本的研读与再发现上,在此过程中发挥了较强的学术个性。当然,伴随而生的,亦有无视近现代中外学人道教研究成果的闭门造车倾向。

4)薛爱华对曹唐具体诗篇的翻译大都精确而贴切,然而仍有极少数错讹或不恰当情况的个案存在:如第52页所引《小游仙诗·其五十六》中将"玉女"错译为 the servant girl;第74—75页所引《小游仙诗·其二十三》将"玉皇赐妾紫衣裳"翻译为 The Jade Resplendent One has conferred a purple dress and petticoat to his handmaiden,这里的问题是误把第一人称自谦词"妾"译成了第三人称词 handmaiden(女仆);第97页将"长房自贵解飞翻"之"自贵"(意近"自矜")翻译成了 a natural nobleman(回译:天生的贵族),显然有望文生义之嫌;第100页所引《小游仙诗·其八十九》将"共君论饮莫论诗"之"共君"译为 unite these lords,略显望文生义;第120页所引《小游仙诗·其三十一》将"鹤不西飞"错译为 cranes are not flying eastward。

第116页所引《小游仙诗·其五十四》由于薛爱华不当的翻译而对原始诗意的理解出现问题,我们在这里通过将曹诗原文以及薛爱华英译列举对照的方式予以分析并指出:

碧海灵童夜到时

The time when the Numinous Youth of the Cyan Sea came by night—

回译:碧海灵童夜里来的时候

徒劳相唤上琼池

She labored in vain to call him up to the Rose-Gem Lake.

回译：她（西王母）徒劳地召唤他上到琼池

因循天子能闲事

But, since he is not second to the Son of Heaven in his ability at "idle affairs".

回译：然而，由于他在"闲事"上的能力不亚于天子。

纵与青龙不解骑

Even though she gave him a blue dragon he didn't know how to mount it.

回译：即便她给了他一条青龙，他却不知道怎么骑它。

这首诗的内容应是写仙童下降引人间天子登仙，但天子不解骑龙飞升。[1] 但薛爱华认为本诗第三句"因循天子能闲事"用了"穆天子西巡昆仑"典故，故而将整首诗理解为西王母召引东王父前往自己在昆仑的仙界花园，而东王父由于自身贪图饮酒享乐，烂醉如泥而无法骑龙前往。[2] 这一解释颇为新奇，但略显牵强附会。

此外，值得一提的是，薛爱华在翻译某些词汇时所使用

---

[1]〔唐〕曹唐撰，陈继明注：《曹唐诗注》，上海：上海古籍出版社，1996年，第143页。

[2] 参阅薛爱华对本诗的解读：*Mirages on the Sea of Time: Taoist Poetry of Ts'ao T'ang*, Berkeley and Los Angeles: University of California Press, 1984, p.117。

的对应英语词汇即便对于英语为母语的读者而言都显得略为古奥生僻。如将"沧海"之"沧"译为 watchet,将"玉帝"之"帝"译为 thearch,将"五岳"之"岳"翻译为 marchmount,这类词多为古英语,如 watchet 就是从法国诺曼底引入英国中古贵族阶层的词语。[1] 在薛爱华的时代,它们早已退出大众日常的语言使用范围,而略显学究气。事实上,这些词完全可以找到更为现代和日常化的替代词汇。

---

[1] 可查阅韦氏大词典官网对该词的解释。网上查询地址:https://www.merriam-webster.com/dictionary/watchet,查询时间:2018 年 9 月 27 日。

第六章
薛爱华汉学研究理论与方法论

通过对薛爱华汉学研究的学术成果——论文与专著的目录学研究和典型案例研讨,我们注意到,如果剥离开受惠于广博知识储备而形成的跨学科研究视野和由人类学、原型批评、宗教学、地质科学、博物学等学科研究方法拼接混合而呈现的多样化特色,其汉学作品的核心,仍旧是一种建立在对古代语言和原始文献的辨识、翻译和理解体认的基础之上,表现为一种承袭自其导师卜弼德的语文学式研究范式,其中有着欧洲古典汉学在数百年间发展过程中积累经验教训的回响。

6.1 "我是一名语文学者"

我们首先面对的问题在于,薛爱华对语文学研究范式的采纳和应用,仅仅是由于其博士导师的影响和西方汉学界在前现代中国研究领域传统方法的熏陶而自然为之的,还是在深入理解语文学研究的内涵、本质及其对于当时美国中国研究学界的功能和意义基础上的理性选择?换句话说,薛爱华在汉学研究中对于语文学之接受和应用,是仅仅为在具体方法上对前人的因袭,还是一种上升到学术理论和方法论层面上的自觉之举？回答这一问题需要从薛爱华探讨美国中国研究现状和汉学理论的相关文章中寻找蛛丝马迹。

1958年，在甫任《美国东方学会会刊》杂志社常务编辑之际，薛爱华即在该刊及《亚洲研究》同时发表了一篇通讯稿，这也是薛爱华所撰写的第一篇牵涉汉学研究理论的文章。[1] 该文就当时美国中国研究界存在的对"汉学"（sinology）这一概念的不同理解而引发的学术纷争陈明了自己的看法和建议。薛爱华认为，具有模糊性和广延性的"汉学"长期以来都被用来指代历史学、语文学、社会科学、语言学等不同具体学科语境下的中国研究，这一做法使原本在不同学科界限范围内各司其职的中国研究都被划入到单一的学术范畴中，因而引起了许多围绕"汉学"的本质、研究范式、研究方法和研究目标等问题的冲突和争议。正如薛爱华在文中所说：

> 我们都听说过"汉学家"群体中流传的诸如"语言学家是纠缠于统计学琐碎问题的预言者""语文学家都是吹毛求疵的老古董""社会学家都是叫卖抽象概念的含混贩子"等诸如此类的说法。对一些人而言，这场伪善的混战意味着人文的价值已岌岌可危，而对另一些人来说，则代表着科学进步的确证。"古典"汉学家批判"当代"汉学家对宽泛的社会潮流赶时髦式的热衷，现代主义者则哀叹传统主义者对文献琐碎细节的过时关注。[2]

---

[1] 见 American Oriental Society 总第78期第120页的 Communications to the Editors。
[2] Edward H. Schafer, Communications to the Editors, in American Oriental Society, Vol. 78, 1958, pp.120-123.

薛爱华在这里所提及的"伪善的混战"与"古典汉学家""现代主义者"等提法无疑与20世纪五六十年代美国学界新兴的中国学研究和古典汉学之间的长期对立及学术纷争有关。[1]当然,在薛爱华看来,类似的争吵都是毫无意义的,因为参与争论的学者大都分属于不同的学科,有着互不相干的研究预设对象、研究模式和学术目标,本不应当在"汉学"的大框架下用一套相同的标准来衡量,而应该在具体学科中评价得失。因此,薛爱华主张,诸如"汉学""汉学家"之类的概念应当被废弃,来自不同学科的中国研究学者应当将自己的学术研究工作向自己的业界同行看齐。

在这一基础上,薛爱华将整个西方学术界的中国研究按所牵涉的具体学科划分为四大类,即语言学研究、语文学研究、历史学研究及社会学研究,它们彼此相对独立,都值得予以专门关注与重视。特别对于语文学来说,薛爱华认为,语文学研究是"运用碑铭学、考古学、阐释学、文本批评等多种方法对文献文本的分析与解读。从本质上看,语文学将文本文献看作是一种文化复杂性和人类思维精微性的即时表现,其研究是非抽象性的、具体的、个性化的、表达性的"[2],并在此第一次明确宣称自己是一名"语文学者":

> 我是一个对与物质文化有关的中古中国文献格外感兴趣的语文学者。我的学术标准是依照阿尔-俾鲁

---

[1] 这一对立局面在1964年美国亚洲学会年会上表现明显。
[2] Edward H. Schafer, Communications to the Editors, in *American Oriental Society*, Vol. 78, 1958, pp.120-123.

尼[1]（Al-Biruni, 973—1050）、阿格里科拉[2]（Georgios Agricola, 1494—1555）甚至乔叟[3]（Geoffrey Chaucer, 约1343—1400）弟子而设立的。与其被扣上不靠谱的"历史学家"或浮夸的"语言学家"的头衔，我宁愿被人看作是一个不成功的语文学者。[4]

这表明，在承认中国研究中存在不同类型的研究范式和传统的基础上，薛爱华对语文学研究展现出了格外的学术兴趣，他无疑充分了解语文学研究相对于其他类型的中国研究的独特性和价值所在，并且也自觉地将自己划归到语文学者的圈子里。这一对语文学的偏重在1982年薛爱华于科罗拉多大学东方语言与文学系发布的学术讲座《汉学：历史与现状》[5]上得到了再一次的回响。与1958年的那份通讯稿稍有不同的是，薛爱华在该讲座中重拾"汉学"的概念，并倡导恢复"汉学"最原始的定义——即研究中国语言，特别是记录在古代文籍中的中国语言的学问。[6] 这一定义无疑是把以历史语言文献研究为特征的语文学研究范式与"汉学"的大概念画上了等号，从而将语文学研究置于中国研究的核心与关键位置。从这里我们可以看出，薛爱华在汉学研究理论与实践中对语文学范式之承继与发扬，是建立在对当时美国中国研究发展状况和语文学学科特质的审慎思考和理性判

---

[1] 阿拉伯帝国黄金时期的重要学者，精通历史学、语言学、古代文献学、数学、天文学等领域知识。
[2] 近代德国历史学家、语言文献学家。
[3] 中世纪英国作家、诗人。
[4] David B. Honey, *Incense at the Altar: Pioneering Sinologists and the Development of Classical Chinese Philology*. New Haven: American Oriental Society, 2001, p.311.
[5] 该讲座内容同年以文本形式由科罗拉多大学波尔德分校出版。
[6] Edward H. Schafer, What and How is Sinology? in *T'ang Studies*, No.8-9, p.24.

断基础之上的,是一种自觉之举。

6.2　语文学研究的特点

在此基础上,我们仍需要解答以下问题:薛爱华为何会极力推崇汉学研究的语文学范式？相比于其他形式的研究,它对于推动人们对古代中国文化的深入认知的价值与意义何在？对这一问题的探讨应从对语文学本质及薛爱华对其的认识入手。

何谓语文学？权威美语词典《韦氏大词典》(Merriam-Webster's Dictionary)针对该词给出了狭义与广义两种解释:从狭义上看,语文学等同于历史语言学或比较语言学——这一看法在英国学界比较普遍。[1] 从广义上看,语文学是对人类言语,特别是对作为文本文献表达形式的言语之研究。它作为一种学术研究领域,对文化史研究有很大助益。[2] 这种广义性解释较为符合欧洲大陆和美国学界对语文学的传统看法,也和薛爱华所理解的"对文本文献的分析与解读"近似,本书即采纳此解释作为进一步探讨语文学本质与特征的基础。

从上文的论述中我们知道,语文学从其核心看,是一种对人类文化的最重要产品——语言与文本文献所开展的研究。然而,必须指出的是,在对语言与文本文献的态度和处

---

[1] Hugh Lloyd-Jones, The Introduction to Wilamowitz-Moellendorff, in *History of Classical Scholarship*, vii, Johns Hopkins University Press, 1982.
[2] 网上查阅地址 https://www.merriam-webster.com/dictionary/philology,查询时间:2018 年 10 月 11 日。

理方式上,语文学和文学、历史学、语言学等当代人文科学颇为不同,语文学不仅仅将语言与文本文献看作是支持研究的工具和参考证据的来源,也将其作为开展研究的对象和目的。在薛爱华等语文学者眼中,每一部文献作品的语言都富有独特的魅力,它"具有内在的价值和美感,并且就像格林兄弟的魔法桌子或是阿拉丁的神灯一样,它也被赋予了神秘的力量"[1]。事实上,"语文学"这一名称的古希腊词源φιλολογία的本义即为"对语言的爱"。[2] 对于薛爱华来说,一个称职的"语文学者"应当对文本的语言投以格外的重视:

> 要成为一个语文学者,就意味着要去相信语言是人类最伟大的发明,相信所有文献作品(即便是最微不足道的作品)都代表着人类最主要的智性活动。一个语文学者好奇于具体事物、抽象概念与体制的名称,好奇于这些名称在文献之流中的生命,好奇于它们在人类智性、想象与情感生活中所扮演的角色。[3]

如同14世纪文艺复兴萌芽时期意大利所产生的第一批以古希腊罗马文明为研究对象的古典学者一样,薛爱华相信,通过对语言与文献的细致分析与解读,早已消逝的古代世界能以其历史和文化的全部丰富性和完整性呈现在研究者面前——这也正是语文学所要达成的根本性学术目标。

---

[1] Aldous Huxley, Robert S. Baker, James Sexton, *Complete Essays: 1956–1963, and supplement, 1920–1948*, Chicago: Ivan R. Dee, 2002, p.110.

[2] 该词由 φίλος(热爱)及 λόγος(语言、词语、逻各斯)两词合并而成。

[3] Students Union of the Oriental Department of UBC, *Phi Theta Papers: Publications of the Oriental Language Students Association*, Berkeley: University of California Press. p.7.

在语言分析和文本细读所打下的基础上,研究者得以在对往古之世的好奇心的驱动下"再造诗人的歌谣,哲人与立法者的思想,神殿的圣洁,信徒与不信者的情感,市场与码头的熙熙攘攘,大地与海洋的风貌,以及工作与娱乐的人群"[1],从而形成对古代文明全景式的直观体认。

正是基于这种认识,薛爱华将准确把握文献作者的独特语言放在汉学研究至关重要的基础位置。在他看来,汉文典籍的作者于遣词造句、典故成语的采纳、语音的协调、意象与隐喻的运用等方面均有着鲜明的个人化特征和时地属性。如果不能将研究细化到对作者一词一句的品读与分析,不去领会作者在措辞上的独到之处、情思上的细微之处,而只满足于粗通大意,那么很可能便会出现许多理解上的问题,进而影响对文献所蕴含的诸如宗教、神话、民俗、信仰、社会传统等历史文化信息的解读与体悟。[2] 考虑到当代研究者与文本作者所处时代与文化语境的差异性,这一问题更加无法忽视。正如英国现代著名作家、语文学者 C.S.刘易斯(Clive S. Lewis, 1898—1963)在《语词研究》(*Studies in Words*)一书序言中所说的:

> 事实上,无论(古诗的)语言在我们当代人的头脑中产生什么样的反应,我们都对此颇为满意——当然,这说明我们并没有如古代作家所希望的那样去读诗。在我们看来,我们所读到的或许仍是一首诗。但那是我们

---

[1] U. Von Wilamowitz-Mollendorff, *History of Classical Scholarship*, Maryland: The Johns Hopkins University Press, 1982, p.1.

[2] Doris Sze Chun, The Agassiz Professorship and the Development of Chinese Studies at the University of California, Berkeley, 1872 - 1985. San Francisco University Doctoral Dissertation, 1986, p.405.

的诗,并非原作者的。如果我们称这种简单阅读为"品赏古诗",那我们便是在欺骗我们自己。[1]

为了规避这类问题,薛爱华认为从事汉学研究的学者应该将对语言细微之处的关注与重视贯彻到对文献文本的翻译和释读的全过程中去。在翻译汉文典籍时,他提倡一种既考虑到语义的如实传递又能兼顾反映源语言词句中的独特情感色彩、弦外之音、艺术美感等内容的学术化翻译模式,有时甚至不惜以牺牲翻译文本的可读性和文采为代价;在对重要词汇的解释上,薛爱华会综合运用语源考证、语族研究、字形辨析、音韵分析、跨文化研究等方法探讨词语的起源流变,且特别看重其在不同时代文献中语词细微区别的考察,这特别是针对具有较强艺术特征的诗歌语词而言。薛爱华曾如此教诲学生:

> 如果我提到一首唐诗中有"牡丹"一词,你们确实应该解释一下"牡丹"一词对一个八九世纪的汉人意味着什么,特别是你们应提到当时人们对牡丹的喜好风潮,因为牡丹那时是刚刚被引种到中国。牡丹作为园林植物被以不菲的价格在市场上售卖,那光景正如同18世纪荷兰的郁金香狂热一样。不言而喻的是,出现在唐诗文本中的"牡丹"与"芍药""梅""菊"在表情达意上具有很大的差别,如果不知道相关的背景知识,不去深究当时的人们是怎么去看待各种花卉的,那么就很难识别

---

[1] C. S. Lewis, *Studies in Words*, Cambridge: Cambridge University Press, 2002, p.3.

出其中的差别。[1]

在《唐诗翻译札记》(Notes on Translating T'ang Poetry)一文里,薛爱华宣称对唐诗中词语的重视与考察是真正理解每一首具体的诗及其诗艺的关键,并将对唐诗语词的研究划分为如下几个重要的部分:1)对语词中古读音的还原。在薛爱华的时代,从事中国古代历史与文学研究的学者往往倾向以现代北京方言(或粤语等方言)朗读中古时代的诗歌、散文等文献作品,这一举措带来了诗歌音韵上的失真,影响了读者对其中潜藏的叶音、谐音、押韵、拟声、步和、顶针等独特声韵现象的把握,而它们恰恰是构成原诗艺术完整性的重要组成部分。[2] 有鉴于此,薛爱华将对唐诗语词在唐代准确读音的考证与还原放在了重要的位置,依靠瑞典学者高本汉、加拿大学者蒲立本(Edwin George Pulleyblank,1922—2013)等人在中古音拟构上的成果,以及对日本、朝鲜、越南等国语言中汉语借来词的语音分析,开展对唐诗语词原始读音的考证工作。2)同义词研究。薛爱华认为,研究者不能仅局限在对其大致语义的理解,而是需要仔细弄清每一组同义词各自的词源、在历代文献中的使用情况以及常见搭配等方面的问题。这是因为,尽管意近,但出现在不同唐代诗人作品中的同义词所包含的语境义常有较大的区别。唯有借助《说文解字》《佩文韵府》等实用工具书,加之对词义的审

---

[1] Doris Sze Chun, The Agassiz Professorship and the Development of Chinese Studies at the University of California, Berkeley, 1872 - 1985. San Francisco University Doctoral Dissertation, 1986, p.426.

[2] Edward H. Schafer, What and How is Sinology? in *T'ang Studies*, No.8 - 9, pp.38- 39.

慎推敲和揣摩，研究者才能对出现在唐诗文本中的词汇有更准确的把握。3）单音词、多音词分析。薛爱华认为，辨别唐诗中的词汇是单音节词组还是多音词，并且分析其语法结构（偏正、并列、动宾等），以此作为进一步翻译和解读诗句的基础。4）对语词的字面义与内涵义的区分与考察。薛爱华称，唐诗文本中存在有大量词语，它们处在具体的语境、情境之中，经由隐喻、象征等艺术修辞方式，而产生出脱离字面意义的内涵义。在很多情况下这种隐含的语义不止一种。此外，诗歌作品中语词内涵义的原创性也被看作是一个优秀作品的标志。[1] 因此，对语词字面意义与内涵意义的甄别与探讨也是准确把握诗歌作品的语义、理解其中附着的语言艺术的重要步骤。

此外，与对语言的精细分析相辅相成，薛爱华格外强调应依赖原始文献开展独立性的研究，尽可能避免受到"后代学者"所著二手文献及其中观点、情感好恶、价值判断的影响。[2] 这里所谓的"后代学者"尤指清代乾嘉学派经学家顾炎武、钱大昕、惠栋、戴震等人，他们多遵从古文经学传统，立足先秦古文，考据文籍原义，在文字、音韵、训诂、舆地、数学等学问上均达到很深造诣。[3] 乾嘉学者的成果无疑为中西方学界针对中国古代语言与文化所开展的研究奠定了坚

---

[1] Edward H. Schafer, Notes on Translating T'ang Poetry, in *Schafer Sinological Paper*, pp.7-8.
[2] Doris Sze Chun, The Agassiz Professorship and the Development of Chinese Studies at the University of California, Berkeley, 1872-1985. San Francisco University Doctoral Dissertation, 1986, p.406.
[3] 姜广辉：《乾嘉汉学再评价——兼评方东树对汉学的回应》，原载于《哲学研究》1994年第12期，第49页。

实的基础,但却从某种角度对后代学者有着负面影响。正如薛爱华所说,学术界对乾嘉学派权威地位的认可"遮蔽了现代学者的创造力与想象力",使得他们"过分地保守"[1](terribly conservative)。这一点特别表现在西方早期的汉学家身上(薛爱华这里所谓的"西方早期的汉学家"应是特指以来华传教士、商人、外交官为主的业余中国研究者,不包括以语文学研究为特点的欧洲早期职业化古典汉学家),由于这些人大都为传教士或外交官出身,没有什么坚实的学术功底,因此他们不愿意"做任何有违既定学术传统(指乾嘉汉学)或冒犯中国学人的事"[2]。薛爱华对早期汉学家的批评无疑是很中肯的,以伯克利东语系为例,曾经领导伯克利东语系教研工作的傅兰雅(英国传教士汉学家,伯克利东语系第一任阿加西讲座教授)正是这类缺乏职业素养而作风保守的汉学家的代表。傅兰雅《中国文学》(*Literature of China*)、《中国伦理学体系》(*The Chinese System of Ethics*)、《儒家伦理学》(*Confucian Ethical Philosophy*)、《中华文明的伟大创立者》(*Great Founders of Chinese Civilization*)等涉及中国宗教、历史、文学、文化等领域的作品大都建立在《论语》《大学》《老子》《史记》等大众性经典文本的翻译之上,很少有针对某一具体问题参阅相关原始文献并开展细致考证的情况,这使得其文章常有常识性的错误和文化偏见出现。[3] 事实

---

[1] Interview: Schafer interviewed by Doris Sze Chun, in *University of California Archive*.
[2] Interview: Schafer interviewed by Doris Sze Chun, in *University of California Archive*.
[3] 关于傅兰雅的著作情况,可参阅 *Online Archive of California*: *Guide to John Fryer Papers*, https://oac.cdlib.org/findaid/ark:/13030/tf0d5n97zt/entire_text/。

上,伯克利东语系是在弗尔克、威廉姆斯之后的第四任阿加西讲座教授赵元任及第五任讲座教授卜弼德执掌下,才开始强调语言与文献之学,展现出浓厚的语文学研究倾向,并获得国际性的学术声望的。

为了获得语文学研究所寻求的对中国特定时代的社会与文化样貌的准确认知,薛爱华亦全面继承了其导师卜弼德的"国际汉学"(global sinology)研究模式,即将中国放在一个与边疆民族或邻国间政治、经济、文化交通互动的大背景下,对具体文化事项开展跨越地域的动态化综合研究。薛爱华相信,历史上的中国如同古希腊、古罗马或古埃及一样,并非一个缺乏与异族往来的封闭国家,而是经常性地处身于和异域民族的频繁往来之中。一个研究中国文化的学者需要学习西方古典学家在探研古希腊、古罗马等地中海古文明时穷究其与周边"蛮族"的交通史的研究方法,去了解中国周边民族的历史发展、语言与民俗文化,去探讨他们在历史上与中国交通往来的种种表现。这种研究对于理解特定时代的中国文化意义重大,且常有开辟汉学新领域的机会。[1]在实际研究中,薛爱华对于"国际汉学"范式有着特别的重视:表现在学术产品上,他对中国边疆和异域民族的关注催生了《唐代中国的伊朗商人》《撒马尔罕的金桃:唐代舶来品研究》《朱雀:唐代的南方意象》等作品;表现在治学方法上,薛爱华往往会将对特定语词、名物、风俗、制度的考证放在内亚语境中,凭借广博的亚洲语言与文献知识,追索它们的异

---

[1] Interview: Schafer interviewed by Doris Sze Chun, in *University of California Archive*.

域起源、传入中国的途径以及被接受或改造以适应中国文化的情况。例如他在《汉语词汇茉莉的语源学札记》中对印度神话中的"夜花茉莉"(Parijat)一词经由海上丝绸之路传入广州,几经变迁而演变为与南汉宫女墓地生长的茉莉花相联系的语词"素馨"之过程的梳理与考证[1],以及《撒马尔罕的金桃:唐代舶来品研究》中对西域诸国饲养骆驼情况的探讨,中原王朝通过外交、商业、战争等手段对骆驼的引进以及骆驼作为畜类的实用价值和作为"胡风"象征物的文化意义之分析。[2]

6.3 语文学研究之于古典汉学研究的价值与意义

语文学关注于人类文化的主要产品:语言与文献,并通过对其进行解释性的研究深化对特定时地人们思维和文化的理解——这使得语文学无可置疑地被划入到"研究人的生活世界"(胡塞尔语)的人文科学研究领域。事实上,根据美国语文学学术史研究专家詹姆斯·特纳(James C. Turner)的看法,在19世纪中后期现代性质大学的出现和学科分化之前,语文学长期都是人文科学的同义词,并且享有人文科学研究的一般特性。[3] 如同所有人文科学研究一样,语文学由于自身研究对象是具有精神性和文化性的文献作品,使

---

[1] Edward H. Schafer, Notes on a Chinese Word for Jasmine, *JAOS* 68(1948), pp.60-65.
[2] [美]薛爱华:《撒马尔罕的金桃:唐代舶来品研究》,吴玉贵译,北京:中国社会科学出版社,2016年,第198—202页。
[3] James Turner, *Philology*: *The Hidden Origins of the Modern Humanities*, Princeton and Oxford: Princeton University Press, 2000, p.3.

得其研究模式、方法论和一般自然科学研究与社会科学研究存在很大区别。自然科学与社会科学重理性与逻辑,它们的研究旨趣在于从纷繁复杂的自然现象和社会事实中提炼抽象出一般性的知识、法则或理论;语文学研究则具有直觉、直观、感性、个性化的特点,它不关注于抽象理论研究,而是热衷于将文献中一字一句都看作具有研究价值的对象,并进行具体的分析与解读。正如德国哲学家文德尔班(Wilhelm Windelband,1848—1915)所指出的,语文学研究的特点在于"从大量素材中把过去的真相栩栩如生地刻画出来;它所陈述出来的东西是人的形貌、人的生活,及其全部丰富多彩的特有的形成过程"[1]。薛爱华也曾在探讨人文学者的概念时有过相似的言论:

> 我们人文学者致力于发现与描述人类经验及其内在的关系。我们关注具象之物胜过抽象道理,特殊之事胜过普遍概念——这也就是说,我们关注的是那些真正无可替代的东西。[2]

语文学研究对事物特殊性的重视和直观具象的思维方式对整个西方的中国研究都具有很强的启示意义和示范价值,特别是对于薛爱华时代的美国的前现代中国研究而言。这是因为,至迟于启蒙运动时期的思想家伏尔泰、孟德斯鸠等人起,一种视古代中国文化、社会和政治数千年来一脉相承,"铁板一块,毫无变化"[3]的观点便成为笼罩西方中国研

---

[1] 洪谦主编:《现代西方哲学论著选辑》,北京:商务印书馆,1993年,第490页。
[2] Edward H. Schafer, What and How is Sinology? in *T'ang Studies*, No.8-9, p.24.
[3] [美]薛爱华:《汉学:历史与现状》,周发祥译,原载于《传统文化与现代化》1993年第6期,第97页。

究领域的主流看法。这一被薛爱华称为"永恒性谬误"(fallacy of timelessness)[1]的观念使得研究者往往不考虑研究对象所处的具体时地属性,仅凭表浅片面的认知或高度抽象的理论原则便妄下论断,以点带面,以古论今,滋生了严重的业余作风和狭隘观念。而这一情况在古典文学、文献学研究领域的主要表现,就是学界普遍存在的对原始古籍文本和注释的不重视。无论早期的传教士学者,还是后起的欧美本土古典汉学家,在研究某一具体课题时,大都有意或无意地忽略相关文籍的浩瀚,以及版本注家的纷繁,往往随意选择一名家注本,粗粗贯通大意了事,在此基础上则发挥其专长,运用"现代的"理论研究与方法论,进行具有很强主观性的演绎和诠释。俄国著名的古典汉学家列·谢·贝列罗莫夫即曾指出,西方数个世纪以来的古典汉学研究"长久的停滞和过分的学究气,正是对汉语原文理解的简单和失误造成的"[2]。

"永恒性谬误"的危害普遍存在于欧美国家,但在素来不重视基础性人文科学研究的美国古典汉学界,其影响则尤为突出。例如,在20世纪五六十年代的美国中国文学研究界,如傅汉思(Hans Hermann Fränkel, 1916—2003)的《梅花与宫闱佳丽》(The Flowering Plum and the Palace Lady: Interpretations of Chinese Poetry)、宇文所安的《韩愈与孟郊诗》(The Poetry of Meng Chiao and Han Yu)和《初唐诗》(The Poetry of the Early T'ang)这样的文学鉴赏或文学史性质的

---

[1] Edward H. Schafer, What and How is Sinology? in T'ang Studies, No.8-9, pp.37-40.
[2] 陈开科:《巴拉第的汉学研究》,北京:学苑出版社,2007年,第248页。

第六章　薛爱华汉学研究理论与方法论

作品曾一度风行,此类作品不需要学者对文学文本的内容和语词本身做透彻了解,其内容亦往往凭借写作者对中国文学作品浮光掠影的认识,充斥着在时髦的西方诗学理论和审美原则影响下而随性写作的感慨评论,很少考虑到文学作品的创作者在当时当地的思想与情感,很少考虑到文学作品对于它所处的时代的人们意味着什么。所以,尽管这样的文学研究作品一时颇为流行,但由于其理念和方法上的业余倾向,"很难说有什么文章算得上佳作"[1]。此外,"永恒性谬误"也使得不少美国学者相信汉语的语音数千年来没有什么大的变化,因此形成了将现代北京方言(或粤语等其他现代中国方言)强加于古典诗歌文本语言的习气,这使得古诗在音韵方面的所有特点,例如叶韵、谐音、拟声、步和效果等等都被轻易忽视,阻碍了研究者对诗歌语言艺术的认识与理解。[2] 而对于古典诗歌翻译界来说,"永恒性谬误"的流行使得翻译者不注重对每首诗的独特时地性和诗人语言细微之处的品读与理解,其译作为了迎合现代读者的口味,往往阉割掉了诗人通过苦思冥想精心结撰的古雅辞藻和典故,呈现出平淡、简单、缺乏诗意的特点。[3]

薛爱华深知"永恒性谬误"作为一种对中国历史和文化偏见的危害所在,并相信人文科学性质的语文学研究正是驱散这一困扰欧美古典汉学良性发展阴霾之关键。在《汉学:历史与现状》一文中,当谈及当时学术研究界存在的问题

---

[1] [美]薛爱华:《汉学:历史与现状》,周发祥译,原载于《传统文化与现代化》1993年第6期,第96页。
[2] Edward H. Schafer, What and How is Sinology? in *T'ang Studies*, No.8-9, pp.38-39.
[3] Ibid, pp.40-41.

时,他曾说道:

> 研究中国文献的学者只有放弃这种幻觉[1],并努力了解每个作者的特定世界——即他那种丰富多彩的具体而真实的局部世界,才能真正胜任这一工作。他们一旦获得这些知识,就能解释中国作家以精心选择的意象表达出来的对那一世界的独特的想象,那些意象反过来又反映作家对创造、占星术、王权、职责、魔法、事物、英雄主义等的特殊看法。[2]

薛爱华相信,对于中国历史文化与文献作品所开展的研究应全然摈弃"永恒性谬误"的恶劣影响,这种研究不应由抽象思辨与理论概括占据主要位置,需要抛开西方人对中国文化先入为主、浮光掠影的陈旧偏见,采取一种语文学式具体性的、历史性的研究路径,以期揭示研究对象的独特时地属性,揭露其背后蕴含的历史文化真相。同时,通过采取这样的重视事物的具体性与特殊性的研究路径,学者们会将精力投入于语言与文本的细致探讨与分析之中,将考证精神和对事实的重视放在更高的位置,自然而然地便会规避"永恒性谬误"影响下滋生的业余作风和狭隘观念,这一点正是语文学研究范式对于薛爱华时代美国古典汉学研究学术圈的最大意义所在。

---

[1] 指"永恒性谬误"。
[2] [美]薛爱华:《汉学:历史与现状》,周发祥译,原载于《传统文化与现代化》1993年第6期,第96—97页。

6.4 薛爱华汉文英译理论与方法论

对古代文本的翻译是所有古典语文学研究的前提与关键内容,也是构成薛爱华所有汉学研究工作的核心基质部分。那些翻译为英文的古汉语文段(特别是唐诗诗句)大量存在于其所有汉学论文与专著作品之中,发挥着阐释、例证、说明、增添文采等具体功能。而在对语言和文本研究的强调和重视态度指导下,薛爱华在具体翻译实践中形成了一套颇具个人特色的系统性汉文英译理论,该理论的具体观点散见于《音译与功能性翻译:汉学二弊》《唐诗翻译札记》《汉学:历史与现状》《步虚:唐人的星空探索》《时间海上的蜃景:曹唐的道教诗歌》等作品之中。薛爱华用这一套理论来指导其翻译实践,并通过教学、讲座、书评、撰写杂志通讯稿等方式对其予以推广。考虑到薛爱华翻译理论的原创色彩和独特性,以及在美国学术界所掀起的学术论争和褒贬不一的评价,笔者认为有必要专辟一节对其予以详细考察,在结合具体案例深入探讨其理论提出的背景、内涵、目标、方法、具体实践等问题的基础上,形成对这一翻译理论优长与局限之处的准确认知。

作为卜派汉学的优秀继承者,早在其于博士生阶段从事五代史研究之际,薛爱华便对汉文英译这样的基础工作重视有加,并在如何翻译汉文文本上有着自己独立的看法。对于当时学者在翻译中出现的种种错误倾向,他怀抱强烈的不满和批判意识,这最终导致了《音译与功能性翻译:汉学二弊》一文的问世——该文也标志着薛爱华翻译理论的成型。在这篇文章中,薛爱华将西方学者翻译汉文专有名词(包括人名、地名、事物名、机构名、官职、年号等)时经常出现的错误分为两大主要类型:音译(Non-Translation)与功能性翻译。音译是指将源语言专有名词的发音以某种拉丁字母拼读方案(薛爱华的时代美国汉学界最常用的是威妥玛汉语拼读方案)摹写出来,作为目标语言的对应词汇。[1] 音译曾在西方的汉文翻译实践中广泛出现,许多知名学者都惯于使用这一翻译方法,例如傅海波在翻译宋人程卓《使金录》时对原文中出现的地名一概以音译法译出,因此译本中充斥着Ying-t'ien Gate(应天门)、Lin-huai County(临淮县)、Feng-huang shan(凤凰山)这样含义不明的词语[2];倪豪士在其英译《史记》[3]中也大量采用了音译的翻译方法,如将"太上皇"译作Tai-shang-huang,"未央宫"译作Wei-yang Palace等。[4] 尽管是一种常见的翻译方法,音译法却有其局限之处:它剥离了源语言词汇本身所附着的语义,只留给读者一连串毫无意义的拼音符号。这一做法,在薛爱华看来,损害了源语言词汇在两方面的价值或潜力:1)词汇的学术价值。源语言词汇在语义上可能附着有大量有关中国风俗、制度、信仰、习俗等方面的信息,音译通过剥离语义隐藏了这一潜

---

[1] Edward H. Schafer, Non-Translation and Functional Translation: Two Sinological Maladies, in *The Far Eastern Quarterly*, Vol.13, No.3(May 1954), p.3.
[2] Herbert Franke, A Sung Embassy Diary of 1211-1212: The Shih Chin Lu of Ch'eng Cho, in *Bulletin de l'École française d'Extrême-Orient*, 1981(69), pp.176-204.
[3] *The Grand Scribe's Records: The Basic Annals of Han China*, volume 2.
[4] Qian Sima, William H Nienhauser, *The Grand Scribe's Records: The Basic Annals of Han China*, volume 2, Bloomington & Indianapolis: Indiana University Press, 1991, pp.74-76.

在功能。2)词汇的文学性品质。源语言词汇附着的语义色彩、修辞法等文学元素无法通过音译在目标语言中传达出来。

功能性翻译则是指翻译者依靠对源语言词汇含义的粗浅理解,以英语中的常见词作为目标语对应词的一种翻译方法,这种翻译方法特别常见于对官职名的翻译上。[1] 相比于音译来说,功能性翻译法尝试以附着有一定意义的英语词汇作为传达源语言词义的中介,在大的方向上无疑是正确的。它的不足之处在于,功能性翻译往往是翻译者在具备一定的社会政治概念和知识的基础上,对源语言词大致含义的一种功能性解释,其对语言丰富信息的保真度和精确性是无法保证的。例如,贾迪纳(K. H. J. Gardiner)在《作为高句丽早期扩张史据来源的〈后汉书〉》(The Hou-Han-Shu as a Source for the Early Expansion of Koguryǒ)一文中用功能性翻译的方法,将"太守"一词用 prefect 这一原指古罗马高级地方行政长官的词语作为对应词译出[2],该做法无疑损耗掉了附着在原语词"太守"上的语义成分和文化内涵:仅从译词 prefect 来看,我们将无法了解到"太守"有着"守备""保护"的语言含义,也无从感知其中所蕴含的对地方安定、国家太平的封建治世的追求和愿景。据薛爱华所说,功能性翻译法常见于美国费正清学派学者的汉文翻译实践之中,这些学者认为,中国人是怎样给他们的政府机构和官职命名的

---

[1] Edward H. Schafer, Non-Translation and Functional Translation: Two Sinological Maladies, in *The Far Eastern Quarterly*, Vol.13, No.3 (May 1954), p.3.
[2] K. H. J. Gardiner, The Hou-Han-Shu as a Source for the Early Expansion of Koguryǒ, in *Monumenta Serica*, 1969, p.156.

本身并不重要,重要的是这些名词本身的社会政治性内涵。通过采用功能性翻译这种解释性的翻译方式,学者们将一个个具体鲜活的汉文名词转变为在西方社会科学理论界具有"永恒性"或"普世性"的名词或概念,进而通过翻译方式简介向读者灌输其理论与观点。[1]

在批判音译与功能性翻译这两种汉文英译实践中的错误倾向基础上,薛爱华提出,翻译最重要的工作及核心目标在于如实地传达原始文本的语言内容(linguistic content),一次好的翻译实践既不能允许音译这种投机取巧的语音记录方法,也不需要像功能性翻译那样用解释性的方法指出源语言文本与现实概念的实际关联性,它所要做的只是准确传达出语词本身所附着的全部含义。[2] 在《步虚:唐人的星空探索》一书序言部分,薛爱华在谈到对曹唐游仙诗的翻译方法时进一步透露了自己的翻译思想:

> 我的目的在于(通过翻译)映照曹唐的想象世界,以及其中蕴含的独特中国中古文化。因此,我相信尽量避免损害曹唐奇异而美妙的原著语言是我的职责所在。我必须要压抑自己对于何为"诗性的"及"合适的"的感性观点,努力提供那构成曹唐语言艺术完整性的语词及语词组合(包括隐喻及其他意象形式)的可靠信息……所有的艺术作品都是自成一体且独具特色,真正的诗歌

---

[1] Edward H. Schafer, Non-Translation and Functional Translation: Two Sinological Maladies, in *The Far Eastern Quarterly*, Vol.13, No.3(May 1954), p.254.

[2] Edward H. Schafer, Non-Translation and Functional Translation: Two Sinological Maladies, in *The Far Eastern Quarterly*, Vol.13, No.3(May 1954), p.254.

(指曹唐游仙诗)仅仅存在于9世纪中国的文学语言之中。[1]

薛爱华认为翻译者应该剔除对文辞好恶的感性看法,将如实呈现原作的艺术内涵和精神气质看作翻译者最需要达成的目标,并将全部努力放在如何"避免损害"原著语言风貌上,放在保存原文中的比喻形象和修辞色彩上。而对于采取这种翻译方法可能导致的译文晦涩难懂或出现可读性和文采上的不足,薛爱华认为这是一种必要的妥协。在《时间海上的蜃景:曹唐的道教诗歌》中,薛爱华在开篇即宣称,读者将会在本书中发现许多不常见的词汇与陌生的表达法,它们每一个都是为了相对精确地同时传达汉语文句的原义及其在具体语境中的气氛或语调。[2]

薛爱华相信,真正的汉文作品的内容旨趣及艺术美感只存在于源语言文本之中,汉文英译更多的是退而求其次,为不懂得古汉语的读者提供解读原文的工具。[3] 只有通过这种途径,那些附载于原文之中的"气氛或语调"才不会在粗率的翻译中被稀释或遗忘掉。这一点特别是对于唐诗英译来说尤为重要。这是因为,西方大部分学者在英译唐诗过程中不仅会出现译文语义不精确的错误,还可能遗落唐诗中的各种独特语言修辞手法和文化意蕴——有时候,这些信息对于解读特定诗歌而言是颇为关键的。我们以20世纪上半叶

---

[1] Edward H. Schafer, *Mirages on the Sea of Time: Taoist Poetry of Ts'ao T'ang*, Berkeley and Los Angeles: University of California Press, 1984, pp.25-27.

[2] Edward H. Schafer, *Mirages on the Sea of Time: Taoist Poetry of Ts'ao T'ang*, Berkeley and Los Angeles: University of California Press, 1984, p.16.

[3] Edward H. Schafer, *Mirages on the Sea of Time: Taoist Poetry of Ts'ao T'ang*, Berkeley and Los Angeles: University of California Press, 1984, pp.26-27.

李白诗英译的主力译者庞德(Ezra Pound,1885—1972)对李白诗的翻译来说明这一问题。在翻译过程中,庞德常采取功能性翻译法配合一定程度的自由解释与发挥。同时,为追求文辞通顺雅致,对那些较难处理的词汇或表达法,他往往选择视而不见,不加翻译。在其所译李白《长干行》(*The River Merchant's Wife: a Letter*)[1]中,多次出现因为理解粗疏及运用功能性翻译法所带来的意义损耗,例如将"常存抱柱信,岂上望夫台"翻译为 Forever and forever and forever/Why should I climb the look-out,把原诗中所用"尾生抱柱"这一典故刻意忽视掉,却以三个连续的 forever 作为替代,无疑未能精确传达出原诗典故所蕴含的坚守爱情信诺的深切寓意及用典本身为诗歌所增添的风雅之美;另外,庞德将原诗"猿声天上哀"之"猿"翻译为 monkeys 显然是他不了解"猿""猿声""猿鸣"等意象常在古典诗歌中作为离愁别绪的象征与烘托物,以笼统的 monkeys 作为译语并不能精准地传达出其中蕴含的深邃文化情韵。由此可见,即便是优秀的翻译者,在实际翻译过程中也很难确保不出现翻译损耗(translation loss)和语义损失。而薛爱华在汉文英译过程中秉持尽可能忠实传达原文语言的观点,为保证原文意象的传递不惜"冒着译文语义晦涩的风险"[2],无疑是经过深思熟虑的,也是有其价值的。他在其学术作品中对李白、李贺、李商隐、贯休、曹唐等人诗歌的翻译都兼顾对原文语言内容与形式的传达,达

---

[1] 《长干行》庞德的英译版文本参考 Poetry Foundation 网站所引版本,见 https://www.poetryfoundation.org/poems/47692/the-river-merchants-wife-a-letter-56d22853677f9,查询时间:2018 年 11 月 7 日。
[2] Edward H. Schafer, *The Golden Peaches of Samarkand: A Study of T'ang Exotics*, Berkeley and Los Angeles: University of California Press, 1963, p.3.

到了很高的翻译水准。

在长期的翻译实践中,薛爱华形成了一套具有可重复操作性的翻译原则或惯例:对于一些以常用英语无法准确表达的汉语词汇,薛爱华往往凭借其丰富的词汇储备,用一个相对稀见但含义更为接近原文词汇的英语词作为译语。例如《时间海上的蜃景:曹唐的道教诗歌》中将"干霰"译为 dry graupel[1],这里用 graupel[2] 指代"霰",相较于 hail、snow、snow pellets 等词或短语来说,虽生僻但更为确切;"玉皇"则被翻译为 the Jade Resplendent One,这里之所以采用 resplendent 指代"皇",而不是用 splendid、glorious、sublime、superb 等更为常见的词汇(尽管它们都用来形容伟大、庄严、辉煌的事物)原因在于 resplendent 暗示了一种发光的、闪亮的庄严或宏大特性[3],考虑到"皇"字的甲骨文、金文字形与太阳的形象密不可分,且有着光明、光亮的引申含义[4],薛爱华在这里使用 resplendent 不仅贴切原义,亦形象凸显"玉皇"作为道教中的天地主宰普照三界的光芒与德威。

在少数情况下,如果找不到合适的英语词来翻译汉语原文词汇,薛爱华则会通过英语构词法自创新词,以适应精确翻译的需要。如在《步虚:唐人的星空探索》中,薛爱华以由 proto(原型)和 psyche 二词构成的新词 protosyche,用来翻译

---

[1] Edward H. Schafer, *Mirages on the Sea of Time: Taoist Poetry of Ts'ao T'ang*, Berkeley and Los Angeles: University of California Press, 1984, p.96.
[2] 意指粗糙的雪粒,或软霰,参考 Merriam-Webster's Dictionary Website 释义: https://www.merriam-webster.com/dictionary/graupel.
[3] 参考 Merriam-Webster's Dictionary Website 释义: https://www.merriam-webster.com/dictionary/resplendent#synonym-discussion.
[4] 蔡英杰:《"皇"字本义考》,引自《辞书研究·第 5 辑》,上海:上海辞书出版社,2001 年,第 136 页。

汉语词汇"魄",这是因为他考虑到,"魄"与"魂"虽同样作为道教思想中的人体超自然性存在,它的产生却早于"魂",事实上,正是"魄"的运作才孕育出了"魂"。正如《左传·昭公七年》中子产所说"人生始化曰魄,既生魄,阳曰魂"。有了"魄"对人体的引导与驱动,便有了阳气,在此基础上产生纯阳的"魂"。因此,将"魄"理解为人灵魂的原型或产生灵魂的先决条件,继而以自创词 protosyche 作为译语是切合这一词语的意义的。再如《时间海上的蜃景:曹唐的道教诗歌》一书中,在翻译"岳"这一汉语词汇时,薛爱华考虑到了该词在古代主要指分布在中国四境的"五岳"神山(即南岳、东岱、西华、北恒、中泰室),而除了中岳,其他四座神山都处于中原四极之地,是"汉人的固有居住区域的边疆",也是"王者之所以巡守所至"[1],是历朝历代的皇帝仪式化巡行国土的天然地理疆界。故薛爱华以 march(边界)和 mount(山丘)构成的新词 marchmount 来翻译"岳"这一词汇,相比于用 mount、mountain、sacred mountain 等常见词或短语作译语,用 marchmount 可说是把握住了该词在文化内涵上的精微之处。

值得一提的是,尽管薛爱华并不刻意强调译语的辞采之美与风格的选择问题,但由于薛爱华秉持译词贴近原文词义的翻译策略,并经常选择那些远离市井口语的"文言化"、拉丁化的英语词汇,他的译词中经常会有语义精确、文辞雅洁、音声悦耳的表述出现。典型例子如 Celestial Treasures(天

---

[1] 〔东汉〕许慎原著,汤可敬撰:《说文解字今释》,长沙:岳麓书社,1997 年,第 1245 页。

宝)、Estrade of the Divine Numina(灵台)、Palace of the Floriate Clearance(华清宫)、Jade Woman of Greatest Mystery(太玄玉女)、The Lord of Nine Solarities(九阳君)等。他的这一翻译特色也收获了诸如威廉·华兹生(William Watson)、约翰·S.梅吉(John S. Major)、白安妮等书评家和学者的一致赞许。[1]

而论到对译文具体句式、语法的安排组织,薛爱华在秉持忠实于原文句法的前提下,常常会有颇具灵气的变通或创新,使得译语既符合英语国家读者的阅读习惯,具备了英语诗歌的独特韵致与美感,又与汉语原诗声气相通。例如《时间海上的蜃景:曹唐的道教诗歌》中对曹唐《小游仙诗·其九十一》的"可怜三十六天路,星月满空琼草青"的英译: How appealing the roads to the thirty-six heavens/Where stars and moon fill all of space, and the rose-gem are green.薛爱华对原诗末尾两句的英译采取的是一种英语诗歌常见的以感叹句接地点状语(或时间状语)从句的复合句型框架:对于"可怜三十六天路"一句,薛爱华以 how 起始的感叹句型为基础进行词对词翻译,其译语兼顾到了原诗的语意与情感色彩的保真;末句"星月满空琼草青"则被处理为了以 where 起头的地点状语从句,用以与前一句 the roads to the thirty-six

---

[1] Reviewed Work(s):Shore of Pearls by Edward H. Schafer, Review by:William Watson, in *Bulletin of the School of Oriental and African Studies*, Vol.53, No.2、282, pp. 685-686;Reviewed Work(s):Pacing The Void:T'ang Approaches to the Stars by Edward H. Schafer, Review by:John S. Major, in *Harvard Journal of Asiatic Studies*, Vol.40, No.1, p.161;Reviewed Work(s):Mirages on the Sea of Time:The Taoist Poetry of Ts'ao T'ang by Edward H. Schafer, Review by:Anne Birrell, in *The Journal of the Royal Asiatic Society of Great Britain and Ireland*, No.1,1987.

heavens 相呼应,这种做法既如实传达了原诗末尾二句语意与节奏的连贯性,又增添了译语的可读性与文采。

又如,在《神女:唐代文学中的龙女与雨女》第三章中,薛爱华将齐己《巫山高》"巫山高,巫女妖,雨为暮兮云为朝。楚王憔悴魂欲销。秋猿嗥嗥日将夕,红霞紫烟凝老壁"翻译为 The shaman mountain is high/The shaman woman uncanny/As rain, she brings the sunset, oh! As cloud, she brings the dawn/The king of Ch'u is worn and haggard. His soul near to extinction/An autumn gibbon bawls and howls—the sun goes on th evening/Red-auroral clouds and purple mists clot on the aging walls. 这里薛爱华表现出了对原诗节奏的领悟力,创造性地将语气词"兮"译为 oh,用以连接 as rain, she brings the sunset 以及 as cloud, she brings the dawn 两个短语。相较于 and、then 等更为常见的连词,oh 的使用使得译语无疑显得更为传神。而在翻译"楚王憔悴魂欲销"及"秋猿嗥嗥日将夕"时,薛爱华为了最大限度地传达源语言的精确语意,连续采取了化整为零、化汉语单句为英语复句的方式,根据断句将汉语七言句式拆分为两个主系表结构或主谓宾结构的英语简单句,这一方式尽管在阅读上略显拖沓臃肿,却给进一步字对字的精确翻译提供了足够的空间。此外,薛爱华将"嗥嗥"译作 bawls and howls 也值得一提。这种译法使用了英语诗歌中常见的尾韵法(rhyme),将词尾音素相近且都具有类似意义的词语 bawls 及 howls 并列使用,催生出一种既音韵谐美又极具活泼表现力的生动之感。采用这种形式翻译复音词"嗥嗥"无疑收到了形神兼具的效果。

薛爱华的翻译观以最大限度忠实源语言文本为基本特

征,既照顾到语义的翻译又考虑到对语言形式的传达,可以看作是一种直译论。[1] 所谓直译,是既保持原文内容又保持原文风格的翻译方法。在直译中,译者首先要忠实于原文内容,其次要忠实于原文的形式。直译法利于保全原文语言与句法结构、艺术特征及异国情调。考虑到薛爱华汉文英译是出于纯粹的学术目的,它所指向的受众也以研究中国古代文化的学者和科研人员为主,功能性翻译式的追求通顺和辞采的翻译在这里无疑并非必需,而能最大限度地保全原文内容、形式特征、文化意蕴与美学色彩,能忠实传达原文所透露的异国情调的直译式翻译为研究者提供了信息丰富而信实可靠的参考资料,彰显了其存在的优越性,成了薛爱华在汉文英译实践中的指导思想和方法原则。

此外,需要指出的是,薛爱华的翻译思想无疑有其导师卜弼德的翻译观的影子,而卜弼德的翻译观又受到了同样身为俄裔美国人的著名作家、翻译家纳博科夫(Vladimir Vladimirovich Nabokov, 1899—1977)的极端直译论之影响。[2] 因此,纳博科夫在俄语英译时对于保全原文语言及其独特形式、文化意蕴之重视很可能正是薛爱华翻译思想的根本来源。笔者注意到,卜弼德与薛爱华在讨论翻译问题时曾多次谈及纳博科夫的翻译观点[3],并且薛爱华与纳博科夫的翻译观在许多方面都颇为近似:纳博科夫抨击当时美国

---

[1] 王成云、闫红梅:《汉英翻译理论与实践》,北京:人民日报出版社,2015年,第217页。
[2] Phyllis Brooks, Discovering a Religion, in *Phi Theta Papers*, Berkeley: Students Union of the Department of Oriental Languages and Literature, 1984. pp.14-17.
[3] 例如卜弼德 *Cedules from a Berkeley Workshop in Asiatic Philology*, p.5;薛爱华 *Pacing the Void*, pp.4-5, *Mirages on the Sea of Time*, pp.26-27。

翻译学界盛行的功能性翻译法——这一做法为追求译文明白晓畅而损耗了原文语言的丰富意涵和神韵,并声称最糟糕的直译也比最漂亮的功能性翻译有用一千倍[1],这与薛爱华对中国研究界在翻译汉文上的"功能性翻译"风尚的批判如出一辙。纳博科夫将翻译的最终目的看作文化间的引荐和交流,这与薛爱华对翻译的任务是"映照出"中国中古文化的观点相仿。纳博科夫采取译文配合大量注释的形式,来解决直译法所带来的译文语义晦涩、难以为读者理解的问题,薛爱华亦认为如果在翻译过程中遇到因为语言表达习惯、文化风俗差异等导致的文意不畅达情况,则应通过脚注、评论等方式对疑难词汇或表述进行解释,而不是为适应目的语读者便以改动源语言内容为代价。[2]

最重要的一点在于,薛爱华显然继承了纳博科夫翻译观的核心理念——即对源语言文本及其文化内涵的绝对尊重。正是由于对其母国俄罗斯传统文化艺术的尊重与珍视,纳博科夫才会发展出一套极端直译理论以求在俄文英译过程中保全《叶甫盖尼·奥涅金》这类经典作品语言的神韵,揭示俄罗斯文化的丰富特性;而正是由于对中国中古时代语言和文化独特性及其价值的认知和重视,薛爱华才会采纳看似笨拙保守的逐字式翻译理念来进行汉文英译实践,尽最大可能向不懂汉语的读者传达中古中国语言艺术之美和传统文化的真精神。

---

[1] 引自李小均《纳博科夫翻译观的嬗变》,原载于《解放军外国语学院学报》2003年第2期。

[2] Edward H. Schafer, Non-Translation and Functional Translation: Two Sinological Maladies, in *The Far Eastern Quarterly*, Vol.13, No.3 (May 1954), pp.254-257.

第六章　薛爱华汉学研究理论与方法论　　293

最后需要说明的是,尽管作为一种学术性翻译思想,薛爱华的翻译观具有很大的优越性,但也存在明显偏颇之处。这特别表现在薛爱华对于其汉学家同行们所持的汉文英译思想的绝对批判态度上。在薛爱华看来,当时美国汉学界所有的汉文英译实践都没有能做到基本的忠实于原文,体现了过强的主观性(subjectivity)和当代文化色彩,毫无可取之处,这一问题在唐诗翻译上尤为突出。在《步虚:唐人的星空探索》序言中,薛爱华在陈述自己的翻译目标和原则之后,随即将矛头转向整个美国唐诗翻译界,并宣称"我将几乎所有被人们所接受的唐诗译本都看作是恶性肿瘤",认为当代学者的翻译使得"李白和杜甫穿上了迎合当代人口味的单色袍子",同时也让许多因为不符合"通常品味"(conventional taste)的诗人的作品"遭到轻视和不公正评判"。[1] 薛爱华批判的矛头所指向的,无疑是在唐诗英译领域拥有较大影响力的翟理斯、韦利、华兹生(Burton Watson,1925—2017)等人。然而,对这些学者的汉文英译思想与实践持完全否定态度,未免有一概而论、有失偏颇之嫌。其实,由于翻译在本质上可以看作是一种跨文化的传播行为,译者的翻译活动和实际翻译效果事实上都会受到特定时地文化及价值取向的制约和影响。[2] 因此,并不存在一种脱离具体语境而绝对完美或注定成为所谓"恶性肿瘤"的翻译作品。同时,对一种翻译理念的价值与存在意义的评断,只有以这种翻译理念是否能

---

[1] Edward H. Schafer, *Pacing the Void: T'ang Approaches to the Stars*, Berkeley and Los Angeles: University of California Press, 1977, p.4.
[2] 刘娜:《英汉基本颜色词对比研究》,北京:中国国际广播出版社,2017年,第56页。

使得翻译实践本身达成其预设的具体目标，为其潜在的受众所理解与接受作为评断的主要标准，才能得出精确而符合其所带来的实际社会文化效果的看法。以华兹生为例，他翻译唐诗的主要目的在于为美国大学提供一套初级教材和课本，其潜在的读者是对汉文化并无渊深知识的大学生群体（这与薛爱华所预设的研究型读者大相径庭），因此在实际译介过程中，华兹生总结出了一套既有传统的汉学考证意识，又兼顾译文语言的可接受性和文辞美感的翻译思想与策略方法——这种折中忠实性与可读性的翻译观念无疑与薛爱华相左。而从译介效果上来看，华兹生取得了很大成功，他所翻译的绝大多数唐诗译本，如《寒山诗100首》(Cold Mountains: 100 Poems by the T'ang Poet Han-Shan)、《宋代诗人苏东坡选集》(Su Tung-po: Selections from a Sung Dynasty Poet)、《杜甫诗选》(Selected Poems of Du Fu)等作品不仅完美充当了美国大学生走进中国文化的阅读材料，同时也受到了来自中国研究学术界的高度评价，极具权威性与经典性。[1]可见，尽管薛爱华的翻译思想和翻译作品值得称道，但汉文英译并不存在所谓的最优范式，将不同的汉学学者于翻译上的多样化观念与实践全盘否定，无疑是不可取的。

此外，论到实际的翻译产品，尽管相较于其导师卜弼德，薛爱华词对词式的翻译使得其所译文本在可读性上已有了很大改善，但部分译句生硬而不顺畅的情况依然存在，且有时会由于拘泥词汇本身意义而错解语义，如在《时间海上的

---

[1] 冯正斌、林嘉新：《华兹生汉诗英译的译介策略及启示》，原载于《外语教学》2015年9月，第103页。

蜃景：曹唐的道教诗歌》中，就出现了这样的情况：第74—75页所引《小游仙诗·其二十三》将"玉皇赐妾紫衣裳"翻译为The Jade Resplendent One has conferred a purple dress and petticoat to his handmaiden，这里的问题是误把第一人称自谦词"妾"译成了第三人称词handmaiden（女仆）；再如第100页所引《小游仙诗·其八十九》将"共君论饮莫论诗"逐字机械式译为unite these lords in argument and drink, but no one will discuss poetry（回译：将这些大人们联络起来论辩与饮酒，不过没有人会讨论诗歌），显然与原文语义相差甚远。同时，薛爱华在翻译汉文语词时为了追求语义的精确对等常使用相对古雅和书斋化的英语词，有时甚至自创新词——这种翻译方法尽管对于一个具有相当英语语文水平和词汇积累的读者而言无疑是有效的，有助于汉语精微意义的对等传递，且又赋予了译文以浓郁的书香气息和文学美感，然而事情总是有其好坏两个方面：这种翻译法对于那些文化水平并非太高的人而言，太多的学究式词汇和采用尾注法表示的繁杂注释却反而制造了顺畅阅读与理解的障碍，这在一定程度上限制了薛爱华翻译作品的潜在读者群，影响了薛爱华作品在更大范围中的传播。[1]。

当然，尽管薛爱华的翻译思想和实践确实存在着一些局限之处，但作为20世纪下半叶美国古典汉学研究界的代表性学者，薛爱华一生翻译了数百篇古诗和散文作品，是中国传统文化走向美国知识界和普通大众的重要铺路者。在纳博科夫翻译观和语文学思想指导下，薛爱华秉持一种绝对对

---

[1] *Journal of Asian History*, Vol.21, No.1(1987), pp.90-91.

等的文本翻译思想,高度重视译文传达源语言丰富语义色彩的功能与价值,其翻译作品保留了汉语原文的精确意义、语境色彩及隐喻、象征等艺术手法的生动性,为不懂得汉语的科研工作者提供了有关中国历史、思想、文学等领域知识的可靠证据,也为想要了解没有经过人为诠释、筛选、扭曲、异化的中国古代文学作品的普通读者带来了可以信赖的阅读材料。对于薛爱华在翻译工作上的造诣,英国著名汉学家、翻译家、楚辞研究专家大卫·霍克斯(David Hawkes,1923—2009)的评价可谓公允:

> 必须承认,(薛爱华的翻译思想)值得大书特书。薛爱华翻译文本中那些奇特的卜弼德式多音节词(Boodbergian polysyllables)是他用以纠正其汉学家同行唯求大意的模糊解读,并导向对文本意象的精确翻译之手段。在绝大多数情况下,文从字顺的翻译总是伴随着轻微而具有欺骗性的文化转换。薛教授毕生的事业就在于揭露那些被以往翻译所掩盖的意象,并将其以保有它们原初力量和纯净光彩的形式展现在我们眼前。如果薛爱华需要以这种他自己所设计的中间语言(intermediate language)作为传达他的劳动果实的媒介,我个人认为付出汗水来学习这种翻译方法是值得的。[1]

---

[1] David Hawks, Review: Pacing the Void: T'ang Approaches to the Stars by Edward H. Schafer, in *Pacific Affairs*, Vol.51, No.4, p.652.

第七章
薛爱华与美国的中国研究

7.1 薛爱华所处的美国中国研究历史发展阶段

薛爱华开始从事汉学研究的时代(20世纪50年代),正是二战结束后朝鲜战争爆发之际,是美国的中国研究走向快速发展和剧烈分化的时期。一方面,在实际的政治外交需要和社会认可度提升的影响与刺激下,美国的中国研究结束了在大专院校和科研院所遭遇冷落和边缘化的局面,开始成为受到学生欢迎的"炙手可热的学科"[1]。而随着国防教育法案(National Defense Education Act)的出台,美国联邦政府开始向各大专院校的汉语与中国文化研究项目注入大量资金,以开办与中国研究有关的新课程、研究中心、出版与推广新的教学材料及鼓励有才华的青年选择汉学专业等形式,扶持与刺激中国研究的发展。[2] 在这一背景下,美国的中国研

---

[1] Meribeth E. Cameron, Far Eastern Studies in the United States, in *Far Eastern Quarterly*, Vol.7, No.2, p.128.
[2] John B. Tsu, The Teaching of Chinese in Colleges and Schools of the United States, in *The Modern Language Journal*, Vol.54, No.8, pp.566-568.

究和教学开始摆脱自己的"荒村"[1]身份,其学术研究实力及在国际中国研究界的地位显著提升,逐渐发展成为可以与法国、日本相提并论的国际中国研究重镇。

另一方面,这一阶段也见证了美国中国研究的派系分歧与内在矛盾之激化。在国家安全以及了解现当代中国的政治、社会、经济等迫切需要的刺激下,以费正清、赖肖尔、史华兹等人发起并引领的中国学研究范式迅速席卷各大专院校和科研机构。这一学术潮流关注近现代中国的实际问题,以政治和商业化需求为导向,将涉科范围由人文科学扩展到社会科学范围,融会贯通了社会学、经济学、政治学、人类学、法律学等现代社科理论与方法,开展跨学科综合研究,同时又强调口语语言技能和研究方法上的推陈出新。[2] 从其于20世纪40年代末于哈佛大学萌芽起,二三十年间,中国学研究范式从大学教职、研究项目、科研基金、期刊版面等多种渠道与更为传统的以语文学、历史学、考古学和文学为主的古典汉学研究范式展开了广泛的竞争,并由于其对于美国国防外交的现实效用以及政府、大型基金会与民间财团的偏向而逐渐蚕食古典汉学研究的生存空间。[3] 1964年《亚洲研究》第四期发表的多篇由中国学研究专家所撰写的汉学评论文章里,古典汉学更是被看成一种相对于中国学研究来说

---

[1] 俄罗斯汉学家叶理绥在赴美主持哈佛燕京学社的科研工作之际,曾以形象化的比喻揭示当时美国的中国研究的状况。他认为美国的学者普遍缺乏基本的学术素养与训练,相比于法国的中国研究,美国更像是一个学术贫乏、智慧枯瘠的"荒村"。

[2] 熊文华:《美国汉学史》,北京:学苑出版社,2015年,第271—273页。

[3] David B. Honey, *Incense at the Altar: Pioneering Sinologists and the Development of Classical Chinese Philology*. New Haven: American Oriental Society, 2001, p.272.

早已陈腐过时的学问,并受到众口一词的批判与责难。例如,施坚雅(G. William Skinner)在《中国学研究可以为社会科学做什么?》(What the Study of China Can Do for Social Science?)一文中指出,传统的汉学研究"已经死亡","作为一门自洽的学科,传统的汉学已经为具有特定学术目标的跨学科性中国学研究所取代"。[1] 列文森则更进一步,在《汉学是人文科学吗?》(The Humanistic Disciplines: Will Sinology Do?)一文中,他宣称,在以社会科学模式研究中国蔚然风行的当下,古典的汉学研究仍继续着带有"中世纪色彩"的原始文本文献研究方法,做的是毫无实际意义的书斋功夫,并质疑它在现代学术专业化和分工细化的语境下是否还有继续存在的价值。[2]

当然,这并不是说古典汉学研究在美国真正地式微了。即便在中国学研究风头日炽的 20 世纪五六十年代,美国亦有许多遵循法国学派所开创的古老传统,倾心于对古代文献文本翻译、注释与考证研究的学者与机构。以学者而言,有卜弼德、艾伯华、马瑞志、司礼义、薛爱华、柯慕白等人;以机构而言,有哈佛大学燕京学社、华盛顿大学亚洲语言与文学系、加州大学伯克利东方语言与文学系、科罗拉多大学东方语言与文学系、美国东方学会、美国中国宗教研究学会等,正是这些学者与机构的存在为美国汉学延续着以博学与严谨为宗的古典汉学研究传统。只不过,正如《对海外汉学研究

---

[1] G. William Skinner, What the Study of China Can Do for Social Science? in *The Journal of Asian Studies*. Vol.23, No.4, pp.517-522.
[2] Joseph R. Levenson, The Humanistic Disciplines: Will Sinology Do? in *The Journal of Asian Studies*. Vol.23, No.4, pp.507-512.

的三点反思》一文的作者所言,相较于更为流行和大众化的中国学研究,美国古典汉学研究更像是一个绵延不断而相对沉静的支流,它与席卷美国以及整个国际汉学界的中国学研究大潮一道,共同塑造了薛爱华时代的整个中国研究生态图景。[1]

7.2　书斋内外：薛爱华对美国古典汉学的贡献

自1948年初任伯克利东语系讲师起,直到1991年因病逝世,薛爱华一直以极大的工作热情与钻研精神投身于对中国古代文化的研究活动中,并创作了数量丰赡的长篇著作、论文、书评、翻译文章——正是这些浸润着薛爱华毕生辛劳与智慧的学术产品,见证了其汉学研究的发展轨迹以及其所取得的巨大成就。这之中,薛爱华所创作的《闽国:10世纪的中国南方王国》《杜绾〈云林石谱〉评注》《撒马尔罕的金桃:唐代舶来品研究》《朱雀:唐代的南方意象》《珠崖:12世纪之前的海南岛》《神女:唐代文学的龙女与雨女》《步虚:唐人的星空探索》《唐代的茅山》及《时间海上的蜃景:曹唐的道教诗歌》在其所创作的所有作品中居于最为重要的核心位置,也在学术界有着积极而热烈的反响,对整个美国古典汉学研究影响深远。[2]

尽管这九部专著在具体研究对象上截然有别,但它们亦

---

[1] 孟庆波、刘彩艳:《对海外汉学研究的三点反思》,原载于《社会科学论坛》2013年第6期,第237—241页。

[2] Doris Sze Chun, The Agassiz Professorship and the Development of Chinese Studies at the University of California, Berkeley, 1872 - 1985. San Francisco University Doctoral Dissertation, 1986, pp.414-426.

分享着共同的主旨和学术目标:为现代西方读者呈现早已消逝的唐代世界鲜活而生动的图景。[1] 这些作品涵盖了多样的研究领域,具有百科全书式的信息量和严谨苛刻的学术标准。值得一提的是,一些读者认为,薛爱华的书读之如同小说,由于其丰富的幻想色彩和想象力而令人着迷。[2] 但事实上,薛爱华所有的作品都是建立在严格的语文学研究方法基础以及对原始古籍文献的精细研读基础之上的,富有文学性并未降低其作为严肃学术著作的价值与意义。1954年,他的第一部专著《闽国:10世纪的中国南方王国》出版。这部作品不仅在学术视野上别具一格,关注于长期被学界忽视的五代南方割据政权,且颠覆了传统史学作品的编年体例,转而采取一种类似人类学"文化区域"研究范式对闽国的自然人文进行全方位的考察。《闽国:10世纪的中国南方王国》颇受学界好评,澳大利亚国立大学(Australian National University)学者菲茨杰拉德(C. P. FitzGerald)对该书学术价值的评价很具有代表性:

> 由于中国的正统史书以及绝大部分西方学者倾向于去忽视这些边荒小国的历史,又低估它的价值,将其仅仅当作中原王朝历史的从属品,对这一主题做完善而丰富的研究便倍加重要。许多在这之后中国的文化潮流无法在正统的五代朝廷中找到蛛丝马迹,却能于更为

---

[1] Doris Sze Chun, The Agassiz Professorship and the Development of Chinese Studies at the University of California, Berkeley, 1872-1985. San Francisco University Doctoral Dissertation, 1986, p.414.
[2] Phyllis Brooks, Discovering a Religion, in *Phi Theta Papers*, Berkeley: Students Union of the Department of Oriental Languages and Literature, 1984, pp.2-3.

安定和治理有序的南方王朝寻得起源与发展变化的轨迹。[1]

薛爱华第二部专著《杜绾〈云林石谱〉评注》根源于其对博物学与矿石科学的个人兴趣。在该书中，薛爱华采用古典语文学研究的经典范式，对宋代杜绾所著著名石谱《云林石谱》进行了英文翻译与详细注解。该书对于认识古代中国人的赏石文化之价值以及文本研究之高水准曾受到《美国东方学会会刊》评论员马克斯·洛尔（Max Loehr）及美国华裔学者施晓燕的高度评价。[2]

《撒马尔罕的金桃：唐代舶来品研究》是薛爱华最受欢迎的作品之一。在该书中，薛爱华将研究的中心放在了唐代时流入中国的各种异国事物上，并以严谨细致的文本考据和建立在熟通多国古代语言文献基础上的跨文化研究而备受称赞。英国汉学家艾尼德·坎德林（Enid S. Candlin）对其予以了很高评价：

> 目前为止，我们有许多关于中国的历史著作、哲学专著、艺术学论文、农学作品等高水准的学术产品，也有小说，以及对中国文学作品的翻译。然而，《撒马尔罕的金桃》却是全新的。现在，或许是史上头一遭，我们见证了一位富有才学和天分的作者——一个对东方语言造诣甚深的汉学家，为我们带来了一部大作，一部有关唐代消逝时光里的梦幻事物的书籍，一部娱情悦性的学术

---

[1] C. P. FitzGerald, Review of the Empire of Min, in *Pacific Affairs*, Vol.29, No.3, 1956, p.282.

[2] Max Loehr, Review, in *American Oriental Society*, 1962(2), pp.262-264; Hsiao, Review, in *The Journal of Asian Studies*, 1962(2), p.231.

专著。[1]

1967年，旨在考察与揭示唐代南越地区人民、历史、地理、动植物情况及唐人的南越印象的专著《朱雀：唐代的南方意象》出版。根据薛爱华的观点，对于因贬谪、流官等原因来到南越的中原士子而言，南越陌生而殊异的自然与人文风貌尽管时常唤起人的忧愁与相思之情，却也以其动植物、山岳与海洋之自然美感荡人心，激发了诗歌创作中的神秘主义风格与浪漫情怀。论到其学术价值，美国汉学家罗艾兰(Irving Lo)的看法颇为中肯：

> 《朱雀》可以被看作一部唐代诗歌意象的资料合集，不过，它的价值事实上远多于此。本书提供了有关亚洲这一部分地区(指中国广东、广西、海南及越南北部红河流域)自史前时代到9、10世纪的人类学、历史学以及生态学的丰富实用信息，对相关领域学者的科研活动具有重要的参考价值。[2]

作为"对《朱雀》一书的大型脚注"[3]，《珠崖：12世纪之前的海南岛》探讨从远古时代至南宋海南岛的自然与文化史。和南越的绝大部分地区一样，海南岛因为与中原的地理隔绝而培育出了独特的历史文化，也成为唐宋时代官员的重要流放地。正是借助苏轼等唐宋流南文人的大量诗文作品，薛爱华得以大致还原与勾勒出中古中国时期海南的风貌及

---

[1] Enid S. Candlin, Review, in *Journal of the Royal Central Asian Society*, 1965(3), pp.3-4.
[2] Irving Lo, Review, in *Literature East & West*, June 1969, pp.206-209.
[3] Edward H. Schafer, *Shore of Pearls: Hainan Island in Early Times*. Berkeley and Los Angeles: University of California Press, 1980, p.2.

当时人们对海南的印象与态度。该书曾获得美国汉学家托马斯·劳顿(Thomas Lawton)、澳大利亚华裔学者王庚武、美国华裔学者罗纳德·苗(Ronald C. Miao)、法国汉学家石泰安等学者的高度评价。[1]

在其于1973年出版的《神女:唐代文学中的龙女与雨女》中,薛爱华考察了与中国古代民间信仰和传说故事有关的诸类水中女神的身份特征及其作为一种文学意象在诗歌、小说等文学体裁中的表现。美国密歇根大学从事中国古代文学研究的学者路易斯·O. 戈麦斯(Luis O. Gomez)、哈佛大学汉学家米切尔·德尔比(Michael Dalby)、哥伦比亚大学学者扬·沃尔斯(Jan Walls)等学者都曾专门撰文对该书予以积极而正面的评价。

作为见证薛爱华汉学研究由物质文化考证过渡到道教研究与文学研究的转型之作,《步虚:唐人的星空探索》则将学术视野聚焦于太阳、月亮、星辰、彗星等天体与天象上,重点探讨它们作为一种意象在中古中国文献、文学作品中的表征与特点。[2]《步虚》常被作为与《撒马尔罕的金桃》《朱雀》同样的恢宏大作而备受众多学者的称赞。[3]《美国东方学会会刊》评论员艾文·P. 柯恩(Alvin P. Cohen)指出,《步

---

[1] Thomas, Review, in *The American Historical Review*, 1971 (4), p.1205; Gungwu Wang, Review, in *Pacific Affairs*, 1972 (1), pp.96-97; Ronald, Review, in *The Journal of Asian studies*, 1971(2), p.433; R. A. Stein, Review, in *American Oriental Society*, 1971(4), p.519.

[2] Luis, Review, in *American Oriental Society*, 1977(1), pp.86-97; Michael, Review, in *The Journal of Asian Studies*, 1975(3), pp.816-819; Jan Walls, Review, in *Pacific Affairs*, 1974(3), pp.366-367.

[3] Doris Sze Chun, The Agassiz Professorship and the Development of Chinese Studies at the University of California, Berkeley, 1872-1985. San Francisco University Doctoral Dissertation, 1986, p.424.

虚》"为我们敞开了一扇了解唐代文学与文化中众多复杂传说与意象的窗户。我们都将受惠于薛教授对这一领域的严谨的学术研究"[1]。中国科学技术史专家何丙郁认为：

> 《步虚》将薛爱华的学术研究推向了新的高度。这部引人入胜的书籍带领我们了解与感知唐代人(不仅仅是朝廷中的星官,亦包括道教徒与文人墨客)所认识与理解的天文天象。对于所有对中古中国文化感兴趣的学者,无论是对于天文学家、科技史学家、人类学家、历史学家抑或是文学系的学生,本书都值得强烈推荐。[2]

1980年出版的《唐代的茅山》标志着薛爱华开始正式进入道教研究的学术领域。该书以上清派道教祖庭茅山的自然文化为考察对象,详细探讨了茅山历史、地理环境、动植物分布、宫观建筑、修道活动等方面的问题。其研究主题在当时的美国学术界颇具创新性,是当时新近成立的美国中国宗教研究学会所出版的一部代表性作品。

《时间海上的蜃景:曹唐的道教诗歌》成书于薛爱华汉学研究的最后一个十年间,是一部综合了薛爱华多样的学术视野和研究手法的作品(见本书第137—141、201—263页)。

值得一提的是,薛爱华学识的广博没有局限于中国传统文化和文献知识领域,对于西方的古典语言与文籍,他同样熟稔,同样对其有着极其细腻精深的研究。我们可以从薛爱华现存论著作品中少数非汉学研究性质的文章中一窥究竟。

---

[1] Alvin, Review, in *American Oriental Society*, 1982(1), pp.137-138.
[2] Ho Peng Yoke, Review, in *Isis*, 1979(3), pp.456-466.

刊登于1970年11月5日《纽约书评》(The New York Review of Books)的短论文性质书评《古代世界的天青石》(The Lapis Lazuli of the Ancient World)就是这样的典型例子，它具有西方古典语文学研究的特点。该文认为阿根廷作家博尔赫斯(Jorge Luis Borges)在一篇书评中对西班牙抒情诗人贡戈拉(Luis de Góngora, 1561—1627)《孤寂诗》(Soledad Primera)诗句 en campos de zafiro pace estrellas 中 zafiro(英文对应词为 sapphire)一词的理解有误，并指出贡戈拉使用的是该词在古典时代最常用的意义：天青石(lapis lazuli)。薛爱华从两个方面论证了自己的观点：其一，从语境的角度。天青石不仅拥有接近天空颜色的光泽，其表面常点缀的黄铜斑点近似深色天空中的点点明星，与贡戈拉诗句中 pace estrella 相应。其二，从古典时代文献中 zafiro 意义的角度。在希伯来《圣经》(The Bible)、提奥甫拉斯图斯(Theophrastus)《矿物志》(De Lapidibus)等绝大多数古典文献中，zafiro 均指天青石，而无晚近的蓝宝石意义。从以上论证我们可以看出，薛爱华所采用的是典型的语言研究与文献研究进路，这从一个侧面显示了其对西方古代语言和文献的精通程度。

夫子循循然善诱人。除却以优秀的学术专著声鸣美国中国研究界，在伯克利东语系的日常工作生活中，薛爱华亦以其所秉持的先进教育理念和饶有建树的教学实践而特出于众。在1947年，当薛爱华甫入伯克利东语系担任讲师(lecturer)职务之时，他便创设了一系列新课程，如给本科班学生开设的"古汉语"(Classical Chinese)、"中国叙事散文"(Chinese Narrative Prose)、"汉文要籍"(Chinese Classics)、"东亚语言与文化：汉学文献阅读"(Language and Culture in

East Asia: Readings in Sinological Literature)、"语文学方法:东亚语言与文学"(Philological Method: Language and Literature of Eastern Asia)等课程[1],给硕士研究生开设的"10 世纪与 11 世纪的文本:五代文明研究资料"(Tenth and Eleventh Century Texts: Sources for the Civilization of the Five Dynasties Period),以及专题研讨课(University of California, Courses of Instruction, 1947)。这些课程反映出薛爱华在教学方面所秉持的鲜明倾向——即承袭自其导师卜弼德的对中国语言与文献基础知识与素养的重视。值得注意的是,薛爱华所要灌输给其学生的关键理念在于将语言与文献学基础知识既看作是一种用以开展历史学、文学、文化人类学、哲学、社会学等学科研究的工具,也看作一种学术本体,一种开展古代中国研究的重要科研范式——即语文学研究。对于薛爱华来说,这是一门以人类最重要的文化遗产——语言与书面文献的解读来获得对古代世界的全面深刻认识与理解的学问。因此,不管是对于古代遗存的文学性作品还是一般文献,薛爱华都格外重视对其中一字一句精确含义及语境意义的考辨和解读。[2]对于这一点,他曾专门讲道:

> 努力了解每个作家的特定世界——即他那种丰富多彩的具体而真实的局部世界,才能真正胜任这一工作[3]。他们一旦获得这些知识,就能解释中国作家以

---

[1] *Asiatic and Slavic Studies on the Berkeley Campus*, 1896 - 1947, Berkeley and Los Angels: University of California Press, 1948, pp.28-30.
[2] Doris Sze Chun, The Agassiz Professorship and the Development of Chinese Studies at the University of California, Berkeley, 1872 - 1985. San Francisco University Doctoral Dissertation, 1986, pp.404-405.
[3] 指古典汉学研究。

精心选择的意象表达出来的对那一世界的独特的想象，那些意象反过来又反映作家对创造、占星术、王权、职责、魔法、事物、英雄主义等的特殊看法。[1]

除却对语言和文献研究的提倡，薛爱华亦非常重视向学生传授有关西方汉学研究学术史的基础知识。在其面向本科生所开课程"东亚语言与文化：汉学文献阅读"以及"汉学历史"(The History of Sinology)中，薛爱华以16世纪早期葡萄牙来华传教士的中国观察和中国记录为起点，追溯西方汉学研究发端流变的漫长历史，并对伯克利图书馆中收藏的部分德语、法语、意大利语古旧杂志中的汉学研究文章进行了细致的内容分析和研究方法评价。[2]虽然据薛爱华所说，"一些学生认为从事中国研究应以汉语文献为依据，不愿意去倾听那些缔造了当代文明的过往人们的话语"[3]，但他仍然坚持认为了解西方汉学研究历史的基本情况对于想要从事严肃汉学科研活动的学生来说颇为重要。在他看来，一个学者唯有熟知其研究课题背后的学术研究史，了解已经取得的学术成就以及悬而未决的问题所在，才能突破前人藩篱，找到真正有价值的研究课题。[4]

引导学生发掘新材料和新研究领域，并提倡以全新视角与方法探讨已知问题无疑是薛爱华相对于伯克利东语系其

---

[1] 薛爱华：《汉学：历史与现状》，周发祥译，原载于《传统文化与现代化》1993年第6期，第97页。

[2] Doris Sze Chun, The Agassiz Professorship and the Development of Chinese Studies at the University of California, Berkeley, 1872 - 1985. San Francisco University Doctoral Dissertation,1986,p.405.

[3] Ibid, p.408.

[4] Schafer interviewed by Doris Sze Chun, in *Phi Theta Papers*, Berkeley: Students Union of the Department of Oriental Languages and Literature,1984,pp.259- 262.

第七章　薛爱华与美国的中国研究

他汉学教师的最大不同点和教学特色。在1947年刚刚作为讲师教授本科班学生古典语言文献课程时，薛爱华选择在当时西方汉学界知名度最高的作品（例如汉文《论语》《离骚》、翟理斯译《唐诗三百首》等）作为课堂阅读材料和讨论范本——这一材料选择与当时普通老师的选择并无大异。而随着薛爱华自身学术研究的勃发和深化，他开始在课堂上引导学生广泛涉猎与宗教学、文化人类学、地质学、动植物科学、天文学等学科密切相关的汉文典籍与近现代学人著作，鼓励学生全面而多角度审视古代中国文化，展现了非同寻常的教学策略和远见卓识。最值得称道的是，薛爱华在课堂上引介了许多原本在西方汉学圈里默默无名的作品，如杜绾《云林石谱》、曹唐《小游仙诗》、李纲《榕木赋》等，而对于那些脍炙人口的经典之作，薛爱华亦尝试以"不同于标准化解读方式"的全新路径去探讨这些作品。薛爱华认为，许多著名的古代作品都曾遭到近现代中外学界"粗率的误解"，他希望教给学生们的是一种独立而审慎的语文学研究观念——理解古代经典作品的意义，最重要的在于认真考察该作品对于其作者及当时的人们意味着什么，而不是为后代学者的看法所左右。正如薛爱华自己所说：

> 我总是试着去将自己的研究工作和教学活动整合起来……把那些我所感兴趣的新发现与新的事物引入到课堂之中……让学生们有所反馈，使他们明白我为何将这些被遗忘的话题看作富有前景的研究领域。[1]

---

[1] Schafer interviewed by Doris Sze Chun, in *Phi Theta Papers*, Berkeley: Students Union of the Department of Oriental Languages and Literature, 1984, p.258.

此外,薛爱华亦格外重视师生间的交流与互动。在他看来,只有凭借观点间的自由传递与辩论,学生们的求知欲与科研兴趣才会被激发,才会去考察新的问题,寻求不一样的解决方案。通过在课堂教学中设置讨论环节,他在自己与学生、学生与学生之间创造了方便的交流平台,调动了学生自主学习探索的积极性。[1]

在伯克利东语系漫长的教书育人生涯中,薛爱华培养了大批具有古典语文文献研究功底和素养的学者,他们大都成长为当代美国中国研究界的中坚力量。

以下介绍其中几位最为知名者:

孔力维(中文又译作孔丽维、柯恩、利维亚·科恩),1976年进入伯克利东语系就读,现为美国波士顿大学宗教系的荣誉退休教授,当代美国道教研究界具有资深学术经历和领导地位的翘楚之一。[2] 孔力维的研究成果异常丰富,她的主要学术兴趣在中古中国道教典籍、修炼理论、内丹存思实践、道教人物等方面,在学术视阈上有着其导师薛爱华的显著影响。正是由于她的学术努力,道教实践活动及长生术、不朽观、冥想、科仪等曾遭到普遍忽视和误解的研究领域逐渐获得了越来越多的关注。[3] 她的代表作有《七步得道:司马承祯的〈坐忘论〉》(*Seven Steps to the Tao:Sima Chengzheng's "Zuowang lun"*,1987)、《守一:道教中的凝神存思术》(*Guarding the One:Concentrative Meditation in Taoism*,1989)、

---

[1] Schafer interviewed by Doris Sze Chun, in *Phi Theta Papers*, Berkeley: Students Union of the Department of Oriental Languages and Literature,1984,pp.261-263.
[2] 刘玲娣、司梦图:《美国学者利维亚·科恩的道教研究》,原载于《湖北师范学院学报(哲学社会科学版)》2014年第4期,第77页。
[3] 同上,第77—78页。

《道教的直觉存想：唐代内观实践》(Taoist Insight Meditation: The Tang Practices of Neiguan, 1989)、《道教与中国文化》(Daoism and Chinese Culture, 2001)、《庄子：文本和语境》(Zhuangzi: Text and Context, 2014)等。

柯素芝(中文又译作卡希尔、苏珊·E. 卡希尔、苏珊娜·卡希尔)，1982年毕业于伯克利东语系，现任加州大学圣迭戈分校历史研究计划副教授。作为薛爱华的得意弟子，柯素芝在道教研究中忠实沿袭了其导师所开辟的宗教与文学交叉研究的学术范式，并在此领域取得了具有国际影响力的学术成就。她写就的两部专著《表演者和女冠——作为中古中国妇女之守护神的西王母》(Performers and Female Taoist Adepts: Hsi Wang Mu as the Patron Deity of Women in Medieval China, 1986)及《神仙与神性热情：中古中国时代的西王母》(Transcendence and Divine Passion: The Queen Mother of the West in Medieval China, 1993)，以对道教上清派文献《墉城集仙录》及500余首相关唐诗文本的语文文献研究为基础，综合运用历史学、文学、宗教学、考古学、性别研究等多种研究范式，探讨了中古时期道教文化中的西王母形象特点。此外，柯素芝还著有《女冠仙踪：杜光庭〈墉城集仙录〉文本研究》(Divine Traces of the Daoist Sisterhood: Record of the Assembled Transcendent of the Fortified Walled City by Du Guangting, 2006)、《战士、陵墓与寺庙：中国的永恒遗产》(Warriors, Tombs and Temples: China's Enduring Legacy, 2011)等作品。

柏夷(中文又译作史蒂芬·博肯坎普、斯蒂芬·博肯坎普、博肯坎普)，专精于灵宝道教文献、佛道交流史、道教文学领域的研究，现为美国亚利桑那州立大学宗教研究系讲座教授。柏夷于薛爱华门下完成了其硕士与博士学业，他的道教研究受其导师影响，倾向于对中古中国道教历史与文献资料的考察，同时亦展现出宽广的学术兴趣和深厚的语文文献学功底。代表作有《道教灵宝派的死亡与飞升观念》(Death and Ascent in Ling-pao Taoism, 1989)、《早期道经》(Early Daoist Scriptures, 1997)、《天师道婚姻仪式"合气"在上清、灵宝派中的演变》(Transformations of the Celestial Master Marriage Ritual "Joining Pneumas" in the Shangqing and Lingbao Scriptures, 1999)、《先祖与焦虑：道教与转生》(Ancestors and Anxiety: Daoism and the Birth of Rebirth in China, 2007)等。另有由孙齐、田禾、谢一峰、林欣仪翻译的《道教研究论集》[1]，收录柏夷道教研究论文14篇。

祁泰履(Terry Kleeman，中文又译作特里·克利曼、克利曼)，美国弗吉尼亚州威廉玛丽大学宗教系副教授。祁泰履精通于道经文献及道教人物研究，其代表作《神之自传：文昌帝君化书》(A God's Own Tale: The Book of Transformation of Wen chang, the Divine Lord of Zitong, 1994)结合了汉文英译、注释、文本细读和评论等研究方法，探讨了文昌帝君信仰史和《文昌帝君化书》之形成及对后世信仰实践的影响。本书对《化书》首篇"化迹总诗"的英译采用了卜弼德、薛爱华式的词对词直译法，传达原文语意准确而细致。祁泰履近年来的新作《天师：早期道教团体的历史与科仪》(Celestial Masters: History and Ritual in Early Daoist Communities, 2016)

---

[1] 2015年，孙齐、田禾、谢一峰、林欣仪翻译的该书中文版由中西书局出版。

是西方学术界首部聚焦于道教发端史的专著,通过对现存道经和史传、诗歌、散文等各类文献的深入研究,本书详细考察了公元2世纪中叶至6世纪道教的萌芽与发展过程。

桃李不言而成蹊。薛爱华所倾注心血的莘莘学子,大都已经成为当今美国古典汉学研究界的中坚力量。在他们所采取的研究范式、所关注的问题、关注视阈和研究方法上,我们可以看到薛爱华个人学术风格的鲜明投影。当然,科研工作与教学活动并非薛爱华社会生活的全部,他没有将自己的活动舞台局限于伯克利东语系的一亩三分地中,而是向外积极投身于美国学术界广泛的社会活动中,通过参加多种多样的学术性社会团体和担任相关重要职务的方式发光发热,向人们传播着中国文化,宣扬着古典汉学研究的基本理念,从而以实际行动为美国中国研究的快速发展做出了贡献。在薛爱华所参加的诸多学术社团中,美国东方学会及其子社团西部分会(Western Branch)无疑是其中最为重要的两个。美国东方学会拥有悠久的历史和全国性影响力,作为美国最为古老的学术社团组织之一,它成立于1841年,致力于推进美国学术界对北非、亚洲、太平洋地区的人文研究,尤重以语文学研究、文本批评、考古学、碑铭学、语言学等方式研究近东、波斯、印度、中国的古代文明。[1] 薛爱华是美国东方学会汉学研究方向的重要成员,他热心于学会事务,曾在美国东方学会中担任过如下行政职务:学会副主席(1973—1974)、主席(1974—1975),以及学会执行委员会成员

---

[1] John Edwin Sandys, *A History of Classical Scholarship*, Vol. III, Cambridge: Cambridge University Press,1908,p.464.

(1959—1964,1975—1976),并曾于1957年作为学会代表出席美国国家科学研究委员会第六次年度大会。此外,薛爱华亦曾在美国东方学会定期刊物《美国东方学会会刊》编辑部长期负责编辑事务(1958—1964),并为会刊撰写书评计38篇,涉及的书籍多属于前现代中国历史、文学、语言、风俗、器物等领域的研究专著,薛爱华通过文本研读以及案例评点等方式,对这些作品的学术价值予以细致的检视,在褒贬之中传达着他的汉学研究理念和个人化的学术兴趣及价值观点。

作为美国东方学会中的一个重要分支社团,西部分会成立于1951年2月9日,以推进对前现代的中国文明研究为宗旨,聚集了一批美国西海岸高校、图书馆和相关科研机构的知名学者,其中便有伯克利东语系的卜弼德与薛爱华(事实上,卜弼德与薛爱华是早期西部分会的核心成员)。西部分会通过例行年会、研讨会、刊物出版等形式为美国汉学学者提供了学术切磋与交流的平台,也在东方学会中不断扩大着汉学研究领域的影响力。它以较为传统的文献文本研究为特色,在几十年时间里逐步发展为全美最大的远东研究中心之一。[1] 薛爱华在西部分会中不仅是核心成员,亦曾担任要职:1951年至1959年任分会司库(Secretary-Treasure),1959年至1960年任分会主席。此后亦一直在分会所举办的例行年会和讨论会上扮演重要组织人的角色。[2]

---

[1] 参阅美国东方学会西部分会网站。网上查询地址:http://westernbranch.americanorientalsociety.org,查询时间:2018年10月11日。
[2] Doris Sze Chun, The Agassiz Professorship and the Development of Chinese Studies at the University of California, Berkeley, 1872 - 1985. San Francisco University Doctoral Dissertation, 1986, p.430.

除此之外,薛爱华还积极参与了美国中世纪研究院(Medieval Academy of America)、中世纪考古学会(Society of Medieval Archaeology)、东方学研讨会(Colloquium Orientologicum)、远东协会(Far Eastern Association)、美国语言学学会(Linguistic Society of America)、唐代研究学会(T'ang Studies Society)、中国宗教研究学会、中世纪研究组(Medieval Studies Group)及日本关西亚洲学会等学术社团组织的活动。

另外,出于对矿物学的特殊兴趣,薛爱华也广泛参与了美国国内诸多与矿物研究有关的社团活动,并曾多次发布主题讲座,例如其在1955年在东海岸矿物学会(East Bay Mineral Society)年会上的讲座《远东历史中的矿物》(Minerals in Far Eastern History)、1958年在伯克利人文俱乐部(Humanities Club)的讲座《神奇之石,品赏之事》(Fantastic Stones, a Matter of Taste)。值得一提的是,鉴于薛爱华在矿物研究上的深厚造诣和《杜绾〈云林石谱〉评注》一书的影响力,美国宝石学学会(Gemological Society of America)曾于1979年授予其"宝石学家"(gemologist)荣誉称号。[1]

除却社团活动,在闲暇之余,薛爱华也致力于向美国不属于高级知识分子群体的普罗大众普及中国文化知识,通过发表文章、举办公共讲座、参与电视谈话节目等形式推动美国人对古代中国文明的感知与理解。他曾在美国大众性期刊上发表多篇和古代中国有关的文章,其特点在于学问的渊

---

[1] Doris Sze Chun, The Agassiz Professorship and the Development of Chinese Studies at the University of California, Berkeley, 1872-1985. San Francisco University Doctoral Dissertation, 1986, p.430.

博和语言的平易近人,如载于《景观》(Landscape)上的《微观宇宙：中国园林传统》(Cosmos in Miniature: the Tradition of the Chinese Garden)和刊登于《地平线》(Horizon)上的《嬉戏的成人(Playing Grownup)。同时,薛爱华还参与了由纽约时代-生活图书公司(Time-life books)的二十一册人文历史科普丛书"人类大纪元"(The Great Ages of Man)的编撰项目,并亲自编写了《古代中国》(Ancient China)一书。该书分为八章,分别从中国的地理历史概况(Chapter 1: The Middle Kingdom)、士阶层与底层农民的不同生活方式(Chapter 2: A Life of Extremes)、儒释道三教及其对中国文化的影响(Chapter 3: Hallowed Ways)、中国帝制与政治文化(Chapter 4: Royal Sons of Heaven)、中国哲学思想及其影响(Chapter 5: A Cosmic Plan)、中国在天文化学医药等领域的科技创新及创造发明(Chapter 6: Discoverers and Inventors)、汉字与汉文学(Chapter 7: A Heritage of Words)、中外交通情况(Chapter 8: Transportations)向普通社会读者介绍中国古代文明及其物质与文化成就,并配有大量彩插与地图。尽管该书的受众群定位为非专业性汉学研究人群,薛爱华还是在其中植入了其研究兴趣与学术特长：对中国文明形成过程中外来影响的考察以及对古诗的流畅翻译及配图。该书文笔渊博流畅,照片与图画美轮美奂,是当时西方首屈一指的有关古代中国的科普类书籍。哈佛大学汉学教授、著名书评人杨联陞曾评价道："阅读本书,使人仿若由导游引领,在一座由人文主义植物学者所设计的著名植物园中驻足游赏。"[1]此

---

[1] Lien-hsien, Yang, Review, in *Asian Perspetives*, Vol.10(1967), p.176.

外,薛爱华也喜欢通过在公立图书馆、大学报告厅甚至电视台[1]进行学术讲座的形式向社会大众传播中国文化。这些讲座的主题广泛,不仅包括薛爱华所擅长的唐代历史、文学、物质文化等内容,还涉及古代生物学、矿物学、天文学等领域,并采用幻灯片等直观形式予以展示。聆听其讲座的听众普遍反映,薛的讲座"富有启迪性"(stimulating),如同一场穿越到古代世界的旅程。[2] 我们知道,即便是在美国中国学研究蓬勃发展的20世纪下半叶,普通的美国民众对前现代中国的历史与文化之感知认识仍旧是十分不充分的,且充斥着由新闻媒体和流行文化所形塑的刻板印象与偏见,而薛爱华的一系列社会实践活动带来了有关中国文化的客观知识,无疑为纠正美国人错误的中国观作出了贡献。

7.3 薛爱华汉学研究的缺憾

金无足赤,一位堪称卓越的学者亦不免存在瑕疵之处。本部分结合中西方学者的评论[3]以及笔者自身在研读薛爱华论文和专著中的一些体悟,来谈谈其汉学研究的缺憾所在。作为一位恪守西方古典语文学研究模式与方法的中国研究者,薛爱华亦有着大多数语文学者都存在的不重视社会

---

[1] 如1977年薛爱华在旧金山公共电视台(San Francisco Public Television)上有关唐代壁画的讲座。
[2] Doris Sze Chun, The Agassiz Professorship and the Development of Chinese Studies at the University of California, Berkeley, 1872 - 1985. San Francisco University Doctoral Dissertation, 1986, p.427.
[3] 以发表在《美国东方学会会刊》《亚洲研究》《唐代研究》等学术杂志上的书评为主。

政治经济研究的特点,部分作品也显现了问题意识的淡薄;而作为一个富有诗情与烂漫想象力的人文主义者,薛爱华在论文写作中融合学术严谨性和文学表现张力的尝试有时会淡化主要面向知识界的作品的学术完整性与规范性;此外,作为一个西方人,薛爱华在材料征引上出现了一些国内学者不常见的失当情况,尽管在整体上看无损于其博学与学术造诣,却体现了一些西方汉学屡见不鲜的问题,因此亦有必要在此予以指出。

7.3.1 不重视对社会、经济、政治、制度等因素的分析与探讨

这与薛爱华偏向于用古典汉学传统方法治汉学的倾向有关。我们知道,古典汉学研究以开展对古代文献的翻译、考证、解读工作为中心,它先天偏向于文学、文化学、历史学、哲学等学科的理念与研究范式,具有强烈的人文主义研究特征。在薛爱华最早写就的专著《闽国:10 世纪的中国南方王国》里,尚有第二章"朝堂"及第三章"历史"关注政治制度层面的内容,但随着薛爱华语文学式研究范式的成熟,人文性的文献考证研究就占据了中心位置。自《杜绾〈云林石谱〉评注》成书起,薛爱华便不再关注于社会政治制度层面的问题,而倾力于对中古中国名物和文化的分析与描写。这导致了薛爱华的汉学研究往往在对特定问题的探讨上缺乏足够的深度,常常出现思虑不周的情况。同时,缺乏对社会政治因素的关注也使得薛爱华在全景式的共时研究上屡屡出彩,却薄弱于历时性的纵向考察;长于对事物及事物自身的属性、特点、功能作静态化、孤立性的精细描写和分析,却对事物的动态发展变化以及事物之间在大的社会政治环境

中的影响互动不甚着力。例如，在《撒马尔罕的金桃：唐代舶来品研究》一书第一章"大唐盛世"中，薛爱华对唐代历史、制度与文化情况的介绍过于简略，类似于年谱，特别是缺失了对唐朝政权的关陇氏族背景以及其与北魏亲缘关系的介绍。而恰恰是这种政治历史性的介绍对于读者深入了解唐代文化颇有价值，且亦能很好地服务于本书的舶来品研究之主旨。在第二章"人"中，薛爱华将学术眼光聚焦于西域、南越等地以俘虏、奴隶、小丑、人质等身份进入唐土的异国人士，却因为对唐代政治历史的忽视而遗漏了一个更有研究价值的文化现象：唐代统治集团的胡人血统问题。尽管并非一种"舶来"的异域名物，但唐代统治者具有北方少数民族血脉和朝野胡风盛行的事实充分彰显了异域文化对唐朝的影响，而这一点，却是薛爱华没有关注到的方面。很明显的是，薛爱华在撰写本书时并未深入阅读过陈寅恪《隋唐制度渊源略论稿》《唐代政治制度史略论稿》等与唐代政治、社会、制度研究密切相关的学术作品，使得其研究出现考虑不周的瑕疵情况。

又如，在《朱雀：唐代的南方意象》中，薛爱华在探讨南越华人与蛮人的历史时，仅仅依赖对《旧唐书》《新唐书》《资治通鉴》等史料的细读、引征，并在借鉴如马伯乐《唐安南都护府疆域考》《秦代初平南越考》等现代学术作品观点的基础上结构自己对于唐代南越历史与民族风貌的描写与评价。事实上，如果要深入探讨唐代南越的历史情况，南选制、科举制、市舶司、岭南节度使等政治制度的确立与推行都对唐代南越的发展造成了极为复杂而深刻的影响，这种影响无疑也改造着南越在唐代的政治权力结构、政治版图和世界体系中的位置,进而造成了南迁汉人对当地观感和印象的变迁。对这类问题的深入认知,恰恰是理解唐代南越民族发展与历史演进的关键。但如果脱离对唐代社会史、制度史的考量,如果离开大的政治背景,显然是无法发现这些问题的。此外,薛爱华对于社会政治制度研究的不重视也表现在其引征文献和参考资料上。以《珠崖:12世纪之前的海南岛》为例,该书征引文献中不乏正史、通鉴、方志、政典等传世文献,但基本偏重于土贡、地志一类,涉及史事者并不多,而像《唐大诏令集》《唐六典》《宋会要》等与中古中国时代政治制度发展沿革关系密切的文献,则鲜有征引或参考之情况者。

7.3.2 一部分论著作品结构编排不合理

早在20世纪中叶西方人文社科研究走向专业化、理论化及学科分工细化之前,在研究范式与方法上和现代学术有着诸多不同之处。其中非常重要的一点,就在于古典汉学研究往往具有较为宽幅面的研究主题,研究者围绕主题收集原始文献材料,并开展翻译与释读工作,以此为基础展开针对主题的描写与评述。这种研究形式不甚需要,也相对缺少现代学术研究所强调的问题意识。这一点使得古典汉学性质的论文多因重考证、描写而轻问题探讨显得缺乏中心、支离松散,往往纠缠于琐碎且不具有很大实际认识价值的研究对象上。

作为古典汉学研究在美国的忠实承继者,薛爱华的部分文章亦体现出问题意识不够明晰的特点。例如,在1978年发表于《中华科学》杂志的《仙药琅玕英》一文中,薛爱华将一种与道教外丹术密切相关的矿物——琅玕英作为研究对象,全面考察其在历代文献中的表现与特征。由于缺乏明确的问题意识作引导,本文在篇章结构上显得较为散乱。虽然题名为《仙药琅玕英》,但该文却以较大篇幅追溯与考察"琅玕"一词在不同历史时期和不同类型文献中语义上的区分,又对作为传说与想象性意象的"琅玕"在历代文献中的表征、对"琅玕"作为一种实际产自雍州的矿物和作为魏晋时代流行于贵族阶层的宝石进行了详细的考证。只有在该文最后一个部分,作者才借助对《太微灵书紫文琅玕华丹神真上经》所举配方和部分文本的翻译与评注探讨了作为道教仙药的琅玕英之炼制程序、化学反应等问题。这种内容上的安排方式使得论文主题颇为不明确,结构亦松散凌乱,各部分之间既缺乏明确的逻辑联系,且在内容安排上也没有一个客观的标准。

又如,在《朱雀:唐代的南方意象》一书中,作者于第十二章"朱雀"中宣称,该书对唐代南越自然人文风貌的描写"遵循了上帝造物及从诺亚方舟登岸时的顺序"[1]。但这种类似于博物学笔记的结构安排形式也不过是权宜之计,由于没有强烈的问题意识,《朱雀》对南越的研究如同分门别类整理编撰的百科全书,缺乏逻辑论证的要素,亦"尚无一个统一的视界"[2]。同时,在该书中,各章之间看不到明确的联系与呼应关系,而且篇幅安排也有明显的失当。如,第四章"女人"有17页,第十章"植物"、第十一章"动物"却分别达到87页、84页。这种内容上的详略固然与相关古籍文献

---

[1] [美]薛爱华:《朱雀:唐代的南方意象》,程章灿、叶蕾蕾译,北京:生活·读书·新知三联书店,2014年,第501页。
[2] [美]薛爱华:《朱雀:唐代的南方意象》,程章灿、叶蕾蕾译,北京:生活·读书·新知三联书店,2014年,第501页。

资料本身的多寡有关,但更是受到了作者自身在主观上的兴趣与关注点的影响。我们知道,薛爱华有着深厚的人类学教育背景,他喜爱研读贝茨《无冬之地:热带自然与居民研究》,而这类文化人类学性质的作品,也潜移默化地受到了这些作品中对热带动植物的学术偏好之影响。在《朱雀》中,薛爱华以博物学分类方法对唐代南越动植物进行分门别类的详细考察与描写,在全书所有部分里篇幅最长,亦最为出彩,从中可窥见其丰富的生物学知识与对唐代南越兴趣之深。反观"女人"一章,由于薛爱华对此领域的重视度不足,故在文中明显采取了简化和省略的处理方式,甚至所征引的文献也以何可思(Eduard Erkes)、刘若愚、张光直等现代学人的二手研究性论著为重点,而没有细致考察相关古籍的记载。然而,这并非说明唐代南越女性研究缺乏学术价值,事实上,由于唐代南越地区的少数民族多有母系继嗣习俗以及女巫、女神文化传统,女性在南越民族社会与文化生活中扮演着极为重要的角色。对唐代南越女性的研究无疑具有很高的史学、人类学价值,有助于我们更好地认识唐代南越地区的民俗文化。此外,细究唐诗意象的"越女""蛮女"等意象的特点与诸多变相也能为我们深入感知来南汉族文人的整体南越印象提供帮助。故而,薛爱华对南越女性研究上所采取的省略做法并不可取,其在章节内容安排上无疑出现了明显的失当,而这正是问题意识不明晰而使文章欠缺总体引导与统合所带来的一大缺憾。

7.3.3 论文写作的文学色彩所带来的问题

正如韩大伟、白安妮、柯慕白、Doris Sze Chun、程章灿等学者在评点薛爱华的研究特色时所指出的,薛爱华常在学术写作中恣意驰骋丰富的想象力和文学性笔法,展现出浓烈的文人情怀[1]。具体而言,薛爱华的作品时于严肃的论述与考证之间穿插即兴写就的文学性色彩浓厚的描摹、抒情、叙事文字,或引用西方(主要是英、法两国)近现代的诗歌、散文作品的语段,用以创造一种诗情画意的艺术氛围,或揭示研究对象在感性层面上的一些特点。[2] 此种做法无疑有其优点,它为严肃枯燥的学术论著增添了生动性和可读性,降低了阅读门槛和对知识背景的要求,以一种轻松友好的感性体验方式为没有接受过系统汉学研究训练的西方普通读者亲近中国古代文化铺设了便捷途径。

但是,如果从学术严肃性与论文写作规范角度来考量,薛爱华穿插文学性笔法或征引近现代文学作品语段是否恰当仍值得商榷:从学术价值与效用上看,薛爱华将论文写作文学化的做法对于论文的主题和论证本身而言往往并非必要之举。例如,在1983年的论文《月之旅》中,薛爱华在梳理并探讨唐代民间信仰与文学作品中所体现的对月球的认知和月宫想象时,曾穿插了一段自己对唐人眼中的"月宫"风貌的文学性描摹。[3] 尽管其对月宫奇丽景色的铺陈描写颇具文采和想象力,但由于其本身并不具有学理性或考证性,且未见征引相关古籍文献或现当代学人的研究成果,故

---

[1] 如程章灿先生在《四裔、名物、宗教与历史想象:美国汉学家薛爱华及其唐研究》一文中即认为薛爱华的论著注重文采,文笔生动,历史想象栩栩如生,其重构历史之叙述娓娓动听,优雅可读。参阅《神女:唐代文学中的龙女与雨女》,北京:生活·读书·新知三联书店,2015年,第19页。

[2] Phyllis Brooks, Discovering a Religion, in *Phi Theta Papers*, Berkeley: Students Union of the Department of Oriental Languages and Literature, 1984, p.5.

[3] *American Oriental Society*, 96 (1976), pp.27-37, Reprinted with some changes in Parabola 8.4 (Fall 1983), pp.68-81.

而并不具有太多的学术价值。而在 1978 年发表于德国《亚洲研究》(Asiatische Studies)杂志中的论文《女冠子》中,薛爱华在探讨温庭筠《女冠子·含娇含笑》、韦庄《女冠子二首》、欧阳炯《女冠子·薄妆桃脸》等作的主题和风格时,引用了德国歌剧作家雅格·奥芬巴赫(Jacques Offenbach)的《美丽的海伦》(La belle Hélène)中的文段,因为他相信"奥芬巴赫的作品具有和《女冠子》这类诗歌同样的玩世不恭与轻浮格调"[1],因此具有互相比照映衬的价值。尽管引用西方读者所熟悉的奥芬巴赫作品可以间接揭示"女冠子"诗歌的主题和风格,但从严肃的学术视角看并非必要。薛爱华在这里完全可以采用他在《时间海上的蜃景:曹唐的道教诗歌》的"麻姑"小节中赏析《王远宴麻姑蔡经宅》时所采取的翻译、逐行解读加评点的方法,以一种更符合语文学理念和更忠实原文的方式传达诗歌的内涵意蕴。

7.3.4 材料征引上的几个问题

1)绝少涉及宋代之后的古籍文献。除了极少数涉及原始宗教、早期道教研究的特例,薛爱华的绝大部分道教论著的主题与研究对象都设定在中古中国(Medieval China)时期——即由汉亡直到南宋的这一段历史时期。在薛爱华的所有道教研究专著和论文作品中,没有一篇涉及元、明、清三代的研究。为什么会出现这种情况?

在笔者看来,薛爱华之所以强调征引文献的时代来源,主要有两点原因:薛爱华强调征引文献的时代性,一是与西

---

[1] Edward H. Schafer, The Capeline Cantos: Verses on the Divine Loves of Taoist Priestesses, in *Asiatische Studies*, 32(1978), pp.32-33.

方道教研究乃至整个中国研究界的学术语境有关。事实上,包括道教专家在内的从事中国研究的西方学者长期以来便将元朝建立至清代覆亡的时期看作"近代中国"的历史范畴,并且这段历史在传统上并不属于古典汉学研究的关注范围。而因为其与现当代中国政治与社会问题的接近性,包含元、明、清三代历史的"近代中国"史常进入中国学研究学派的学术视野,并作为对中国近代政治学、社会学、经济学、法学、人口学等专科领域研究的重要内容和材料来源。正是在这一学术语境下,从事古代历史、语言、文学、文献等学术研究方向的古典汉学学者往往自觉或不自觉地忽略宋代之后的典籍文献,而将学术目光聚集在先秦的古籍原典以及其研究课题所涉及具体朝代的文学文献作品上。这种画地为牢式的研究视阈是西方古典汉学研究的重要传统和区别于新兴"中国学"的一大主要特征,也深刻影响到了薛爱华的道教研究实践和文献征引的观念。

从薛爱华主观视角而言,他开展包括道教研究在内的汉学研究的一个主要目的,在于以一种精确可信的方式复活唐代的文化。这就要求将唐代人所生活的时空,看作是一个实有的境界——这一"实有的境界"不仅仅是指唐代时空的物理性存在,也包含了生发于唐人感性生活和想象力之上的观念性存在。为了揭示这一"实有的境界",作者所能做的在于依据相关原始文献记载,通过细致的语文学工作和一定的想象性诠释尽可能忠实地勾勒出这一实有境界的大致风貌,这无疑对参考文献的时代来源提出了严格要求,唐代之后文献的征引受到了严格限制。

然而,薛爱华对征引文献时代性的要求值得加以重新检视。在从事唐代研究中,唐代文献作为一手资料当然是优先采用的,但后代的材料也不能一概轻视。这是因为后代的材料有时会有对唐代文献的保存与记录情况,或是在更为丰富的唐代材料的基础上综合而成,所以在加强甄别工作的基础上,我们对于后代材料亦可加以利用,使其发挥应有的价值。典型例子如在开展对唐代茅山自然人文风貌的考证与描写工作时,元人刘大彬《茅山志》便优于《陶先生小传》《唐三茅山记》《茅山记》等"遗阙甚多"的前代茅山志传作品,并以其严格的甄录文献标准而具备较高的史料价值与学术研究意义。[1] 不仅如此,由于《茅山志》内容的丰富与编排体例的得当,该书在历代道教名山诸志中占有突出地位,明人之辑《句容县志》,清代吴任臣之撰《十国春秋》,民国时期陈垣之录《道家金石略》等,都曾受惠于《茅山志》所提供的丰富材料与信息——这说明单纯以时代的接近性作为征引文献标准的观念是片面的。

2)对古籍的征引很少标明其所据版本,而只包含题名、作者、卷数、页码信息。并且不仅是在注释里,在参考文献所列出的古籍也同样出现了不注明版本的情况。这一问题普遍出现在薛爱华的学术专著及论文中。考虑到薛爱华的大部分作品都是面向整个学术界的公开出版物,这一对文献版本的不重视或多或少影响了其学术权威性以及实际的参考价值。

3)薛爱华作品中时见同时征引古代的原始文献

---

[1] 卢仁龙:《〈道藏〉本〈茅山志〉研究》,原载于《社会科学战线》1992年第2期,第328—329页。

(primary reference)与现当代学人所作的二手文献(secondary reference)以作为正文论述的材料或证据的案例,这尤其集中于其以"国际汉学"研究范式与名物考证为特色的汉学研究生涯前半段中。以《朱雀:唐代的南方意象》为例,该书第二章"华人"在考察唐代灵渠疏通修缮的基本史实时,薛爱华同时征引两部古籍《新唐书》《太平寰宇记》及一篇现代西方汉学论文——伯克利东语系学生罗伊(G.W. Roy)的《隋唐运河系统对交通与交流之重要性》(The Importance of Sui and T'ang Canal System with Regard to Transportation and Communication)。这种在考证、还原基本事实时同时征引原始文献及现当代研究性论著的方法在《朱雀》及薛爱华其他作品中都非常常见,但却略显多余。因为尽管薛爱华参考的现代文献多为在具体研究领域具有权威性或重要参考价值的作品,其研究亦多为充分的,但它们所提供的信息与历史事实本身也是根植于对古籍的梳理与考证中的,且同时将这类文献与古籍并列起来作为论证的引据确有累赘之嫌。

4)对中国现当代学界的学术成果缺乏足够的重视。这一点集中体现在薛爱华学术生涯中后期道教研究性质论著作品的注释与参考文献上。通过对《时间海上的蜃景:曹唐的道教诗歌》以及论文《说太霞》(The Grand Aurora)、《茅山雪:道教意象之林》(The Snow of Mao Shan: A Cluster of Taoist Images)等薛爱华20世纪80年代作品的考察,我们发现,在这几部作品里,薛爱华于正文脚注部分列引了大量汉文古籍原典以及少部分西方学者论著,却没有征引一部中国现当代学者的作品。[1] 这一情况既反映出薛爱华本人对中国道教研究重视程度不足,也具体而微地体现了整个西方古典汉学研究界普遍存在的西方中心主义观念和东方主义视角。我们知道,西方传统的古典汉学(sinology)在学术分类上从属于东方学(Orientology)研究这个大的范畴,与埃及学(egyptology)、亚述学(Assyrialogy)、印度学(Indology)等邻近学科拥有极为相似的学术范式、研究方法,其中非常重要的一点就在于,这些学科将古代东方文化看作如同博物馆古文物一样孤立静止的永恒对象,立足于西方传统和自身的学术话语建构起纯粹西方式的学问。这种学问历经数百年的发展,无论是其治学传统、学术视阈、问题意识、研究手段,抑或是具体的学术成果,都完完全全是自洽而排他的,其中很少能听到来自中国学术界的声音。我们知道,尽管薛爱华曾明确地批评过将中国文化"当作博物馆古文物那样",作为一种静止而永恒之文化来研究的学术偏见,提倡从文本出发,实事求是地开展研究,但在科研实践中,薛爱华却像他同时代的绝大部分同僚一样,仍然继承了欧美汉学研究中的西方中心主义倾向,即将现当代中国学者的学术观点与创见有意无意地轻视或鄙夷的不良倾向。令人遗憾的是,薛爱华的许多作品中,特别是其中后期道教研究的作品,中国本土学者在20世纪道教领域的重要研究著作难觅身影,呈现学术失语的状态。

---

[1] Edward H. Schafer, *Mirages on the Sea of Time: Taoist Poetry of Ts'ao T'ang*, Berkeley and Los Angeles: University of California Press, 1984, pp.123-142; The Grand Aurora, in *Chinese Science*, Vol.6(1983), pp.21-32; The Snow of Mao Shan: A Cluster of Taoist Images, in *Journal of Chinese Religions*, 13:1(1985), pp.107-126.

结　语

作为20世纪美国以及整个西方古典汉学界的代表性学者，薛爱华通过坚守在新兴中国学浪潮冲击下的古典语文学学术传统，通过对人类学研究、道教研究、文学研究等领域成果的广泛吸纳融汇，推动了古典汉学在学术视阈、指导理论及研究方法上的推陈出新，也在更广泛的意义上促进了传统中国文化在西方社会的传播与认知程度。

薛爱华有着多元化的知识结构，其研究领域亦颇为复杂多样，所取得的成就和贡献亦兼有纯学术性、教学性、社会性等不同类别。本书作者在力所能及的范围内，通过史实考证和理论研究的结合，通过目录学审视与代表性作品的重点分析，初步完成了对薛爱华汉学研究学术视野与方法大致风貌的整体勾勒和评述，在此过程中亦发现有几点格外值得域外汉学研究界进一步加以关注的问题：

1.薛爱华在其学术生涯中后期以道教研究为重心，论其作品则成果丰硕，开辟道教与文学相结合的研究新风；论其教学则培育了柯素芝、柏夷等美国新一代宗教学者，可谓是一代道教研究大家。然而目前国内的域外汉学界对薛爱华的研究多集中在对其早期的物质文化研究作品的译介与评述工作上，对薛爱华的道教研究并没有给予足够的重视。这也是笔者今后将会进一步深入研究的方面。

2.欧美学术界有重理论问题研究和以理论指导学术实践的文化传统。通过对薛爱华的个案分析,我们注意到,古典汉学的理论与方法论在其科研实践中扮演着颇为重要的基础性角色。这一点不仅同样适用于我们对历史上其他重要的学者,如伯希和、马伯乐、劳费尔、艾伯华等学者的专题研究,也同样可应用于历时性的汉学学术史、国别汉学史、汉学著作研究等领域。通过对潜伏内隐的汉学理论流变因革、推陈出新轨迹的考察与追踪,我们可以深化对汉学发展史与具体学者、著作、学派等的认识。

3.就古典汉学史而言,还有进一步做深做细的空间。古典汉学历史悠久,学者纷出,流派竞鸣,学术社团、学术期刊等繁多而闻名者众,在古代史、文学、宗教、政治、法律等领域均成果斐然。这要求我们的研究应当从大的国别叙述史出发,对学者、学派、期刊、社团等进行专门化的个案研究。同时我们应该偏重于那些于我们的专业知识领域相契合的课题,在研究中保持问题意识和平等的学术、文化对话姿态,将历史考述转向专业问题研究,推动域外汉学研究更上一层楼。

参考文献

本参考文献依以下原则编排文献次序：一、文献分为中文文献与西文文献两大类。二、中文文献分为古籍、中文现当代著作、汉译海外专著、学位论文、期刊论文五类。三、古籍按照作者所在朝代前后为次序。同朝代以作者姓氏音序为次序。四、中文专著按作者(或编著)姓氏音序为次序，同一作者作品按书名首字音序为顺序。五、汉译海外专著按国别为序，法国、英国、德国、瑞典、美国、加拿大、日本著述依次排列。同一国家按作者姓名首字音序排列。六、中文学位论文按年代为序。七、中文期刊论文按发表年为序排列，同年按作者姓氏音序为次序。八、西文文献按作者(或编者)姓氏首字母为序(薛爱华的著作放在前面)，同一作者(或编者)按作品名首字母音序为顺序。

古籍：

[1]〔春秋〕老子;〔汉〕河上公注;〔三国〕王弼注;刘思禾校点.老子[M].上海:上海古籍出版社,2013

[2]〔汉〕刘向;〔晋〕葛洪.列仙传·神仙传[M].上海:上海古籍出版社,1990

[3]〔汉〕司马迁.史记[M].北京:中华书局,1959

[4]〔晋〕葛洪.抱朴子[M].上海:上海书店出版社,1986

[5]〔晋〕葛洪.神仙传校释[M].北京:中华书局,2010

[6]〔晋〕嵇含.南方草木状[M].北京:中华书局,1985

[7]〔晋〕王嘉;〔南朝梁〕萧绮录;齐治平校注.拾遗记校注[M].北京:中华书局,1981

[8]〔南朝宋〕范晔;〔唐〕李贤等注.后汉书[M].北京:中华书局,1965

[9]〔南朝宋〕刘义庆;郑晚晴辑注.幽明录[M].北京:文化艺术出版社,1988

[10]〔南朝梁〕陶弘景.真诰[M].北京:中华书局,2011

[11]〔南朝梁〕陶弘景.真灵位业图校理[M].北京:中华书局,2013

[12]〔唐〕白居易;丁如明、聂世美校点.白居易全集[M].上海:上海古籍出版社,1999

[13]〔唐〕白居易;〔宋〕孔传续撰.白孔六帖·外三种[M].上海:上海古籍出版社,1992

[14]〔唐〕曹唐;陈继明注.曹唐诗注[M].上海:上海古籍出版社,1996

[15]〔唐〕杜甫;〔清〕仇兆鳌注.杜诗详注[M].北京:中华书局,1992

[16]〔唐〕杜光庭.道教灵验记[M].济南:齐鲁书社,1995

[17]〔唐〕杜光庭.神仙感遇传[M].道藏[Z].北京:文物出版社;上海:上海书店;天津:天津古籍出版社,1988

[18]〔唐〕杜光庭.墉城集仙录[M].道藏[Z].北京:文物出版社;上海:上海书店;天津:天津古籍出版社,1988

[19]〔唐〕杜牧;陈允吉点校.杜牧全集[M].上海:上海古籍出版社,1997

[20]〔唐〕杜佑.通典[M].北京:中华书局,1984

[21]〔唐〕段成式;张仲裁译注.酉阳杂俎[M].北京:中华书局,2017

[22]〔唐〕贯休;胡大浚笺注.贯休歌诗系年笺注[M].北京:中华书局,2011

[23]〔唐〕韩愈;钱仲联、马茂元校点.韩愈全集[M].上海:上海古籍出版社,1997

[24]〔唐〕韩愈;〔清〕方世举笺注;郝润华、丁俊丽整理.韩昌黎诗集编年笺注[M].北京:中华书局,2012

[25]〔唐〕李白;安旗主编.李白全集编年注释[M].成都:巴蜀书社,1990

[26]〔唐〕李德裕;傅璇琮、周建国校笺.李德裕文集校笺[M].北京:中华书局,2018

[27]〔唐〕李吉甫;贺次君校.元和郡县图志[M].北京:中华书局,2008

[28]〔唐〕李商隐;〔清〕冯浩笺注;蒋凡校点.玉谿生诗集笺注[M].上海:上海古籍出版社,1998

[29]〔唐〕李泰;贺次君辑校.括地志辑校[M].北京:中华书局,2015

[30]〔唐〕李肇.翰林志[M].景印文渊阁四库全书[C].台北:商务印书馆,1986

[31]〔唐〕李肇;〔唐〕赵璘.唐国史补·因话录[M].上海:上海古籍出版社,1979

[32]〔唐〕刘恂;商壁、潘博校补.岭表录异校补[M].南宁:广西民族出版社,1988

[33]〔唐〕柳宗元;曹明纲标点.柳宗元全集[M].上海:上海古籍出版社,1997

[34]〔唐〕欧阳询;汪绍楹校.艺文类聚[M].北京:中华书局,1965

[35]〔唐〕潘师正.道门经法相承次序[M].道藏[Z].北京:文物出版社;上海:上海书店;天津:天津古籍出版社,1988

[36]〔唐〕皮日休;萧涤非整理.皮子文薮[M].北京:中华书局,1959

[37]〔唐〕苏鹗、〔唐〕严子休.杜阳杂编·桂苑丛谈[M].上海:商务印书馆,1959

[38]〔唐〕徐坚等著.初学记[M].北京:中华书局,1962

[39]〔唐〕虞世南辑录.北堂书钞[M].北京:学苑出版社,2015

[40]〔唐〕张九龄;熊飞校注.张九龄集校注[M].北京:中华书局,2008

[41]〔后晋〕刘昫等编.旧唐书[M].北京:中华书局,1975

[42]〔宋〕范成大;严沛校注.桂海虞衡志校注[M].南宁:广西人民出版社,1986

[43]〔宋〕李昉等编.太平广记[M].北京:中华书局,2003

[44]〔宋〕李昉等撰.太平御览[M].北京:中华书局,1960

[45]〔宋〕吕太古.道门通教必用集[M].道藏[Z].北京:文物出版社;上海:上海书店;天津:天津古籍出版社,1988

[46]〔宋〕欧阳修等编.新唐书[M].北京:中华书局,2003

[47]〔宋〕司马光.资治通鉴[M].北京:中华书局,2007

[48]〔宋〕王存等撰;王文楚、魏嵩山点校.元丰九域志[M].北京:中华书局,1984

[49]〔宋〕王溥.唐会要[M].北京:中华书局,1998

[50]〔宋〕乐史.宋本太平寰宇记[M].北京:中华书

局,2000

[51]〔宋〕张君房辑;李永晟点校.云笈七签[M].北京:中华书局,2003

[52]〔宋〕赵道一.历代真仙体道通鉴[M].道藏[Z].北京:文物出版社;上海:上海书店;天津:天津古籍出版社,1988

[53]〔元〕刘大彬编;〔明〕江永年增补;王岗点校.茅山志[M].上海:上海古籍出版社,2018

[54]〔明〕白云霁.道藏目录详注[M].上海:商务印书馆,1933

[55]〔清〕董诰等编.全唐文[M].北京:中华书局,1983

[56]〔清〕彭定求等编.全唐诗[M].北京:中华书局,1960

[57]〔清〕彭定求等编.道藏辑要[M].成都:巴蜀书社,1995

[58]〔清〕阮元.十三经注疏[M].北京:中华书局,1982

[59]〔清〕吴任臣;徐敏霞、周莹点校.十国春秋[M].北京:中华书局,1983

[60]〔清〕永瑢、〔清〕纪昀等编.四库全书总目[M].北京:中华书局,1965

中文现当代著作与论文集:

[61]安平秋、[美]安乐哲主编.北美汉学家辞典[M].北京:人民文学出版社,2001

[62]陈久金.中国星座神话[M].台北:台湾古籍出版社,2005

[63]陈珏主编.汉学典范大转移:杜希德与"金萱会"[M].新竹:清华大学出版社,2014

[64]陈美东主编.中国古星图[M].沈阳:辽宁教育出版

社,1996

[65]陈美东.中国科学技术史(天文学卷)[M].北京:科学出版社,2003

[66]陈遵妫.中国天文学史[M].上海:上海人民出版社,1982

[67]范恩君.道教神仙[M].北京:宗教文化出版社,2007

[68]冯承钧.冯承钧西北史地论集[M].北京:中国国际广播出版社,2013

[69]冯承钧;陆峻岭增订.西域地名[M].北京:中华书局,1980

[70]冯承钧编译.史地丛考·史地丛考续编[M].上海:上海古籍出版社,2014

[71]冯承钧译.西域南海史地考证译丛四编[M].北京:商务印书馆,1962

[72]冯承钧.中国南洋交通史[M].北京:商务印书馆,2011

[73]冯时.中国天文考古学[M].北京:社会科学文献出版社,2001

[74]葛兆光.想象力的世界:道教与唐代文学[M].北京:现代出版社,1990

[75]耿昇.法国汉学史论[M].北京:学苑出版社,2015

[76]顾钧.美国汉学纵横谈[M].上海:华东师范大学出版社,2016

[77]顾钧.卫三畏与美国早期汉学[M].北京:外语教学与研究出版社,2009

[78]韩铁.福特基金会与美国的中国学(1950—1979)

[M].北京:中国社会科学出版社,2004

[79]何寅、许光华主编.国外汉学史[M].上海:上海外语教育出版社,2002

[80]侯且岸.当代美国的"显学":美国现代中国学研究[M].北京:人民出版社,1995

[81]胡志宏.西方中国古代史研究导论[M].郑州:大象出版社,2002

[82]黄勇.道教笔记小说研究[M].成都:四川大学出版社,2007

[83]霍明琨.唐人的神仙世界:《太平广记》唐五代神仙小说的文化研究[M].哈尔滨:黑龙江大学出版社,2007

[84]季进.另一种声音:海外汉学访谈录[M].上海:复旦大学出版社,2011

[85]计翔翔.十七世纪中期汉学著作研究——以曾德昭《大中国志》和安文思的《中国新志》为中心[M].上海:上海古籍出版社,2002

[86]姜生、汤伟侠主编.中国道教科学技术史·汉魏两晋卷[M].北京:科学出版社,2002

[87]焦杰.唐代女性与宗教[M].西安:陕西人民教育出版社,2016

[88]孔陈焱.卫三畏与美国汉学研究[M].上海:上海辞书出版社,2010

[89]李达三.美国对中国研究的贡献[M].台北:联经事业出版公司,1978

[90]李璜.法国汉学论集[M].香港:珠海书院出版委员会,1975

[91]李平.宫观之外的长生与成仙:晚唐五代道教修道变迁研究[M].北京:中央编译出版社,2014

[92]李晟.仙境信仰研究[M].成都:巴蜀书社,2010

[93]李学勤主编.国际汉学漫步[M].石家庄:河北教育出版社,1997

[94]李学勤主编.国际汉学著作提要[M].南昌:江西教育出版社,1996

[95]林煌天主编.中国翻译词典[M].武汉:湖北教育出版社,1997

[96]林徐典编.汉学研究之回顾与前瞻[M].北京:中华书局,1995

[97]刘海平编.中美文化的互动与关联:中国哈佛燕京学者第一届学术研讨会论文选编[C].上海:上海外语教育出版社,1997

[98]刘屹.神格与地域:汉唐间道教信仰世界研究[M].上海:上海人民出版社,2011

[99]刘招成.美国中国学研究:以施坚雅模式社会科学化取向为中心的考察[M].上海:上海人民出版社,2009

[100]刘正.海外汉学研究:汉学在20世纪东西方各国研究和发展的历史[M].武汉:武汉大学出版社,2002

[101]马祖毅、任荣珍.汉籍外译史[M].武汉:湖北教育出版社,1997

[102]梅新林、曾礼军、慈波等.当代中国古代文学研究(1949—2009)[M].北京:中国社会科学出版社,2013

[103]潘鼐.中国恒星观测史[M].上海:学林出版社,1989

[104]潘显一、李裴、申喜萍等.道教美学思想史研究[M].

北京:商务印书馆,2010

[105]卿希泰.卿希泰论道教[M].上海:上海科学技术文献出版社,2008

[106]卿希泰主编.中国道教思想史[M].北京:人民出版社,2009

[107]卿希泰.中国道教思想史纲(第二卷)[M].成都:四川人民出版社,1985

[108]卿希泰主编.中国道教史[M].成都:四川人民出版社,1988

[109]仇华飞.美国的中国学研究[M].北京:中国社会科学出版社,2011

[110]桑兵.国学与汉学:近代中外学界交往录[M].杭州:浙江人民出版社,1999

[111]孙昌武.道教文学十讲[M].北京:中华书局,2014

[112]孙昌武.道教与唐代文学[M].北京:人民文学出版社,2001

[113]孙昌武.诗苑仙踪:诗歌与神仙信仰[M].天津:南开大学出版社,2005

[114]孙越生、陈书梅主编.美国中国学手册(增订本)[M].北京:中国社会科学出版社,1993

[115]汤一介.早期道教史[M].北京:中国人民大学出版社,2016

[116]陶文钊主编.中美关系史[M].上海:上海人民出版社,1999

[117]吴光正、郑红翠、胡元翎主编.想象力的世界:二十世纪"道教与古代文学"论丛[M].哈尔滨:黑龙江人民出版

社,2006

[118]熊文华.美国汉学史[M].北京:学苑出版社,2015

[119]熊文华.英国汉学史[M].北京:学苑出版社,2007

[120]许地山.道教史[M].武汉:崇文书局,2015

[121]严绍璗.日本中国学史稿[M].北京:学苑出版社,2009

[122]杨牧.柏克莱精神[M].台北:洪范书店,1977

[123]杨世华、潘一德编著.茅山道教志[M].武汉:华中师范大学出版社,2007

[124]姚平主编.当代西方汉学研究集萃:宗教史卷[M].上海:上海古籍出版社,2012

[125]余欣.中古异相:写本时代的学术、信仰与社会[M].上海:上海古籍出版社,2015

[126]向达.唐代长安与西域文明[M].北京:生活·读书·新知三联书店,1957

[127]曾琼、曾庆盈编.认识"东方学"[M].北京:北京大学出版社,2014

[128]张崇富.上清派修道思想研究[M].成都:巴蜀书社,2004

[129]张海惠主编.北美中国学:研究概述与文献资源[M].北京:中华书局,2010

[130]张西平.传教士汉学研究[M].郑州:大象出版社,2005

[131]张西平.东西流水终相逢[M].北京:生活·读书·新知三联书店,2010

[132]张西平、柳若梅编.国际汉语教育史研究[M].北京:商务印书馆,2014

[133]张西平编.欧美汉学研究的历史与现状[M].郑州:大象出版社,2006

[134]张西平主编.西方汉学十六讲[M].北京:外语教学与研究出版社,2011

[135]张西平.中国与欧洲早期宗教和哲学交流史[M].北京:东方出版社,2001

[136]张星烺编注.中西交通史料汇编[M].北京:中华书局,1977

[137]赵益.六朝南方神仙道教与文学[M].上海:上海古籍出版社,2006

[138]赵元任.赵元任全集[M].北京:商务印书馆,2012

[139]郑志明.想象:图像·文字·数字·故事:中国神话与仪式[M].贵阳:贵州人民出版社,2010

[140]周法高.汉学论集[M].台北:正中书局,1964

[141]朱越利主编.理论·视角·方法:海外道教学研究[M].济南:齐鲁书社,2013

[142]朱政惠、崔丕主编.北美中国学的历史与现状[M].上海:上海辞书出版社,2013

[143]朱政惠主编.海外中国学评论(第1辑)[M].上海:上海古籍出版社,2006

[144]朱政惠.美国中国学发展史:以历史学为中心[M].上海:中西书局,2014

汉译海外专著:

[145][法]安娜·塞德尔;蒋见元、刘凌译.西方道教研究史[M].上海:上海古籍出版社,2000

[146][法]伯希和;冯承钧译.郑和下西洋考·交广印度

两道考[M].上海:上海古籍出版社,2014

[147][法]费琅;冯承钧译.昆仑及南海古代航行考·苏门答剌古国考[M].上海:上海古籍出版社,2014

[148][法]马伯乐;伭晓笛、盛丰等译.马伯乐汉学论著选译[M].北京:中华书局,2014

[149][法]马伯乐;聂鸿音译.唐代长安方言考[M].北京:中华书局,2005

[150][法]马司帛洛(马伯乐);冯承钧译.占婆史[M].北京:中华书局,1956

[151][法]沙畹;邢克超、杨金平、乔雪梅译.沙畹汉学论著选译[M].北京:中华书局,2014

[152][英]J.G.弗雷泽;徐育新、汪培基、张泽石译.金枝[M].北京:新世界出版社,2006

[153][英]李约瑟.中国科学技术史[M].北京:科学出版社,2018

[154][德]莱布尼茨;[法]梅谦立、杨保筠译.中国近事:为了照亮我们这个时代的历史[M].郑州:大象出版社,2005

[155][德]马汉茂、汉雅娜、张西平、李雪涛主编.德国汉学:历史、发展、人物与视角[M].郑州:大象出版社,2005

[156][瑞典]高本汉;赵元任、罗常培、李方桂译.中国音韵学研究[M].北京:商务印书馆,1994

[157][美]埃里克·杰·多林;朱颖译.美国和中国最初的相遇:航海时代奇异的中美关系史[M].北京:社会科学文献出版社,2014

[158][美]柏夷;孙齐、田禾、谢一峰、林欣仪译.道教研究论集[M].上海:中西书局,2015

[159][美]丹尼斯·塞诺;北京大学历史系民族史教研室译.丹尼斯·塞诺内亚研究文选[M].北京:中华书局,2006

[160][美]费正清;张理京译.美国与中国[M].北京:世界知识出版社,2002

[161][美]费正清;黎鸣、贾玉文等译.费正清自传[M].天津:天津人民出版社,1993

[162][美]费正清、赖肖尔;陈仲丹、潘兴明、庞朝阳译.中国:传统与变革[M].江苏:江苏人民出版社,1996

[163][美]海登·怀特;陈新译.元史学:十九世纪欧洲的历史想象[M].南京:译林出版社,2013

[164][美]恒慕义;中国人民大学清史研究所《清代名人传略》翻译组译.清代名人传略[M].青海:青海人民出版社,1990

[165][美]柯文;林同奇译.在中国发现历史——中国中心观在美国的兴起[M].北京:中华书局,1989

[166][美]劳费尔;林筠因译.中国伊朗编[M].北京:中华书局,2015

[167]美国全国教育会编;曾大钧译.战后美国之国民教育[M].上海:商务印书馆,1947

[168][美]薛爱华;程章灿、侯承相译.闽国:10世纪的中国南方王国[M].上海:上海文化出版社,2019

[169][美]薛爱华;吴玉贵译.撒马尔罕的金桃:唐代舶来品研究[M].北京:社会科学文献出版社,2016

[170][美]薛爱华;程章灿译.神女:唐代文学中的龙女与雨女[M].北京:生活·读书·新知三联书店,2014

[171][美]薛爱华;程章灿、叶蕾蕾译.朱雀:唐代的南方

意象[M].北京:生活·读书·新知三联书店,2014

[172][美]薛龙;路克利译.哈佛大学费正清中心50年史(1955—2005)[M].北京:新星出版社,2012

[173][加]诺斯罗普·弗莱,陈慧、袁宪军、吴伟仁译.批判的剖析[M].天津:百花文艺出版社,2006

[174][日]石田幹之助;钱婉约译.长安之春[M].北京:清华大学出版社,2015

[175][日]石田幹之助;朱滋萃译.欧人之汉学研究[M].太原:山西人民出版社,2015

[176][日]小南一郎;孙昌武译.中国的神话传说与古小说[M].北京:中华书局,2006

[177][日]藤野岩友;韩基国编译.巫系文学论[M].重庆:重庆出版社,2005

学位论文：

[178]颜进雄.唐代游仙诗研究[D].台北:中国文化大学,1996

[179]林雪铃.唐代文人神仙书写研究[D].台北:中正大学,2005

[180]刘永霞.陶弘景研究[D].成都:四川大学,2006

[181]岳齐琼.汉唐期间道教修炼方式与道教女性观之变化研究[D].成都:四川大学,2007

[182]陆扬.道教的女仙崇拜[D].南京:南京大学,2013

[183]王家宏.论美国汉学家薛爱华的神女研究[D].上海:华东师范大学,2017

[184]俞森林.中国道教经籍在十九世纪英语世界的译介研究[D].成都:四川大学,2019

期刊论文：

[185]陈耀庭.茅山道教现状[J].宗教学研究,1985

[186]陈继明.曹唐诗歌略论[J].中南民族学院学报(人文社会科学版),1986(4)

[187]李世洞.战后美国对中国的研究[J].武汉大学学报(社会科学版),1986(4)

[188]李刚.试论隋代道教[J].江西社会科学,1992(4)

[189]王湘云.中国与外部世界：关于美国学者研究中国的一些感想[J].清史研究,1992(2)

[190][法]保罗·戴密微、秦时月.法国汉学研究史概述[J].中国文化研究,1993(2)

[191]王晴佳.美国的中国学研究评述[J].历史研究,1993(6)

[192]郑天星.欧美道教研究概述[J].中国道教,1993(4)

[193][德]巴巴拉·霍斯;魏建平译.德国汉学概述[J].国际汉学,1994(1)

[194]纪德君.从神仙小说看唐代文人的精神世界[J].海南大学学报,1994(4)

[195][俄]李福清.法国的古代中国研究[J].国际汉学,1994(1)

[196][美]李珍华."胡天汉月方诸"：简介美国东方学会[J].国际汉学,1994(1)

[197]任继愈.汉学的生命力[J].国际汉学,1994(1)

[198]孙亦平.吴地道教概述[J].世界宗教研究,1994(3)

[199]张松辉."桃花源"的原型是道教茅山洞天[J].宗教学研究,1994(Z1)

[200]汪桂平.唐玄宗与茅山道[J].世界宗教研究,1995(2)

[201]张剑光.略论唐五代三吴地区的宗教信仰[J].学术月刊,1998(9)

[202]张清萱.台湾地区世界汉学评介论著目录[J].书目季刊,1998(3)

[203][法]柯孟.中国:在神话与有机之间:西方人看中国三例[J].国际汉学,1999(2)

[204]李乃龙.道教上清派与晚唐游仙诗[J].陕西师范大学学报(哲学社会科学版),1999(4)

[205]仇华飞.二十世纪上半叶美国汉学研究管窥[J].档案与史学,2000(4)

[206]任继愈.汉学与汉学研究漫议[J].国际汉学,2000(2)

[207]任继愈.研究海外汉学,促进文化交流[J].国际汉学,2000(1)

[208]严绍璗.我对国际中国学(汉学)的认识[J].国际汉学,2000(1)

[209][法]傅飞岚;徐克谦译.西方学者道教研究现状综述[J].国际汉学,2000(2)

[210]柴剑虹.汉学研究的两个隐忧[J].国际汉学,2002(1)

[211]陈燕.网络上的汉学研究专业门户网站[J].国际汉学,2002(1)

[212][德]傅海波;胡志宏译.欧洲汉学史简评[J].国际汉学,2002(1)

[213][德]傅吾康;陈燕、袁媛译.十九世纪的欧洲汉学[J].国际汉学,2002(1)

[214]周发祥.国外汉学与比较文学[J].国际汉学,2002(1)

[215]陈云.道教与女性研究述评[J].世界宗教研究,2004(1)

[216]阎纯德.从"传统"到"现代":汉学形态的历史演进[J].文史哲,2004(5)

[217]许惠贞.德国汉学与美国区域研究的历史交锋[J].汉学研究通讯,2015(1)

[218]张西平.汉学研究导论[J].国际汉学,2005(1)

[219]崔玉军.80年代以来大陆的国外中国学研究:历史与展望[J].国际关系学院学报,2006(3)

[220]何培忠.国际汉学的出现与汉学的变化[J].国外社会科学,2006(2)

[221]韦磊.1970年代中国关于美国的中国研究之译介[J].当代中国史研究,2006(1)

[222]孙康宜.谈谈美国汉学的新方向[J].书屋,2007(12)

[223]马少甫.裨治文中国观研究[J].华东师范大学学报(哲学社会科学版),2008(3)

[224]韦磊、王保胜.1960年代美国学界关于中国学学科问题的讨论[J].汉学研究,2009(2)

[225]吴原元.改革开放以来中国的海外中国学研究[J].国际社会科学杂志,2009(2)

[226]吴原元.略论中美对峙时期美国的中国研究[J].东方论坛,2009(3)

[227]张效民.国内当代美国中国学研究的几个问题[J].国际论坛,2009(5)

[228]崔玉军.美国达慕思学院的中国研究[J].汉学研究通讯,2010(3)

[229]顾钧.美国汉学的历史分期与研究现状[J].国外社会科学,2011(2)

[230]卢睿蓉.美国的中国道教研究之管窥[J].宗教学研究,2011(2)

[231]杨颖.本土与域外:不同视野下的"椒花"[J].中国典籍与文化,2011(3)

[232]朱政惠.美国学者对中国学研究的回顾与反思[J].江海学刊,2011(3)

[233]程龙.德裔美国汉学家夏德学术述论[J].汉学研究通讯,2012(1)

[234]张错.鹦鹉力士·吴姻压酒:唐代饮酒物质文化及西域影响[J].东方文化,2012(12)

[235]章琦.《神女》与中西文化的融合:以薛爱华对中古音和唐诗的理解为中心[J].中国韵文学刊,2012(10)

[236]孟庆波、刘彩艳.美国的汉学及中国学发展历程概述[J].河北联合大学学报(社会科学版),2013(3)

[237]吴原元.民国时期中国留学生对美国汉学的贡献述论[J].江苏师范大学学报(哲学社会科学版),2013(3)

[238]朱政惠.中国学者对海外中国学研究的百年回顾:进程、特点和若干问题的思考[J].甘肃社会科学,2013(5)

[239]林欣仪.道教与性别:二十世纪中叶后欧美重要研究评述[J].新史学,2015(2)

[240]钟焓.伯希和与20世纪的内亚史研究:一个学术史的概观[J].*Journal of Sino-Western Communications*,2015(2)

[241]赵成杰.薛爱华《神女:唐代文学中的龙女与雨女》读后[J].国际汉学,2018(1)

英文论著目录:

[242] Edward H. Schafer, *Ancient China* [M]. New York: Time-Life Books, 1967.

[243] Edward H. Schafer, *Mao Shan in T'ang Times* [M]. Society for the Study of Chinese Religions, 1980.

[244] Edward H. Schafer, *Mirages on the Sea of Time: the Taoist Poetry of Ts'ao T'ang* [M]. Berkeley: University of California Press, 1985.

[245] Edward H. Schafer, *Pacing the Void: T'ang Approaches to the Stars* [M]. Berkeley: University of California Press, 1977.

[246] Edward H. Schafer, *Shore of Pearls: Hainan Island in Early Times* [M]. Berkeley: University of California Press, 1970.

[247] Edward H. Schafer, *The Divine Woman: Dragon Ladies and Rain Maidens in T'ang Literature* [M]. Berkeley: University of California Press, 1973.

[248] Edward H. Schafer, *The Empire of Min: A South China Kingdom of the Tenth Century* [M]. Rutland: Charles E. Tuttle Company, 1954.

[249] Edward H. Schafer, *The Vermillon Bird: T'ang Images of the South* [M]. Berkeley: University of California Press, 1967.

[250] Edward H. Schafer, *Tu Wan's Stone Catalogue of Cloudy Forest：A Commentary and Synopsis*[M].Warren：Floating World Editions,2006.

[251]Alfred L. Kroeber, *Anthropology：Culture Patterns & Processes*[M].New York：Harcourt, Brace & World,1963.

[252] Alvin P. Cohen, A Bibliography of Writings Contributory to the Study of Chinese Folk Religion[J].*Journal of the American Academy of Religion*,Vol.43,No.2(Jun. 1975).

[253]Anne Cheng,Philosophy and the French Invention of Sinology：Mapping Academic Disciplines in Nineteenth Century Europe [J].*China Report*,50：1(2014).

[254]Arthur Waley,*Chinese Poems*[M].London：Printed by Lowe Bros,1916.

[255] Bibliography of Edward H. Schafer [Z]. *T'ang Studies*,Vol.1990,No.8-9.

[256] Charles Hartman, Reviewed Work：Incense at the Altar：Pioneering Sinologists and the Development of Classical Chinese Philology by David B. Honey[J].*Chinese Literature：Essays,Articles,Reviews*(CLEAR),Vol.23(Dec. 2001).

[257]David B. Honey, Edward H. Schafer(1913-1991) [J].*Journal of Asian History*,Vol.25,No.2(1991).

[258] David E. Mungello, *Curious Land：Jesuit Accommodation and the Origins of Sinology* [M]. Honolulu：University of Hawaii Press,1985.

[259] Doris S. Chun, The Agassiz Professorship and the Development of Chinese Studies at the University of California,

Berkeley, 1872-1985, A Doctoral Dissertation[D]. University of San Francisco, 1986.

[260]Harriet T. Zurndorfer, *China Bibliography: A Research Guide to Reference Works about China Past to Present* [M]. Amsterdam: Brill, 1995.

[261]Herbert A. Giles, *Chinese Poetry in English Verse*[J]. London: Bernard Quaritch, 1898.

[262] In Memoriam Edward H. Schafer [J]. *Cahiers d' Extrême-Asie*, vol.5, 1989. Numéro spécial Etudes Taoïstes II/ Special Issues, on Taoist Studies II en l' honneur de Maxime Kaltenmark.

[263]James J. Y. Liu, The Study of Chinese Literature in the West: Recent Developments, Current Trends, Future Prospects[J]. *The Journal of Asian Studies*(pre-1986), Nov.35, No.1(1975).

[264] John King Fairbank, *China Perceived: Images and Policies in Chinese American Relations* [M]. New York: Vintage Books, 1976.

[265]John King Fairbank, *New Views of China's Tradition and Modernization*[M]. Washington: Service Center for Teachers of History, 1968.

[266]John King Fairbank, *The United States and China*[M]. Cambridge: Harvard University Press, 1971.

[267] Jordan Paper, The Persistence of Female Deities in Patriarchal China[J]. *Journal of Feminist in Religion*, Vol.6, No.1 (Spring, 1990).

[268]Kang Woo, *Histoire de la Bibliographie Chinois*[M]. Paris：E. Leroux,1938.

[269]Lawrence G. Thompson, American Sinology 1830-1920[J].Tsing Hua Journal of Chinese Studies,1961.

[270]Lawrence W.V. Chisolm, *The Far East and American Culture*[J].New Haven：Yale university press,1963.

[271]Leonard Gordon, *Doctoral Dissertations on China：A Bibliography of Studies in Western Languages 1945-1970*[C]. Seattle：University of Washington Press,1972.

[272] Lindbeck, John M. H., *Understanding China：An Assessment of American Scholarly Resources*[M]. New York：Praeger,1971.

[273] Louis Komjathy, Index to Taoist Resources [J]. *Journal of Chinese Religions*,29：1.

[274]Marston Bates, *Where Winter Never Comes：A Study of Man and Nature in the Tropics*[M]. New York：Charles Scribner's Sons,1952.

[275] P. Steven Sangreen, Cultural Anthropology and Sinology in the United States：An Informal Assessment[J].*Revue européenne des sciences sociales*, T.25, No.76(1987).

[276]Penelope Ann Herbert, T.C. Chiang, *Chinese Studies Research Methodology*[M].Chinese Materials Center,1982.

[277]Peter A. Boodberg, "Ideography" or "Iconolatry"? [J].*T'oung Pao*, Second Series,Vol.35,Livr.4(1940).

[278]Roy Earl Teele, *Through a Glass Darkly：A Study of English Translations of Chinese Poetry*[M].Ann Arbor：University

of Michigan Press,1949.

[279] Stephen Owen, A Defense [J]. *Chinese Literature:Essays,Articles,Reviews*(CLEAR),Vol.1,No.2(Jul. 1979).

[280] Suzanne Elizabeth Cahill, *Transcendence & Divine Passion:The Queen Mother of the West in Medieval China*[M]. Stanford:Stanford University Press,1993.

[281]T.H. Barrett, *Singular Listlessness:A Short History of Chinese Books and British Scholars* [M]. London: Wellsweep Press,1989.

[282] The Staff of the American Institute of Pacific Relations,Current American Research on the Far East and the Western Pacific [J].*The Far Eastern Quarterly*,Vol.7,No.3(May 1948).

[283]University of California:Circular of Information:With References Primarily to the Undergraduate Division at Berkeley, Fall and Spring Semesters,1953-1954[Z].Berkeley:Published by the Regents of the University.

[284]William H. Nienhauser Jr., Diction, Dictionaries, and the Translation of Classical Chinese Poetry [J]. *T'oung Pao*, Second Series,Vol.64,Livr.1/3(1978).

附录一　薛爱华论著目录

学术专著：

根据 1991 年第 8—9 期《唐代研究》所刊载的柯慕白版薛爱华论著目录，薛爱华共出版有 14 部作品。其中，有两部属于汉学研究工具书，分别为 1955 年出版的《美国东方学会会刊索引（第 21 卷—60 卷）》及 1978 年出版的《马守真字典综补》。另外两部作品则是面向普通社会读者的汉学普及读物，它们是 1967 年出版的《古代中国》(Ancient China) 及 1978 年出版的《唐代文学通俗读本》(Easy Readings in Tang Literature)。其余的十部书属于真正原创性的学术专著，我们称之为"汉学论著"，是本书的研究重点，也是本章目录学式研究的对象。

1.《闽国：10 世纪的中国南方王国》(The Empire of Min: A South China Kingdom of the Tenth Century)

版本情况：初版于 1954 年由哈佛燕京学社委托美国佛蒙特州勒特兰市查尔斯·E. 塔特尔公司出版，日本东京笠井出版印刷社承担印务，凡 146 页。2019 年 8 月，由程章灿、侯承相负责翻译的本书中文版《闽国：10 世纪的中国南方王国》由上海文化出版社出版。

主要内容：参见本书第 97—99、301 页。

2.《杜绾〈云林石谱〉评注》(*Tu Wan's Stone Catalogue of Cloudy Forest：A Commentary and Synopsis*)

版本情况：初版于1961年由加州大学出版社出版，凡116页。2006年7月，美国康涅狄格州林奇费尔德郡沃伦镇(Warren Town, Litchfield County, Connecticut)专营有关亚洲艺术、历史类学术著作出版业务的出版公司浮世书局(Floating World Editions)出版新版，凡116页。本书以加州大学出版社1961年版本为基本依据。

主要内容：参见本书第99—100、303页。

3.《撒马尔罕的金桃：唐代舶来品研究》(*The Golden Peaches of Samarkand：A Study of T'ang Exotics*)

版本情况：初版由加州大学出版社于1963年出版，1981年再版。同年，俄国学者柳巴·列斯尼琴科(Лубо-Лесниченко Е.И.)、门什科夫(Меньшиков Л.Н.)等人翻译的俄文版由莫斯科科技书社(Наука)出版，凡608页。1985年，加州大学出版社出版平装本，凡399页。1995年，由国内学者吴玉贵翻译的中文版本以《唐代的外来文明》为名由中国社会科学出版社出版，凡727页。2005年，吴玉贵中译本由陕西师范大学出版社再版，凡423页。2006年，日本学者吉田真弓翻译的日文版以《サマルカンドの金の桃：唐代の異国文物の研究》为名由勉诚出版社出版，凡517页。2012年，由美国浮世书局出版英语新版，凡434页。2016年，吴玉贵中译版以《撒马尔罕的金桃：唐代舶来品研究》为名由社会科学文献出版社出版，凡769页。同年由新西兰荷莱基出版社(Hauraki Publishing)出版英语新版，凡765页。本书同时参考加州大学出版社1963年版本及社会科学文献出版社2016年版本。

主要内容：参见本书第101、302页。

4.《朱雀：唐代的南方意象》(The Vermilion Bird: T'ang Images of the South)

版本情况：此书的写作时间为1964—1967年，1967年由加州大学出版社以精装本形式出版，并于1985年以平装本形式再版，凡380页。2008年2月，美国康涅狄格州林奇费尔德郡沃伦镇专营有关亚洲艺术、历史类学术著作出版业务的出版公司浮世书局在对加州大学出版社两个版本进行详细校勘基础上重新发行新版，凡392页。2014年10月，程章灿、叶蕾蕾翻译的汉译版由生活·读书·新知三联书店出版，凡579页。本书在对该书进行专题研究的同时参考2014年汉译版与加州大学出版社的1967年初版。

主要内容：参见本书第138—188、303页。

5.《珠崖：12世纪之前的海南岛》(Shore of Pearls: Hainan Island in Early Times)

版本情况：初版由加州大学出版社于1970年出版，凡173页，1985年由该出版社出版平装版本，凡173页。2010年，由美国浮世书局出版新版，凡174页。另外，2020年11月，由程章灿、陈灿彬负责翻译的本书中文版由九州出版社出版。

主要内容：参见本书第102、303—304页。

6.《神女：唐代文学中的龙女与雨女》(The Divine Woman: Dragon Ladies and Rain Maidens in T'ang Literature)

版本情况：初版由加州大学出版社于1973年出版，凡191页。1978年，由旧金山北点出版社(North Point Press)

出版平装修订本,凡239页,1979年、1980年分别再版。1978年,日本学者西协常记所翻译的日文版由东海大学出版社以《神女:唐代文学における龍女と雨女》为题名出版,凡248页。2014年,国内学者程章灿所翻译的中文版由生活·读书·新知三联书店出版,凡221页。本书同时以1973年加州大学出版社版本及三联书店中文版本为依据。

主要内容:参见本书第102—104、304页。

7.《步虚:唐人的星空探索》(Pacing the Void: T'ang Approaches to the Stars)

版本情况:初版由加州大学出版社于1977年出版,凡352页。2005年,由美国浮世书局出版新版,凡368页。本书以加州大学出版社1977年版本为基本依据。

主要内容:参见本书第104—105、304—305页。

8.《唐代的茅山》(Mao Shan in T'ang Times)

版本情况:初版于1980年由美国宗教研究学会出版,凡72页。1989年,该书增订版亦由美国宗教研究学会出版,凡98页。本书以1989年增订版为基本依据。

主要内容:参见本书第105—107、305页。

9.《汉学:历史与现状》(What and How is Sinology?)

版本情况:本书文本内容源自薛爱华在1982年10月14日在科罗拉多大学东方语言系开课典礼上的演说,同年由科罗拉多大学波尔德分校出版单行本,凡17页。1991年《唐代研究》杂志第8—9辑亦收录该书内容。1993年《传统文化与现代化》刊载了由周发祥翻译的本书中文版《汉学:历史与现状》。另外,由沈卫荣翻译的中文版以《何为汉学,如何汉学?》之名刊载于《国际汉学》杂志2020年第4期。

主要内容:参见本书第 107—108 页。

10.《时间海上的蜃景:曹唐的道教诗歌》(*Mirages on the Sea of Times:Taoist Poetry of Ts'ao T'ang*)

版本情况:本书共有两版。初版由加州大学出版社于 1985 年出版,凡 153 页。2010 年,由美国浮世书局出版新版,凡 164 页。本书以加州大学出版社 1985 年版本为基本参考依据。

主要内容:参看本书第 108、197—263 页。

论文(以发表时间先后为序):

本部分研究所收录的薛爱华论文参考自 1984 年加州大学伯克利分校东方语言与文学系学生会(Student Association of the Department of Oriental Languages and Literature)杂志 *Phi Theta Papers* 第 6 期刊载的由韩大伟和柏夷所编《薛爱华目录及评注》(An Annotated Bibliography of the Works of Edward H. Schafer)、1991 年《美国东方学会会刊》第 111 期及《唐代研究》第 8—9 期刊载的由柯慕白和菲莉思·舍费尔所编《薛爱华论著目录》(Bibliography of Edward H. Schafer)整合增补而来,并新收入《论杜光庭及其创作》《〈太上老君开天经〉译释》等未见载于以上三种目录的薛爱华论文。

另外需要申明,由于本书着意于对薛爱华学术研究性文献的整理和探究,故以下对薛爱华作品的目录学研究不包括:1)非学术论文性质的作品,如《美国东方学会会刊索引(第 21 卷—第 60 卷)》(*Index to Journal of the American Oriental Society, Volumes 21 to 60*)。面向社会读者的普及性读本,如《古代中国》《唐代文学通俗读本》等书目,针对读者对刊登于《问题论集》论文《年号:语词还是无意义的音节》评论的答复文(Reply to the Reader's Comments on Wennti 1.4)、薛爱华致《科学美国人》杂志编辑部书信(Letter to Editor of Scientific America)、对1975年河北宣化出土的辽墓星图壁画的介绍(An Ancient Chinese Star Map)等类型的文章亦不收。2)非汉学研究性质的文章,如薛爱华刊登于《地平线》(Horizon)杂志的《嬉戏的成年人》(Playing Grownup)、刊登于 wiðowinde 杂志的《圣邓斯坦,909—988》(St. Dunstan, 909-988)等,皆不会出现在本章的讨论中。3)囿于在国内所面临的相关资料获取上的不便,本部分未收录薛爱华晚期未公开发表,仅在伯克利师生和部分同行间流传的论文集《薛爱华汉学论集》中的38篇短论文。以上与本书研究课题不相契合或存在资料获取困难的文献在正文中不作讨论,但全部收入本部分之中。

1. 汉语词汇"茉莉"的语源学札记(Notes on a Chinese Word for Jasmine)。刊载于1948年《美国东方学会会刊》第56—61页。关于该文的介绍,参见本书第113页。

2. 古汉语中的数量词(Noun Classifiers in Classical Chinese)。刊载于《语言》(Language)1948年第24期,第408—413页。关于该文的介绍,参见本书第109—110页。

3. 元代之前的中国骆驼(The Camel in China down to the Mongol Dynasty)。刊载于《汉学杂志》(Sinologica)1950年第2期,第165—194页,第263—290页。由于暂无途径获取该杂志,本文简述部分暂阙,待日后增补。

4. 唐传奇中的伊朗商人(Iranian Merchants in T'ang Dynasty Tales)。刊载于《闪米特与东方研究》(Semitic and

Oriental Studies)1951 年第 11 期,第 403—422 页。由于暂无途径获取该杂志,本文简述部分暂阙,待日后增补。

5.古代中国的暴人风俗(Ritual Exposure in Ancient China)。刊载于《哈佛亚洲研究杂志》1951 年第 14 期,第 130—184 页。关于该文的介绍,参见本书第 112—113 页。

6.年号:语词还是无意义的音节?(Chinese Reign Names—Words or Nonsense Syllables?)。刊载于《问题论集》(*Wennti Papers*)1952 年第三辑,第 33—40 页。由于暂无途径获取该杂志,本文简述部分暂阙,待日后增补。

7.合浦采珠业(The Pearl Fisheries of Ho-p'u)。刊载于《美国东方学会会刊》1952 年第 72 期,第 155—168 页。本文在梳理秦至唐宋间有关广西合浦采珠业的文献资料基础上,以时间先后为次序,着重从经济、法令、民间传说等视角考察合浦及其采珠产业的历史动态发展过程。更多介绍,参见本书第 158—159 页。

8.答读者问(Reply to Reader's Comments on Wennti 1.4)。刊载于《问题论集》1953 年第五辑,第 75—77 页。由于暂无途径获取该杂志,本文简述部分暂阙,待日后增补。

9.李纲《榕木赋》翻译与注评(Rhapsody on the Banyan Tree)。刊载于《东方杂志》(*Oriens*)1953 年第 6 期,第 344—353 页。关于该文的介绍,参见本书第 114、198—199 页。

10.音译与功能性翻译:汉学二弊(Non-Translation and Functional Translation: Two Sinological Maladies)。刊载于《远东季刊》(*The Far East Quarterly*)1954 年第 3 期,总第 13 期,第 251—260 页。关于该文的介绍,参见本书第 113—

114、281—296 页。

11.南汉国史（The History of the Empire of Southern Han）。刊载于1954年日本京都大学人文科学研究所《创立二十五周年纪念论文集》，第339—369页。本文在对北宋欧阳修撰《新五代史·南汉世家第五》进行完整英译和详细注解的基础上，系统探讨了五代时期南汉国的自然生态、政治与重大史实、社会与经济结构、对外商贸活动、宗教、民间信仰与文学艺术创作等诸方面情况。

12.中古中国云母札记（Notes on Mica in Medieval China）。刊载于《通报》1955年第43期。关于该文的介绍，参见本书第110页。

13.中国技术与传统中的雌黄与雄黄（Orpiment and Realgar in Chinese Technology and Tradition）。刊载于《美国东方学会会刊》1955年第2期，总第75期，第73—89页。关于该文的介绍，参见本书第110—111页。

14.论中国古代沐浴风俗的发展以及华清宫的历史（The Development of Bathing Customs in Ancient and Medieval China and the History of the Floriate Clear Palace）。刊载于《美国东方学会会刊》1956年第2期，总第76期，第57—82页。本文以对自先秦至南宋的相关文献的梳理与细读为基础，介绍了中国古代的沐浴风俗。在简要考察了欧洲、近东、印度及日本的沐浴风俗后，该文首先探讨了《礼记》《论语》《庄子》等先秦文献中有关沐浴的内容，指出其常常与特定的仪式性活动有关。进而，该文对自汉至唐沐浴风俗的变迁作了简要综述，并介绍了古代的露天沐浴风俗、温泉浴疗法、公共与皇家沐浴制度。本文最后一部分详细介绍了华清宫的历史。

15.麋鹿的文化史(Cultural History of the Elaphure)。刊载于《汉学杂志》1956年第4期,第250—274页。关于该文的介绍,参见本书第111页。

16.中国铅颜料与含铅化妆品的早期历史(The Early History of Lead Pigments and Cosmetics in China)。刊载于《通报》1956年第44期,第413—438页。关于该文的介绍,参见本书第111页。

17.檀木、骐驎竭与紫胶(Rosewood, Dragon's Blood and Lac)。刊载于《美国东方学会会刊》1957年第2期,总第77期,第129—136页。关于该文的介绍,参见本书第111页。

18.上古与中古中国的战象(War Elephant in Ancient and Medieval China)。刊载于《东方杂志》1956年第10期,第289—291页。关于该文的介绍,参见本书第112页。

19.一份十四世纪的广州地名索引(A Fourteenth Century Gazetteer of Canton)。刊载于1957年《波兰之东:马可·波罗诞辰七百周年纪念会议论文集》(*Oriente Poliano: Studi e Conferenze Tenute all' ls. M. E. O. in Occasione del VII Centenario della Nascita di Marco Polo*),第67—93页。本文在英译元代学者吴莱《南海山水人物古迹记》基础上,详细列举并介绍了广州及其近郊的名胜古迹及相关传说故事。

20.唐代土贡考(Local Tribute Products of the T'ang Dynasty)(本文为薛爱华与本杰明·E.沃拉克共同署名作品)。刊载于《东方研究》(*Oriental Studies*)1959年第4期,第213—248页。关于该文的介绍,参见本书第115页。

21.通讯:论"汉学"与"汉学家"(Communication on

"sinology"and"sinologist")。同时刊载于 1958 年《美国东方学会会刊》第 78 期,第 119—120 页,《亚洲研究》1958 年第 3 期,总第 17 期,第 509—511 页。关于该文的介绍,参见本书第 114 页。

22.通讯:评牟复礼对傅海波《杨瑀〈山居新话〉:蒙古统治下中国文化的成就》的批评(Communication on F. W. Mote's review of Herbert Franke, *Beitrdge*)。刊载于《亚洲研究》1958 年第 3 期,总第 17 期,第 512—513 页。本文针对美国学者牟复礼对德国慕尼黑大学学者傅海波新作《杨瑀〈山居新话〉:蒙古统治下中国文化的成就》(*Beitriagezur Kulturgeschichte Chinas unter der Mongolenherrschaft. Das Shankfusin-hua des Yang Yu*)在翻译层面上的批评提出了自己的见解,认为牟复礼批评原作者所谓的"过时的逐字翻译论"(anachronistic overliteralism)并无根据,且过分强调了现代汉语(mandarin)在汉学翻译中的地位,忽视了唐宋时期汉语的独特性,在翻译方法论中也缺乏对汉文古籍中存在的隐喻、转喻、委婉、比喻等修辞手法的重视。

23.通讯:关于芮玛丽对中国年号翻译的评论(Communication on Mary Wright's Comments on Era Names)。刊载于《亚洲研究》1959 年第 3 期,总第 18 期,第 431—432 页。本文是薛爱华就芮玛丽对其文章《年号:语词还是无意义的音节?》所作评论的回复。在文中,薛爱华就芮玛丽的询问,谈及其对"同治"年号的语义理解和翻译策略,同时指出,尽管芮玛丽恪守语文学原则翻译年号,但企图完美地用译文还原原语词内涵和言外之意,同时又考虑到年号命名者的意图和解读是不现实的,而通过字对字的直译以及注释

(阐释其可能具有的意义和内涵),则是对年号更为合适的英译模式。

24.唐代的鹰猎文化(Falconry in T'ang Times)。刊载于《通报》1958年第46期,第293—338页。关于该文的介绍,参见本书第113页。

25.中古中国的鹦鹉(Parrots in Medieval China)。刊载于1959年出版的《高本汉汉学研究纪念集》(*Studia Serica Bernhard Karlgren Dedicata*),第271—282页。关于该文的介绍,参见本书第112页。

26.亚洲研究(Asian Studies)。刊载于《美国学术团体联合会会刊》(*American Council of Learned Societies Newsletter*)1962年第13期,第20页。由于暂无途径获取该杂志,本文简述部分暂阙,待日后增补。

27.中国古代的食用龟(Eating Turtles in Ancient China)。刊载于《美国东方学会会刊》1962年第1期,总第82期,第73—74页。关于该文的介绍,参见本书第115页。

28.唐代的自然保护(The Conversation of Nature under the T'ang Dynasty)。刊载于《东方经济与社会史杂志》(*Journal of the Economic and Social History of the Orient*)1962年第5期,第279—308页。关于该文的介绍,参见本书第116—117页。

29.微型宇宙:中国园林传统(Cosmos in Miniature:the Tradition of The Chinese Garden)。刊载于《景观》(*Landscape*)1963年第3期,第24—26页。由于暂无途径获取该期杂志,该文简述部分暂阙,待日后增补。

30.长安城最后的岁月(The Last Years of Ch'ang-an)。

刊载于《远东》(Oriens Extremus)1963年第2期,总第10期,第113—179页。关于该文的介绍,参见本书第115页。

31.中古时代古汉语结构与意象初评(Preliminary Remarks on the Structure and Imagery of the Classical Chinese Language of the Medieval Period)。刊载于《通报》1963年第50期,第257—264页。本文对唐代书面语言中的双音词进行了分类。

32.贯休游仙诗中的矿物意象(Mineral Imagery in the Paradise Poetry of Kuan-hsiu)。刊载于《泰东》1963年第10期,第73—102页。关于该文的介绍,参见本书第117页。

33.唐代文化札记:第一部分(Notes on T'ang Culture, Part 1)。刊载于《华裔学志》(Monumenta Serica)1962年第21期,第194—321页。关于该文的介绍,参见本书第115—116页。

34.唐代帝王肖像(The T'ang Imperial Icon)。刊载于《汉学杂志》1963年第7期,第156—160页。关于该文的介绍,参见本书第118页。

35.唐代的祥瑞(The Auspices of T'ang)。刊载于《美国东方学会会刊》1963年第2期,总第83期,第197—225页。关于该文的介绍,参见本书第118页。

36.段成式生平与作品札记(Notes on Tuan Ch'eng-shih and His Writing)。刊载于德国《亚洲研究》1963年第16期,第15—34页。关于该文的介绍,参见本书第118页。

37.中古中国的自然资源保护(The Conversation of Natural Resources in Medieval China)。刊载于1964年由法国赫尔曼(Hermann Barsdorf)出版社出版的《第十次国际科学史会议纪要》(Proceedings of the Tenth International Congress of History of Science,又名 Actes du dixième Congrès international d'histoire des sciences),第 565—567 页。由于暂无途径获得本纪要,故该文简述部分暂阙,待日后增补。

38.论唐代文献中的"造化者"概念(The Idea of Created Nature in T'ang Literature)。刊载于《东西哲学》(Philosophy East and West)1965 年第 2 期,总第 15 期,第 153—160 页。关于该文的介绍,参见本书第 118—119 页。

39.李德裕与杜鹃花(Li Te-yu and Azalea)。刊载于德国《亚洲研究》1965 年第 18—19 期合刊,第 105—114 页。该文以唐代园林中的异域植物引种风尚为背景,考察了精通园艺知识的李德裕及其私家园林(平泉庄)植物花园的情况。此外,对平泉庄中出现的新引种植物"杜鹃",进行了植物学、语言学、修辞学上的考辨。

40.年号的产生(The Origin of An Era)。刊载于《美国东方学会会刊》1965 年第 4 期,第 543—550 页。关于该文的介绍,参见本书第 116 页。

41.唐代文化札记:第二部分(Notes for T'ang Culture, Part 2)。刊载于《华裔学志》1965 年第 24 期,第 130—154 页。关于该文的介绍,参见本书第 116 页。

42.关于学生用古汉语字典的思考(Thoughts about A Student's Dictionary of Classical Chinese)。刊载于《华裔学志》1966 年第 1 期,总第 25 期,第 197—206 页。关于该文的介绍,参见本书第 117 页。

43.古代中国的苑囿(Hunting Parks and Animal Enclosure in Ancient China)。刊载于《东方经济与社会史杂志》(The Journal of Economic and Social History of the Orient)1968 年第

3 期,总第 11 期,第 318—343 页。关于该文的介绍,参见本书第 116 页。

44.两首关于音乐的晚唐诗(Two Late T'ang Poems on Music)。刊载于《东西文学》(*Literature East and West*)1972 年第 16 期,第 980—986 页。由于暂无途径获取该期杂志,该文简述部分暂阙,待日后增补。

45.唐代文化札记:第三部分(Notes on T'ang Culture, Part 3)。刊载于《华裔学志》1972 年第 73 期,第 100—116 页。关于该文的介绍,参见本书第 119 页。

46.论龙女、水仙、鱼女、雨女以及其他水畔神女(Dragon ladies, Water fairies, Fish Maidens, Rain Mothers, and Other Hybrid Critters)。刊载于《地平线》(*Horizon*)1973 年第 2 期,第 104—109 页。在该文中,作者探讨了古代神话传说中的龙女、水仙、雨女等水畔神女的形象和特质,并指出这些水畔女神象征着丰产与"繁殖力",具有水元素的内在属性。同时,和这些女神相关的神话往往与溺死的人类女性有关,与中国传说生物龙有关。

47.说天河(The Sky River)。刊载于《美国东方学会会刊》1974 年第 1 期,总第 94 期,第 401—407 页。关于该文的介绍,参见本书第 119—120 页。

48.卜弼德生平与作品平议(Peter A. Boodberg, 1903—1972)。刊载于《美国东方学会会刊》1974 年第 1 期,总第 94 期。关于该文的介绍,参见本书第 122 页。

49.洞见唐朝(Perspective on the T'ang)。刊载于《美国东方学会会刊》1975 年第 3 期,总第 95 期,第 466—476 页。该文是薛爱华对美国学者芮沃寿、英国汉学家杜希特主编的汉学论文集《洞见唐朝》(Perspective on the T'ang)所写的书评。在文中，薛爱华在介绍该书的内容以及结构基础上，对芮、杜二人围绕唐代历史与文化的一系列看法，例如"唐诗常涉及和时间与宇宙主题有关的事件，并且这些事件是通过一些需要读者事先了然于心的概念来表现的""唐代艺术家常常用当时常见的宫廷着装及环境来描绘古代的贤明君主"等提出了批评。同时，在对文集中王赓武、杜希德、斯坦利·威斯坦因(Stanley Weinstein)、麦大维(David McMullen)等人论文的具体分析基础上，薛爱华指出，作为一部唐代历史文化专题论集，该书显示了较强的对政治、权力历史的重视，相对忽略了唐代艺术、文学、音乐、日常生活等领域的探讨，显示了当时汉学研究存在的不良倾向。

50.灶神与炼丹术士(The Stove God and the Alchemists)。刊载于《亚洲研究：庆贺陈受颐教授七十五周岁诞辰论文集》(Studia Asiatica: Essays in Felicitation of the Seventy-fifth Anniversary of Professor Ch'en Shou-yi)第261—266页。由于暂无途径获取该文集，该文简述部分暂阙，以待日后增补。

51.月之旅(A Trip to the Moon)。刊载于《美国东方学会会刊》1976年第1期，总第96期，第27—37页。又见载于《抛物线》(Parabola)1983年第4期，第68—81页。关于该文的介绍，参见本书第120页。

52.唐诗无倒装句法论(The Supposed Inversions in T'ang Poetry)。刊载于《美国东方学会会刊》1976年第1期，总第96期，第119—121页。关于该文的介绍，参见本书第122页。

53.唐代饮食(T'ang)，是1977年耶鲁大学出版社出版的《中国饮食文化:一个人类学与历史学视角的解读》(Food in Chinese Cultural: Anthropological and Historical Perspectives)一书中的一个章节。该文介绍了唐代中国人的饮食情况、常见的菜肴、制作方式以及饮食方式等方面的内容,同时亦简单梳理了与饮食有关的唐诗作品。

54.太玄玉女(The Jade Woman of Greatest Mystery)。刊载于《宗教史》(History of Religions)1978年第3/4期,总第17期,第387—398页。关于该文的介绍,参见本书第120—121页。

55.仙药琅玕英(The Transcendent Vitamin: Efflorescence of Lang-kan)。刊载于《中华科学》(Chinese Science)1978年第3期,第27—38页。关于该文的介绍,参见本书第121页。

56.女冠词:女道士的神圣爱情诗(The Capeline Cantos: Verses on the Divine Loves of the Taoist Pristess)。刊载于德国《亚洲研究》1978年第32期,第5—65页。本文的内容包括:1)对唐代女性道教徒,特别是贵族女道教徒情况的介绍。2)对"女冠"一词的语源学、语义学和语用学考察。3)对"女冠词"词体的名称、历史及内容、主题与措辞特色的考察。4)对温庭筠、韦庄、欧阳炯等人词作艺术特色的个案分析。

57.薛教授会如此说(Professor Schafer Would Say…)。刊载于《亚洲研究》1978年第4期,总第37期,第799—801页。该文是对美国汉学家齐皎翰(Jonathan Chaves)在1977年《亚洲研究》发表的《翻译中国诗》一文中对薛爱华及其翻译观进行批评的回应。在该文中,薛爱华结合杜甫《绝句·

日出篱东水》中"竹高鸣翡翠,沙僻舞鹍鸡"的翻译,指出齐皎翰认为自己在诗歌分析与翻译中过于倾向语法、忽视诗歌意象的观点没有道理,在唐诗翻译中,自己并非总是将动词作"使动用法"解。此外,薛爱华也批评了齐皎翰在翻译中对"诗人意旨"(poet's intention)的强调。

58. 通讯(supplementary to 1.61,"The Jade Woman of Greatest Mystery")。刊载于《中国宗教研究学报》(Society for the Study of Chinese Religions Bulletin)1978年第4期。由于暂无途径获取该期杂志,该文简述暂阙,待日后增补。

59. 李白的名士魅力(Li Po's Star Power)。刊载于《中国宗教研究学报》1978年第6期。由于暂无途径获取该期杂志,该文简述暂阙,待日后增补。

60. 八世纪临川魏华存祠庙之重修(The Restoration of the Shrine of Wei Hua-ts'un at Lin-ch'uan in the Eighth Century)。刊载于《东方研究》(Oriental Studies)1977年第15期,第124—137页。由于暂无途径获取该期杂志,该文简述暂阙,待日后增补。

61. 中国南方的三位神女(Three Divine Women of South China)。刊载于《中国文学评论》(Chinese Literature: Essays, Articles, Reviews)1979年第1期,总第1期,第31—42页。关于该文的介绍,参见本书第121—122页。

62. 道教琐记二则:蛇女意象之变迁(Two Taoist Bagatelles)。刊载于《中国宗教研究学报》1981年第1期,总第9期,第1—18页。关于该文的介绍,参见本书第122—123页。

63. 吴筠《步虚词》(Wu Yun's "Canton on Pacing the Void")。刊载于《哈佛亚洲研究杂志》1981年第2期,总第

41 期。关于该文的介绍,参见本书第 123 页。

64.中古中国道教星辰信仰(Astral Energy in Medieval China)。刊载于《格里弗斯观察者》(*Griffith Observer*)1982 年第 7 期,第 18—20 页。由于暂无途径获取该期杂志,该文简述暂阙,待日后增补。

65.唐诗中的青云(Blue Green Clouds)。刊载于《美国东方学会会刊》1982 年第 1 期,总第 102 期,第 91—92 页。关于该文的介绍,参见本书第 127 页。

66.关于现存的八首唐代曲词"巫山一段云"(Cantons on "one bit of cloud at Shamanka Mountain")。刊载于德国《亚洲研究》1982 年第 2 期,总第 36 期,第 102—124 页。关于该文的介绍,参见本书第 123—124 页。

67.说太霞(The Grand Aurora)。刊载于《中华科技》1983 年第 6 期,第 21—32 页。关于该文的介绍,参见本书第 124 页。

68.茅山鹤(The Cranes of Mao Shan)。刊载于 1983 年比利时 Melanges chinois et bouddhiques 出版的论文集《佛教密宗与道教研究》(*Tantric and Taoist Studies in Honour of R. A. Stein*),第 372—393 页。由于暂无途径获取该书,该文简述暂阙,待日后增补。

69.唐诗中的幻与显(Hallucinations and Epiphanies in T'ang Poetry)。刊载于《美国东方学会会刊》。关于该文的介绍,参见本书第 128 页。

70.玉真公主(The Princess Realized in Jade)。刊载于《唐代研究》1985 年刊,总第 3 期,第 1—23 页。关于该文的介绍,参见本书第 124 页。

71. 吴筠《游仙诗》(Wu Yun's Stanzas on "Saunters to Sylphdom")。刊载于《华裔学志》1981—1983 年刊, 总第 35 期, 第 309—345 页。关于该文的介绍, 参见本书第 124—125 页。

72. 道教文学意象研究: 茅山雪及其他(The Snow of Mao Shan: A Cluster of Taoist Images)。刊载于《中国宗教研究学刊》1985—1986 年刊, 总第 13/14 期, 第 107—126 页。关于该文的介绍, 参见本书第 125 页。

73. 说毛仙翁(Transcendent Elder Mao)。刊载于法国《东亚论集》(*Cahiers d'Extreme-Asie*) 1985 年第 2 期, 第 111—122 页。关于该文的介绍, 参见本书第 125 页。

74. 洞天福地: 唐代道教文学二记(Empyreal Powers and Chthonian Edens: Two Notes on T'ang Taoist Literature)。刊载于《美国东方学会会刊》1986 年第 4 期, 总第 106 期, 第 667—677 页。关于该文的介绍, 参见本书第 125—126 页。

75. 论杜光庭及其创作(Tu K'uang-t'ing)。刊载于《印第安纳中国传统文学手册》(*Indiana Companion to Traditional Chinese Literature*) (印第安纳大学出版社 1986 年版) 第 821—824 页。关于该文的介绍, 参见本书第 126 页。

76. 紫极舞(The Dance of the Purple Culmen)。刊载于《唐代研究》1987 年刊, 总第 5 期, 第 45—68 页。关于该文的介绍, 参见本书第 126—127 页。

77. 观看月宫的诸种方式(Ways of Looking at the Moon Palace)。刊载于《泰东》1989 年第 1 期, 总第 1 期, 第 1—13 页。关于该文的介绍, 参见本书第 127 页。

78. 扶桑之路: 通往日本的神异航路(Fusang and Beyond:

The Haunted Seas to Japan）。刊载于《美国东方学会会刊》1989 年第 3 期，总第 109 期，第 379—399 页。该文通过唐代诗赋作品，考察了唐人观念中通往日本的航路情况，尤其关注于李白、王维、王起等人作品中对日本航路上的扶桑仙国、传说生物等幻想名物的描绘。

79.关于《邺中记》(The "Yeh chung chi")。刊载于《通报》1990 年第 4/5 期，第 147—207 页。关于该文的介绍，参见本书第 128 页。

80.短札记：中国豺(Brief Note：The Chinese Dhole)。刊载于《泰东》1991 年第 1 期，总第 4 期，第 1—6 页。关于该文的介绍，参见本书第 128 页。

81.唐代文献中的萤火虫(T'ang Fireflies)。刊载于《华裔学志》1991 年第 36 期，第 169—198 页。该文探讨了萤火虫在古代的称谓以及在诗文作品中的形象特征。

82.《太上老君开天经》译释(The Scripture of the Opening of Heaven by the Most High Lord Lao)。刊载于《道教文献》(*Taoist Resources*)1997 年第 2 期，总第 7 期。本文的主体部分为作者对哈佛燕京学社藏《道藏》中唐《太上老君开天经》的完整英译，并附详细的注释和对相关背景知识的介绍。

《薛爱华汉学论集》所收论文：

1.《黄鹂与树莺》(The Oriole and the Bush Warbler)

2.《唐代歌伎论札·其一·类型考》(Notes on T'ang Geisha. 1. Typology)

3.《猕猴桃小考》(Kiwi Fruit)

4.《唐代歌伎论札·其二·唐代官伎假面考》(Notes on T'ang Geisha. 2. The Masks and Arts of T'ang Courtesans)

5.《宇宙隐喻：有关太空的诗歌》(Cosmic Metaphors: The Poetry of Space)

6.《唐代歌伎论札·其三·唐代扬州考》(Notes on T'ang Geisha. 3. Yang-chou in T'ang Times)

7.《唐代歌伎论札·其四·妓船考》(Notes on T'ang Geisha. 4. Pleasure Boats)

8.《天灾》(The Anastrophe Catastrophe)

9.《论汉语色彩词中的亮度与色变》(Brightness and Iridescence in Chinese Color Words)

10.《纤维状的星辰》(The Fibrous Stars)

11.《另一个桃花源》(The Other Peach Flower Font)

12.《王悬河〈三洞珠囊〉目录(〈道藏〉卷780—782)》(Table of Contents to Wang Hsuan-ho, San tung chu nang, Tao tsang 780-782)

13.《马守真华英字典综补附录·一》(Annex to Combined Supplements to Mathews', part Ⅰ)

14.《马守真华英字典综补附录·二》(Annex to Combined Supplements to Mathews', part Ⅱ)

15.《曹唐与热带》(Ts'ao T'ang and the Tropics)

16.《马守真华英字典综补附录·三》(Annex to Combined Supplements to Mathews', part Ⅲ)

17.《碧玺皇后与紫禁城》(The Tourmaline Queen and the Forbidden City)

18.《马守真华英字典综补附录·四》(Annex to Combined Supplements to Mathews', part Ⅳ)

19.《一首咏雪的初唐宫廷诗》(An Early T'ang "Court

Poem" on Snow)

20.《马守真华英字典综补附录·五》(Annex to Combined Supplements to Mathews', part Ⅴ)

21.《八威》(The Eight Daunters)

22.《马守真华英字典综补附录·六》(Annex to Combined Supplements to Mathews', part Ⅵ)

23.《月重轮》(The Moon's Doubled Wheel)

24.《马守真华英字典综补附录·七》(Annex to Combined Supplements to Mathews', part Ⅶ)

25.《霉杏考》(Mildewed Apricots)

26.《马守真华英字典综补附录·八》(Annex to Combined Supplements to Mathews', part Ⅷ)

27.《唐代的老君札记》(Notes on Lord Lao in T'ang Times)

28.《再谈月重轮》(The Moon Doubles Its Wheel Once More)

29.《唐诗翻译论札:第一部分》(Notes on Translating T'ang Poetry, Part One)

30.《多情的牡丹》(Passionate Peonies)

31.《唐诗翻译论札·第二部分·诗歌》(Notes on Translating T'ang Poetry, Part Two: Poetry)

32.《两界之间:曹唐的洞天诗》(The World Between: Ts'ao T'ang's Grotto Poems)

33.《唐诗翻译论札·第三部分·异相动词论》(Notes on Translating T'ang Poetry, Part Three: Deponents)

34.《飞蛾与灯烛》(The Moth and the Candle)

35.《蛟人意象考》(A Vision of Shark People)

36.《月桂考》(Moon Cinnamons)

37.《中土乌鹊考》(A Chinese Chough)

38.《唐代桂树考》(The T'ang Osmanthus)

附录二　薛爱华生平

1913 年,生于美国华盛顿州西雅图市。

1947 年,博士毕业于加州大学伯克利分校,旋即供职于该校东方语言与文学系。

1949 年,"效忠宣誓"风波:薛爱华等 18 名教员因拒绝在宣誓书上签字而被辞退。第二年恢复教职。同年,出任加州大学伯克利分校东亚研究院中国中古朝代计划委员会主席,直到 1953 年。

1950 年,担任马萨诸塞大学"东方学研讨会"秘书工作,直到 1953 年。担任两年制大学优等生荣誉联合会加州分部司库,直到 1953 年。

1951 年,与卜弼德共同创立美国东方学会西部分会,并在接下来的 9 年中担任西部分会司库。

1953 年,升任副教授,获得加州大学伯克利分校终身教职身份。同年,其研究五代闽国的学术课题获得了京都大学人文科学研究所提供的科研基金,以及约翰·西蒙·古根海姆纪念学术奖金的资助。

1954 年,第一部学术专著《闽国:10 世纪的中国南方王国》由查尔斯·E.塔特尔出版公司出版。

1955 年,开始担任《美国东方学会会刊》东亚部编辑,直至 1968 年。

1957 年,作为美国东方学会的代表出席美国国家委员会联合国教科文组织专题年会。

1958 年,晋升为加州大学伯克利分校东方语言与文学系全职教授。同年,开始担任《美国东方学会会刊》主编,直至 1964 年。

1959 年,出任美国东方学会西部分会 1959—1960 年度主席,兼任学会执行委员会委员,直到 1964 年。

1960 年,被夏威夷大学亚洲研究院聘为亚洲研究暑期学院历史与汉语教授,教授"汉诗""教学法"等课程。获得美国学会理事会及社会科学研究理事会提供的亚洲研究补助金。

1961 年,《杜绾〈云林石谱〉评注》由加州大学出版社出版。

1963 年,《撒马尔罕的金桃:唐代舶来品研究》由加州大学出版社出版。

1964 年 8 月,在明尼苏达大学发表《中古中国的国家宗教》主题演讲。

1967 年,《朱雀:唐代的南方意象》由加州大学出版社出版,《人类大纪元系列·古代中国》由纽约时代生活图书公司出版。

1968 年,以"海南岛历史"为主题的专题研究获得约翰·西蒙·古根海姆学术奖金资助。

1969 年,开始担任加州大学伯克利分校阿加西东方语言与文学讲席主讲,直至 1984 年。

1970 年,《珠崖:12 世纪之前的海南岛》由加州大学出版社出版。同年,被明尼苏达大学远东语言学院邀请为访问学者。

1971年,与菲莉思·布鲁克斯结婚。

1973年,《神女:唐代文学中的龙女与雨女》由加州大学出版社出版。同年出任美国东方学会1973—1974年度副主席。

1974年,出任美国东方学会1974—1975年度主席一职,其主席就职演说(即之后发表于《美国东方学会会刊》的《月之旅》)产生了很大反响。

1975年,获得国家人文科学基金会提供的夏季津贴。获得美国学会理事会提供的"中国文明研究"补助金。担任美国东方学会执行委员会1975—1976年度委员。

1977年,《步虚:唐人的星空探索》由加州大学出版社出版。

1978年,《唐代文学通俗读本》由加州大学扩展媒体中心出版。

1980年,《唐代的茅山》由美国中国宗教研究学会出版。

1982年,在科罗拉多大学东方语言与文学系主持以"曹唐的隐秘伊甸园"为主题的教员研修班,并发表著名演说《汉学之界定与方法》。同年,成为新建于威斯康星大学的美国唐代研究学会会员。

1983年,被授予加州大学伯克利分校1983—1984年度"讲座教授"称号。同年,担任明尼苏达大学"希尔杰出客座教授"。

1984年,薛爱华从伯克利东语系退休,被授予"荣誉退休教授"称号。同年,伯克利东语系学生联合会会刊 *Phi Theta Papers* 推出薛爱华纪念专刊。

1985年,《时间海上的蜃景:曹唐的道教诗歌》由加州大学出版社出版。

1986年,为了认可与表彰薛爱华的学术成就及对学会的突出贡献,《美国东方学会会刊》推出了由17篇汉学研究领域的特约来稿集成的"薛爱华纪念专刊"。

1991年,因肝癌逝世于美国加利福尼亚州伯克利市。

附录三　薛爱华获奖情况

1938—1940 年分别获得由夏威夷大学东方学院(Oriental Institute at the University of Hawaii)及美国学会联合会(American Council of Learned Societies)发放的助学金。

1940—1941 年获得由哈佛燕京学社与美国学会联合会共同发放的助学金。

1941 年夏于康奈尔大学中日语言学院(Chinese-Japanese Language School)获得美国学会联合会奖学金。

1947 年获洛克菲勒财团战后助学金(Postwar Fellowship)。

1953—1954 年因其所从事的中古中国文明史研究获得古根海姆学者奖(Guggenheim Memorial Fellowship);获得日本京都大学人文科学研究所助研金。

1960—1961 年获得美国学会联合会与社会科学研究理事会(Social Science Research Council)颁发的亚洲研究领域奖项。

1964—1965 年获得美国学会联合会亚洲研究奖项。

1968—1969 年因其所从事的海南历史研究再次获得古根海姆学者奖。

1974—1975 年获得由加州大学伯克利分校教学参议委员会(Academic Senate Committee on Teaching)颁发的"提升教学质量"(Improvement of Instruction)奖项。

1975 年获得由美国国家人文科学基金（National Endowment of Humanities）发放的夏季薪俸（Summer Stipend）。

1975—1976 年因其对中国文明的研究获得由美国学会联合会颁发的奖项。

1983—1984 年获得由加州大学伯克利分校学术参议会（Academic Senate）颁发的年度"讲座教授"（Faculty Research Lecturer）称号，这也是伯克利分校给予其教职人员的最高学术性荣誉称号。